Le grand
Livre
du
Golf

STEVE NEWELL

Broquet

97-B, montée des Bouleaux,
Saint-Constant, Qc, Canada, J5A 1A9
www.broquet.qc.ca   info@broquet.qc.ca
Tél.: 450 638-3338   Téléc.: 450 638-4338

**Catalogage avant publication de Bibliothèque et Archives nationales
du Québec et Bibliothèque et Archives Canada**

Newell, Steve

Le grand livre du golf

Traduction de : The complete golf manual.

Comprend un index.

ISBN 978-2-89654-282-6

1. Golf. I. Titre.

GV965.N4814 2012   796.352'3   C2011-941830-4

**Pour l'aide à la réalisation de son programme éditorial,
l'éditeur remercie :**

Le gouvernement du Canada par l'entremise du Programme d'aide
au développement de l'industrie de l'édition (PADIÉ) ; la Société de
développement des entreprises culturelles (SODEC) ; l'Association
pour l'exportation du livre canadien (AELC).

Le gouvernement du Québec – Programme de crédit d'impôt pour
l'édition de livres – Gestion SODEC.

Titre original : *The complete golf manual*

POUR L'ÉDITION CANADIENNE EN LANGUE FRANÇAISE :
Adaptation : Normand Lebeau
Correction d'épreuves : Andrée Laprise
Infographie : Nancy Lépine

Imprimé à Singapour

ISBN 978-2-89654-282-6

SOMMAIRE

Avant-propos...7
Introduction..8
Comment utiliser ce livre.............................12

CHAPITRE UN :
**ÉVALUER ET AMÉLIORER
    VOTRE JEU**   16
Contrôler les fondamentaux.........................18

LE COUP DE DÉPART..................................28
    Niveau un..30
    Niveau deux...42
    Niveau trois...54
    Le coup de départ parfait.....................64

LE JEU DES FERS.......................................66
    Niveau un..68
    Niveau deux...82
    Niveau trois...95
    Le fer parfait..104

LE COUP D'APPROCHE LOBÉ....................106
    Niveau un..108
    Niveau deux...122
    Niveau trois...136
    Le coup d'approche lobé parfait...........146

LE COUP D'APPROCHE ROULÉ..................148
    Niveau un..150
    Niveau deux...162
    Niveau trois...174
    Le coup d'approche roulé parfait.........184

LA SORTIE DE FOSSE DE SABLE...............186
    Niveau un..188
    Niveau deux...204
    Niveau trois...218
    La sortie de fosse de sable parfaite......230

LE COUP ROULÉ.......................................232
    Niveau un..234
    NIveau deux...248
    Niveau trois...270
    Le coup roulé parfait 278

CHAPITRE DEUX :
LES DÉFAUTS ET LES REMÈDES   280
Le crochet extérieur...................................282
Le crochet intérieur...................................283
La gratte dans le
    coup d'approche roulé.........................284
Le coup dérouté avec un fer.......................285
La chandelle...286
Le coup calotté...287
La perte de puissance................................288
La frappe dans l'herbe haute......................289
Le coup extérieur......................................290
Le coup intérieur.......................................291

CHAPITRE TROIS :
LES COUPS SPÉCIAUX   292
Les positions en pente...............................294
Les coups à problèmes...............................298
Échapper aux obstacles..............................300
Jouer avec le vent.....................................302
Frapper des coups hauts ou bas..................304
Deux façons simples
    d'incurver vos coups............................306

CHAPITRE QUATRE :
JOUER SUR LE PARCOURS   308
L'échauffement avant un parcours...............310
L'intérêt d'une route préliminaire................312
La stratégie du coup de départ...................314
Sur l'allée et dans l'herbe haute.................316
Améliorez votre condition mentale..............318
Simplifiez votre jeu d'hiver........................320
Analysez vos performances........................322

CHAPITRE CINQ :
À SAVOIR   324
Bien choisir son équipement......................326
Les types de jeu et le handicap..................332
Le respect de l'étiquette............................334
Les règles d'or du golf...............................338

Glossaire...346
Index..348
Remerciements...352
Crédits photographiques............................352

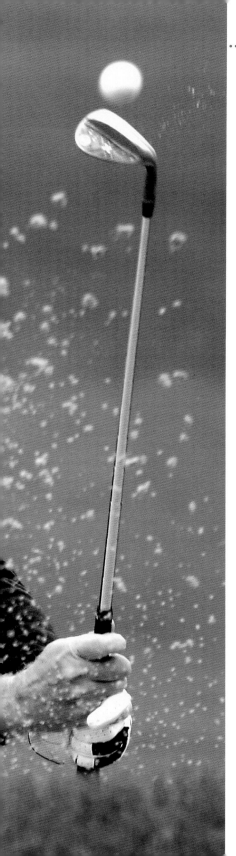

AVANT-PROPOS

L E GOLF A FAIT PARTIE DE MA VIE dès mon enfance. J'étais le caddie de mon père dès l'âge de huit ans, j'ai commencé à jouer peu de temps après, pour atteindre le handicap zéro à l'âge de quatorze ans. Un an plus tard, j'étais champion du monde junior, et alors tout à fait certain de vouloir faire du golf ma profession. J'ai eu la chance de bénéficier d'influences remarquables et d'avoir de merveilleux exemples sous les yeux qui m'ont inculqué l'importance de pratiquer les bons fondamentaux et de mettre au point un élan sain avec un bon rythme.

Le grand livre du golf conforte ces principes tout en vous indiquant une route claire et facile à suivre vers un handicap inférieur. Pour avoir participé à de nombreux pro-am, je sais que la plupart des amateurs bénéficient de peu de cours constructifs et, par conséquent, ne savent pas vraiment comment affiner leur jeu. C'est dommage, car améliorer ses frappes et diminuer son résultat procurent un immense plaisir. Et quiconque travaillera en suivant les conseils de ce livre finira forcément par mieux jouer au golf.

Je pense que l'élan de golf est une réaction en chaîne. Si vous adoptez une bonne position de départ, il est plus facile de mieux commencer la montée. Si le début de la montée est bon, vous atteindrez le sommet en bonne position, et ainsi de suite. La structure du *grand livre du golf* reflète cette philosophie. Le livre comporte tous les éléments essentiels à la construction d'un beau jeu ; il revisite les fondamentaux (vitaux pour la réussite à long terme) et vous guide, pas à pas, à travers les étapes de chaque secteur de jeu.

Steve Newell est un auteur expérimenté en matière de pédagogie et nous avons travaillé en collaboration sur de nombreux projets au cours des sept ou huit dernières années. Steve a préparé d'excellents livres pour moi et a réalisé un superbe guide de plus avec *Le grand livre du golf*. J'espère que vous apprécierez ce livre autant que moi ; c'est votre passeport pour un golf amélioré.

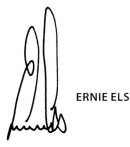

ERNIE ELS

INTRODUCTION

L E FAIT QUE VOUS TENIEZ CE LIVRE entre vos mains indique que vous êtes parfaitement conscient de la nature addictive du golf. Quasiment tous ceux qui s'engagent sérieusement dans ce jeu entament l'aventure amoureuse de toute une vie. Une fois pris dans le piège irrésistible du golf, il est difficile d'imaginer ne pas jouer, même si les obligations quotidiennes espacent parfois péniblement les parcours.

S'il peut sembler banal de vanter la diversité des cadres de jeu (car chaque parcours est unique) ou de souligner la possibilité offerte à des joueurs de niveaux différents de rivaliser sur un pied d'égalité grâce au système du handicap, il est indéniable que ces deux caractéristiques créent toute l'originalité du golf et font partie du charme et du défi de ce jeu.

Elles n'en sont qu'une partie, car au bout du compte c'est l'acte physique du jeu qui est si captivant. Réduit à sa plus simple expression, le golf ne semble être qu'un jeu de crosse et de balle ordinaire, mais il est sûr qu'aucun autre jeu ne pose de questions aussi révélatrices au corps et à l'esprit. Le scénario réunissant une personne, un bâton, une petite balle blanche et une cible de 10 cm au loin – souvent hors de vue – propose un défi physique d'une rare exigence. Et il ne faut pas sous-estimer les compétences requises pour balancer un bâton avec précision à des vitesses dépassant parfois

LE PATRIARCHE

«Old» Tom Morris était le meilleur joueur du monde à la fin du XIXe siècle ; il gagna l'Open Championship (tournoi ouvert) à quatre reprises. Il est enterré à Saint Andrews, le «berceau du golf».

les 160 km/h. C'est pourquoi un coup superbe qui fait voler la balle jusqu'à la cible choisie procure une telle excitation.

L'aspect mental du jeu est bien sûr important également. En comparaison avec la majorité des autres sports, on dispose d'une éternité entre les coups pour étudier toute l'étendue du spectre émotionnel. Même pendant les quelques secondes où l'on est penché au-dessus de la balle, le «élanomètre» psychologique est en pleine activité. Quand on sort vainqueur de ces jeux mentaux, quand l'élan est réussi et que le résultat à la fin du parcours est bon, la sensation est extraordinaire. Un coup raté, en revanche, peut être démoralisant, car on ne peut s'en prendre qu'à soi-même. Néanmoins, même dans les mauvais jours, il y a presque toujours au moins un éclair de magie, un coup de départ formidable ou un long coup roulé qui finit dans le trou, qui remonte le moral et invite à revenir sur le parcours. Cette euphorie est par essence le catalyseur qui alimente le désir d'améliorer son jeu, pour revivre cette sensation pas seulement sur un coup, ni sur un trou, mais pendant la majeure partie du temps de jeu.

UN CADRE STUPÉFIANT

Le golf est un jeu qui se pratique dans des décors à couper le souffle. Le parcours de Cypress Point sur la péninsule de Monterey, en Californie, est un exemple typique. Ici, l'océan revêt une importance toute particulière.

LES DÉBUTS

Depuis que la première balle a été frappée, sans doute au XVIe siècle, les joueurs se sont efforcés d'aller d'une aire de départ à un trou en un nombre minimal de coups. Dans les débuts du golf, la technique de l'élan s'est imposée en raison du contexte de jeu. Les premiers parcours à proprement parler furent certainement les parcours côtiers en Écosse, battus par les vents. Là, on découvrit bientôt qu'un élan circulaire, au cours duquel les mains et les bras balancent le bâton sur un plan plat, produisait une trajectoire basse de la balle en l'air et beaucoup de roule.

Comme le montrent les photographies des grands joueurs de la fin du XIXe siècle, jouer en veste de tweed et cravate était l'usage de l'époque. Mais cela limitait les mouvements, empêchant un basculement ample des mains et des bras de bas en haut. De même, jusqu'à la fin du XIXe siècle, les grands joueurs comme Mungo Park, « Old » Tom Morris et Allen Robertson écartaient deux fois plus leurs pieds que les grands joueurs actuels, pliaient davantage les genoux et plaçaient la balle en arrière dans la position (même pour les bois n° 1).

UN ÉQUIPEMENT DE FABRICATION MAISON

La fabrication du matériel a toujours été un artisanat hautement qualifié et bon nombre des meilleurs joueurs des XIXe

et XXe siècles créaient de leurs propres mains les outils qu'ils maniaient en virtuoses. Selon les critères actuels, le matériel alors utilisé semble assez primitif. Les bâtons étaient dotés d'un manche en bois et la prise épaisse enveloppée de cuir ne permettait pas les prises superposées et entrecroisées employées de nos jours. On tenait en fait le bâton dans la paume des mains, comme on tient un bâton de base-ball. Jusqu'au milieu du XIXe siècle, les balles étaient faites de cuir cousu et rembourrées de plumes. Elles étaient non seulement chères, mais aussi épouvantables à jouer ! Une fois mouillées, elles se déformaient et ne volaient plus en ligne droite. À la fin du XIXe siècle, les balles étaient faites de gutta-percha, une gomme obtenue par solidification du latex. Cette « gutty », de forme plus homogène, était moins chère, avait une portée plus longue et durait plus longtemps. Mais il était impossible de lui donner de l'effet comme aux balles actuelles : elle adoptait une trajectoire basse et roulait longuement au sol.

LE JEU MODERNE

Dans la première partie du XXe siècle, l'élan de golf devient plus athlétique, plus efficace et plus puissant, sans parler de l'apport de l'élégant Harry Vardon : dans la prise qui porte son nom (aussi appelé prise overlapping ou prise superposée), le petit doigt de la main droite chevauche l'index de la main gauche. Vardon fut également l'un des premiers golfeurs à recommander d'ouvrir le pied gauche vers l'extérieur au départ pour favoriser le dégagement de la hanche gauche lors de l'impact. Bobby Jones, quant à lui, fut l'un des premiers à plaider pour une position plus étroite, car il sentait que si les pieds sont trop écartés, le bas du corps reste bloqué, ce qui réduit la mobilité pendant l'élan. Les golfeurs commencèrent bientôt à se tenir plus droits, légèrement plus près de la balle et les pieds rapprochés.

Toutes ces subtiles modifications aboutirent à un élan beaucoup plus vertical. Byron Nelson, le premier grand joueur pratiquant un élan nettement vertical (qui convenait à sa haute taille), gagna onze tournois d'affilée au cours de la saison 1945, un record qui ne sera sans doute jamais égalé. Le style de jeu de Nelson était parfaitement adapté aux nouveaux bâtons à tige en acier, qui venaient seulement de remplacer les bâtons à tige en hickory de qualité inférieure (qui donnaient beaucoup plus de fouetté et nécessitaient donc un élan beaucoup plus « enroulé » autour du corps).

Le légendaire Ben Hogan, qui est toujours considéré par certains comme le plus grand golfeur de tous les temps,

UN AMATEUR TALENTUEUX
Bien que Bobby Jones ne soit jamais devenu professionnel, il fut le plus grand golfeur des années 1920 et gagna quatre US Opens, trois Open Championships (tournoi ouvert), cinq US Amateurs et un British Amateur.

UN MAÎTRE À L'ŒUVRE

Cette photographie, prise durant la Canada Cup de 1956 qui se déroula à Wentworth, en Angleterre, montre le grand Ben Hogan en action, sa haute traversée bien en évidence. Nombre d'historiens du golf pensent que Ben Hogan a été le joueur suprême.

le bâton monte et descend selon une ligne plus droite, tant dans la montée que dans la traversée.

L'un des personnages modernes les plus influents n'est pas un joueur, mais un entraîneur, David Leadbetter. Ses collaborations, dans le milieu des années 1980, avec Nick Faldo et Nick Price, vainqueurs de tournois majeurs à de multiples reprises, popularisèrent un élan moins vertical que celui de Nicklaus. Cet élan plus récent est un geste plus rotatif qui synchronise plus efficacement le pivotement du corps et l'élan des bras. Aujourd'hui, la majorité des golfeurs finissent par conséquent leur élan dans une position beaucoup plus courbée, arrondie, avec la colonne vertébrale moins cambrée et le bâton plus perpendiculaire au cou (dans un élan vertical, la tige est davantage dirigée vers le sol). Ce dernier élan est plus régulier, plus facile à reproduire et impose moins de tension au bas du dos qu'un élan vertical.

façonna le jeu non pas tant par sa technique, mais par la façon dont il s'entraînait. Il tapait des balles jusqu'à ce que ses mains saignent, s'efforçant d'atteindre – et il y parvint – un niveau de jeu proche de la perfection et qui est resté inégalé. Nombre de joueurs actuels prennent exemple sur sa discipline de travail sur les aires d'entraînement dans les tournois professionnels du monde entier. Bien qu'un terrible accident de voiture l'ai laissé proche de la mort, il se battit pour revenir et redevenir un joueur de golf encore plus accompli qu'auparavant, sortant vainqueur des trois championnats majeurs auxquels il participa en 1953.

Jack Nicklaus, vainqueur de plus de championnats majeurs qu'aucun autre golfeur, fut sans doute l'une des plus grandes influences de la seconde moitié du XXᵉ siècle. Quand il arriva sur le devant de la scène au début des années 1960, le grand Bobby Jones remarqua : « Il joue un jeu qui ne m'est pas familier. » Mais bientôt tout le monde voulut jouer comme Jack Nicklaus ; son style a donné naissance à une génération de joueurs à l'élan vertical avec une finition élégante, les mains hautes (et le dos cambré pendant la traversée). Avec une telle technique,

LE RÔLE DE L'ENTRAÎNEUR

L'enseignement des philosophies a également évolué et il est maintenant moins polarisé. Les grands professeurs actuels, comme David Leadbetter, Butch Harmon et John Jacobs, travaillent essentiellement sur les mêmes principes, mais chacun applique sa personnalité et des méthodes de communication différentes au rôle de l'entraîneur. Si les normes de l'enseignement se sont améliorées et ont gagné en homogénéité, les golfeurs de tous niveaux sont de plus en plus réceptifs aux cours particuliers. C'est en partie dû au fait que les golfeurs se sont familiarisés avec la culture joueur/entraîneur qui existe aujourd'hui dans le sport et ont été motivés par le succès des collaborations comme celles de David Leadbetter et Nick Faldo ou de Tiger Woods et Butch Harmon. Ainsi les golfeurs exploitent avec passion l'expertise des grands joueurs et entraîneurs. Des milliers d'ouvrages pédagogiques sont vendus chaque année, les études montrant qu'au moins 70 % des magazines de golf sont achetés principalement pour les articles d'amélioration du jeu mettant en scène des joueurs et des entraîneurs de haut niveau. Les golfeurs souhaitant progresser bénéficient maintenant des photos prises à vitesse élevée qui décomposent l'élan en cours et saisissent chaque détail d'un mouvement incroyablement dynamique. Cette technique souligne la nature athlétique du jeu et offre une nouvelle motivation pour travailler son élan et s'efforcer de l'améliorer.

UN JOUEUR CHARISMATIQUE

Jack Nicklaus est probablement le plus grand golfeur qui ait jamais vécu et certainement le penseur et le stratège du parcours le plus intelligent. Il est ainsi peu probable que son record soit surpassé.

VOTRE ENTRAÎNEUR PERSONNEL

Aujourd'hui, il n'y a sans doute pas un seul golfeur au monde refusant de faire baisser son résultat. Malheureusement, la majorité n'a pas un gourou vers qui se tourner pour améliorer son élan dans les moments critiques. Cet ouvrage est destiné à remplir ce rôle à de nombreux égards.

L'enseignement moderne du golf est fondé sur une sagesse transmise par des professeurs charismatiques au fil des ans, de Harry Vardon à Butch Harmon. Les entraînements proposés dans cet ouvrage (le plus grand nombre d'exercices jamais réunis dans un livre) exploitent et développent cette somme de connaissances golfiques. Les exercices sont conçus pour corriger les erreurs et encourager les mouvements corrects, vous assurant que vos séances d'entraînement suivent une orientation constructive avec des objectifs clairement définis. Chaque secteur de jeu est abordé, du coup de départ au coup roulé et de la frappe du coup à l'étiquette, et des centaines de photographies montrent en détail les mouve-

NUMÉRO UN MONDIAL

Lorena Ochoa s'est révélée la meilleure joueuse mondiale dans les années 2000. À l'instar d'Annika Sorenstam, ex-numéro un mondial, Lorena Ochoa n'a pas de faiblesses apparentes, seulement un jeu merveilleux.

ments requis pour aboutir à une technique parfaite. Nous apprenons en grande partie par imitation, c'est pourquoi les illustrations des superbes élans des grands joueurs sont mises en avant dans cet ouvrage.

La structure du livre vous invite à évaluer votre maîtrise dans chaque secteur de jeu avant de vous lancer dans un programme d'entraînement personnel. À travers une série de tests, vous analyserez votre jeu avec précision et objectivité, du té de départ au vert. Quel que soit votre niveau, ce livre vous donne les moyens de vous améliorer tout en vous expliquant comment remédier aux défauts qui peuvent se glisser dans votre jeu.

Un meilleur jeu n'est pas seulement une affaire de détails pratiques permettant une bonne frappe, mais également de sensations et d'émotions procurées par ce sport. Partant du principe qu'un cours de golf doit transmettre autant d'inspiration que d'ambition, ce livre vous aidera autant à apprécier le jeu qu'il vous enseignera comment atteindre vos objectifs. Il est conçu pour vous sensibiliser à la façon dont vous jouez, vous aider à comprendre comment fonctionne l'élan de golf et vous indiquer clairement ce que vous devez améliorer. Un énorme travail a été réalisé pour assurer la logique du déroulement et du contenu global, donnant à chaque page une efficacité maximale afin que vous tiriez un profit optimal de tous les conseils donnés.

Espérons que vous apprécierez cet ouvrage pour ce qu'il apportera à votre jeu, et que vous continuerez à vous y référer dans les années à venir. La plus grande satisfaction golfique est procurée par les progrès personnels ; *Le grand livre du golf* vous mettra sur la voie vous permettant de réaliser tout votre potentiel de golfeur.

DUO GAGNANT

Tiger Woods a travaillé avec Butch Harmon pendant les dix premières années de sa carrière professionnelle, avec un grand succès. Il s'est tourné ensuite vers Hank Haney, un entraîneur expérimenté qui avait déjà fait ses preuves.

COMMENT UTILISER CE LIVRE

CE LIVRE A ÉTÉ CONÇU dans le but que vous puissiez le consulter comme vous interrogeriez un professeur, afin de vous guider systématiquement dans tous les secteurs de jeu. Une fois que vous aurez effectué tous les exercices et étudié presque tous les autres aspects du golf, de la trajectoire d'un tir à l'étiquette, vous aurez une idée claire de votre élan et de ce que vous devez faire pour progresser à long terme et faire baisser votre handicap.

CHAPITRE UN : **ÉVALUER ET AMÉLIORER VOTRE JEU**

Le chapitre 1 vous explique comment évaluer et améliorer votre jeu, en commençant par un examen des fondamentaux. Puis suivent six sections, du «Coup de départ» au «Coup roulé». Chacune vous propose de faire un test, de pratiquer un certain nombre d'exercices correspondant à vos capacités, de faire à nouveau le test et de passer au niveau suivant si vous avez suffisamment progressé.

JOUEURS GAUCHERS
Si les instructions sont données pour les droitiers, il suffit aux joueurs gauchers de les inverser. Par exemple, «le petit doigt de la main droite chevauche l'index de la main gauche» devient «le petit doigt de la main gauche chevauche l'index de la main droite».

LES FONDAMENTAUX
Avant de commencer les exercices, il est essentiel d'évaluer vos fondamentaux : prise, visée, position et posture.

EN PRATIQUE
Des instructions détaillées étape par étape.

LES TESTS
Le test simple fourni au début de chaque section permet d'évaluer votre compétence et détermine lequel des trois niveaux est le plus approprié à votre cas. Les six tests (coup de départ, jeu des fers, cocheur, coup d'approche roulé, sortie de fosse de sable et coup roulé) sont fondés sur la frappe de 15 balles vers une cible déterminée.

NIVEAU UN
Des exercices conçus pour les joueurs débutants ou manquant d'entraînement.

NIVEAU DEUX
Pour les joueurs de niveau intermédiaire voulant étoffer leur jeu.

NIVEAU TROIS
Pour les joueurs plus accomplis désireux d'approfondir certains secteurs de jeu.

TESTER VOS COMPÉTENCES
Une grande photo illustre clairement la façon de réaliser le test.

MÉMENTO
Le texte en encadré vous fournit un élément clé à garder à l'esprit quand vous effectuez les exercices.

NOTE D'ÉVALUATION
La note vous indique à quel niveau commencer en fonction de vos résultats.

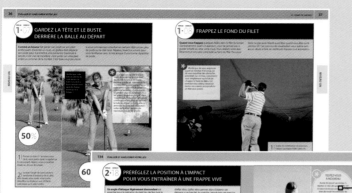

NIVEAU UN

Bien que les exercices et les conseils d'expert de ce niveau soient adaptés à des joueurs peu expérimentés, tous les joueurs gagneraient à suivre l'entraînement de cette section.

TESTEZ-VOUS À NOUVEAU

À la fin de chaque section, un encadré « Testez-vous à nouveau » vous invite à réitérer le test afin de vérifier que vous êtes prêt à passer au niveau supérieur.

ENCHAÎNEMENTS

Nombre d'exercices sont illustrés par des images décomposées qui expliquent l'enchaînement du mouvement.

NIVEAU DEUX

Il est vraisemblable que nombre de joueurs démarreront à ce niveau. Cependant, même les golfeurs particulièrement adroits trouveront beaucoup d'intérêt à cette section.

GRAPHIQUES

Des lignes et des flèches illustrent le vol de la balle, l'alignement, la trajectoire de l'élan, etc.

NIVEAU TROIS

Des exercices passionnants et gratifiants, essentiellement axés sur des réglages fins.

EXERCICES

Chaque exercice commence par une introduction qui en explique l'objectif. Les instructions numérotées décrivent clairement la façon de le réaliser. Une conclusion résume ce qui a été étudié et offre parfois un supplément d'information.

CONSEILS D'EXPERT

Ils donnent des astuces et des intentions de élan, très profitables à votre jeu.

LE COUP PARFAIT

Ces doubles pages, qui figurent à la fin de chaque section, vous montrent exactement comment le coup concerné doit être réalisé, illustrées par le geste d'un éminent professionnel du circuit. Les éléments clés de l'élan sont décomposés et expliqués pour vous guider vers le coup parfait.

DERNIER RAPPEL

Avant de passer à la section suivante, vous trouverez une liste des points vitaux à garder présents à l'esprit.

DANS LE DÉTAIL

Les points les plus importants de l'élan, en observant le joueur de dos, sont soigneusement examinés.

ÉTAPE PAR ÉTAPE

Les images de l'élan en action vous montrent comment l'enchaîner.

CHAPITRE DEUX : **LES DÉFAUTS ET LES REMÈDES**

Quel que soit votre niveau, des défauts s'insinueront parfois dans votre jeu. Ne vous désespérez pas cependant, ce chapitre aborde les dix défauts les plus répandus et vous montre comment y remédier rapidement et efficacement.

LES DÉFAUTS
Avant de pouvoir corriger un défaut dans votre jeu, il est indispensable de comprendre ce qui le provoque. Le texte et l'image vous le montrent.

LES CAUSES
Un diagramme détaillé et annoté fournit un examen en gros plan des facteurs qui provoquent la faute à l'impact.

ULTIME RÉFLEXION
Ce bloc de texte offre un conseil supplémentaire, renvoyant à une section du chapitre 1 en rapport avec le sujet, pour ceux qui souhaitent essayer un «remède» différent.

LES REMÈDES
Une image instructive, des graphiques, un texte et des notes sont associés pour présenter une façon claire et simple de corriger le défaut pour de bon.

CHAPITRE TROIS : **LES COUPS SPÉCIAUX**

De nombreuses situations exigent que vous adaptiez votre frappe. Que vous deviez jouer une position de balle en pente, sortir d'un trou de motte de gazon, lutter contre un vent violent ou obtenir un léger crochet intérieur, ce chapitre vous fournit toutes les clés nécessaires.

INTRODUCTION
Chaque section commence par un texte d'introduction qui fournit des informations générales sur la situation de frappe examinée, par exemple le «lie en pente».

ANALYSE DÉTAILLÉE
Les réglages techniques exigés pour jouer différents types de position en pente (par exemple) sont examinés attentivement avec des textes, des arrêts sur image, des graphiques et des notes.

FORME DE L'ÉLAN
Les images pas à pas introduisent non seulement un élément dynamique dans la page, mais également comment vous et votre bâton devez vous déplacer pendant l'élan.

INFORMATIONS SUPPLÉMENTAIRES
Des commentaires sont insérés si un point particulier exige un développement ou une explication.

CHAPITRE QUATRE : **JOUER SUR LE PARCOURS**

Le golf va bien au-delà de la frappe d'une balle, en espérant que tout se passe pour le mieux. Par exemple, ce que vous faites avant de frapper la balle peut être aussi important que votre élan. Ce chapitre traite des secteurs de jeu qui dépassent la frappe, tels que les rituels de préparation à l'élan, les facteurs psychologiques et le golf d'hiver.

DES PHOTOGRAPHIES PÉDAGOGIQUES

Chaque étape d'un mouvement est illustrée pour mieux comprendre le geste en visualisant la bonne posture.

DES ILLUSTRATIONS PRÉCISES

Chacun des points saillants abordés est accompagné par une illustration correspondant parfaitement au sujet traité.

COMPÉTENCES SPÉCIALES

Quand un réglage technique est exigé, il est illustré et expliqué en détail, sans laisser place à aucune confusion.

REGROUPEMENTS LOGIQUES

Chaque aspect du jeu est décomposé en séries de sous-catégories.

CONSEIL D'EXPERT

Même si la plupart des conseils d'expert sont présentés dans le chapitre 1, ces petits conseils pertinents apparaissent également dans les chapitres suivants.

CHAPITRE CINQ : **À SAVOIR**

Que se passe-t-il si un corbeau s'envole avec votre balle ? Quelle est la différence entre un fer en forme de lame et un fer dont le poids est réparti sur la périphérie ? Comment est défini l'ordre de jeu sur l'aire de départ et sur le vert ? Les réponses à ces questions et à bien d'autres se trouvent dans la dernière section de cet ouvrage qui couvre tous les domaines, de l'achat d'un équipement adapté aux règles d'or du golf.

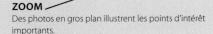

ZOOM

Des photos en gros plan illustrent les points d'intérêt importants.

TEXTE DESCRIPTIF

Chaque aspect du sujet abordé est décrit clairement et de façon complète.

CHAPITRE UN

ÉVALUER ET AMÉLIORER VOTRE JEU

LE CHAPITRE UN comporte un nombre de pages double de celui de tous les autres chapitres réunis, ce qui reflète l'objectif de ce guide : vous fournir les fondements d'un jeu de golf efficace et construire sur ceux-ci pour faire de vous un golfeur accompli. Les notions essentielles tout au long de l'ouvrage sont l'autoévaluation et le travail personnel. Après avoir abordé les fondamentaux du golf, le chapitre traite systématiquement de tous les secteurs du jeu, du coup de départ au coup roulé, en commençant chaque fois par un test vous permettant de définir votre niveau de maîtrise. Puis vient une série d'exercices dont le niveau s'élève progressivement, conçus pour mettre votre jeu au point, lentement mais sûrement. Armé des connaissances et des techniques acquises au cours de ce chapitre, votre jeu s'améliorera bientôt.

CONTRÔLER LES FONDAMENTAUX : LA PRISE

LA PRISE EST PRESQUE CERTAINEMENT LA PLUS IMPORTANTE des quatre fondamentaux. Étant donné que les mains sont le seul point de contact avec le bâton, le peu d'attention généralement porté à cet aspect du jeu est étonnant. Nombre de golfeurs font peu de cas de leur prise car ils se sentent à l'aise. Le problème est que confort n'est pas forcément synonyme de prise correcte : votre prise peut très bien présenter un défaut sans que vous vous en rendiez compte. Si c'est le cas, il y a de fortes chances que votre jeu soit sérieusement entravé. Il est assez juste de dire qu'aucun golfeur n'est trop expérimenté ou compétent pour réévaluer sa prise. Une prise améliorée peut vous fournir très rapidement un passeport pour un meilleur jeu. Cependant, la mise au point de la prise n'est pas si facile qu'on pourrait l'imaginer ; elle demande de la persévérance. Il est peut-être utile de garder à l'esprit les mots de Ben Hogan : « Si vous ne sentez pas que vous avez opéré un changement de prise, vous n'avez pas changé de prise du tout. » Un changement de prise provoque inévitablement un inconfort pendant un certain temps, mais cela ne durera pas si vous répétez votre prise le plus souvent possible, ne serait-ce que quelques minutes par jour. Faites des petits élans d'essai pour vous familiariser avec ces nouvelles sensations et cette position des mains deviendra très vite confortable. L'application que vous mettrez dans ces étapes initiales vous sera extrêmement utile pendant toutes les années à venir. Une prise saine favorise une position de tête de bâton neutre et élimine le besoin d'avoir recours à des compensations tout au long de l'élan.

Main droite
Tenez fermement le manche du bâton.

Joueurs gauchers
Si vous êtes gaucher, formez votre prise ainsi qu'il est décrit dans les trois étapes de la « prise parfaite », mais inversez les mains.

Variantes de la prise
Au cours des cent dernières années environ, trois prises ont été admises. La prise à dix doigts (ou prise de base-ball) est idéale pour les jeunes golfeurs ou ceux qui ont des problèmes d'arthrite des mains. Le style de loin le plus répandu est la prise overlapping (superposée) dans laquelle le petit doigt de la main droite est littéralement à cheval sur l'index de la main gauche. C'est la prise favorite de joueurs comme Nick Faldo et Ernie Els. La prise interlocking (entrecroisée) est une variante dans laquelle le petit doigt de la main droite est croisé avec l'index de la main gauche.

Prise à dix doigts   **Prise superposée**   **Prise entrecroisée**

Pression sur le bâton

Si votre prise est trop serrée, elle risque d'entraver la fluidité de votre élan. Cet exercice simple vous garantit une pression optimale. Prenez un bâton et serrez-le autant que vous le pouvez (100 %). Puis relâchez votre prise de façon à tenir à peine le bâton (0 %). Maintenant, tenez le bâton avec une pression se situant à mi-chemin entre ces deux extrêmes (50 %). Vous obtenez la pression parfaite, même si elle varie légèrement selon les préférences personnelles.

Main gauche
Posez le bâton en diagonale en travers de la paume de la main gauche.

« V » de la main gauche
Vérifiez que le « V » dessiné par votre main gauche pointe vers votre menton.

« V » de la main droite
Vérifiez que le « V » dessiné par votre main droite pointe vers votre épaule droite.

1 **LA PRISE PARFAITE**
Posez le bâton sur le sol de façon que la face du bâton soit dirigée vers l'objectif. Avancez votre main gauche un peu plus bas que sa position tombante naturelle et placez le manche du bâton en diagonale en travers de votre paume, partant de la base de votre index en direction du milieu de la paume. Refermez vos doigts autour du bâton, en veillant à ce que votre pouce soit très légèrement à la droite du centre du manche. Vous devez être en mesure de voir deux jointures et demie de votre main gauche.

2 La paume de votre main droite doit refléter la position de la face du bâton, autrement dit elle doit être face à l'objectif. Commencez par poser votre main droite à plat contre la prise du bâton. Puis calez le bâton dans votre main, le long de la base de vos deux doigts du milieu.

3 Refermez les doigts de la main droite autour du manche. Votre index doit adopter une position de « doigt sur la détente ». Puisqu'il s'agit d'une prise superposée (à gauche), le petit doigt de la main droite chevauche l'index de la main gauche. Votre pouce droit doit descendre en diagonale sur la prise du bâton. Vous devez voir deux jointures de votre main droite.

CONTRÔLER LES FONDAMENTAUX : LA VISÉE

SI VOUS TIRIEZ À LA CARABINE, vous prendriez bien sûr grand soin de viser correctement, sinon il y a fort à parier que vous rateriez la cible. Mais quand il s'agit de frapper une balle, de nombreux golfeurs prêtent peu d'attention à leur objectif et d'autres ne savent simplement pas viser correctement. Si votre alignement est mauvais, cela n'affectera pas seulement chacun de vos coups, mais également vos perspectives de jeu à long terme. En effet, si votre alignement est mauvais, votre élan devra être faussé pour taper la balle dans la bonne direction ; vous réaliserez donc constamment (involontairement) de mauvais élans en tentant de frapper la balle dans la bonne direction. Avant que vous ne vous en rendiez compte, vous aurez si souvent répété un mauvais élan que vous ne saurez plus faire autrement. Et plus longtemps vous répéterez votre erreur, plus elle sera difficile à corriger. Plus inquiétant encore est le fait que si vous réalisez un bon élan, vous raterez l'objectif. Mais si votre alignement est généralement parfait, aucune compensation ou correction ne sera nécessaire dans votre élan pour atteindre régulièrement l'objectif. Cela signifie que votre élan progressera et que le jeu semblera beaucoup plus facile. Et, bonne nouvelle, l'alignement est extrêmement simple à trouver, mais il exige une vérification systématique. Les principes illustrés ici doivent donc être appliqués à chaque frappe de balle, que vous soyez sur l'aire d'entraînement ou sur le parcours.

Prenez un repère
Une motte de gazon surélevée est une bonne cible intermédiaire.

Ligne de jeu

CONSEIL D'EXPERT

La prise d'abord, puis l'alignement

Un bon alignement de la face de bâton est facilement anéanti par la prise des mains sur le bâton. Donc, placer le bâton derrière la balle d'une main puis former sa prise est une mauvaise idée ; le risque est trop grand de tourner la face du bâton. Il est préférable d'établir la prise et de vérifier qu'elle est confortable avant de placer la tête de bâton derrière la balle. C'est seulement à ce moment que vous viserez votre objectif intermédiaire. Gardez toujours à l'esprit cette règle simple : la prise d'abord, puis l'alignement, puis le tir.

1 PRENDRE L'ALIGNEMENT

L'une des méthodes les plus efficaces pour viser correctement consiste à identifier une cible intermédiaire juste en face de vous, sur une ligne imaginaire allant de la balle à l'objectif. Orientez alors la face du bâton vers ce repère. Des joueurs comme Jack Nicklaus et Greg Norman ne jurent que par l'efficacité de ce processus de « repérage ». Une fois que vous avez identifié votre repère sur cette ligne – un ancien trou de motte de gazon ou une légère décoloration du sol fait parfaitement l'affaire – concentrez votre attention dessus. Dirigez la face du bâton vers ce point. Comme vous pouvez l'imaginer, cette technique fournit des résultats beaucoup plus précis que si vous visiez une cible située à plus de 200 m.

Alignement
Épaules et hanches
doivent être parallèles
à la ligne de jeu.

Lignes parallèles
L'alignement de
vos pieds doit être
parallèle à la ligne
de jeu.

Ligne de jeu

Entraînez-vous avec des bâtons posés sur le sol

Le terrain d'entraînement est l'endroit où vous développerez la «mémoire musculaire» de façon qu'une bonne position initiale semble une seconde nature. De même, si vous êtes peu attentif, vous pouvez facilement y répéter les mêmes erreurs et dégrader votre élan. C'est pourquoi vous devez contrôler avec soin vos exercices d'entraînement. Avec un objectif, cela devient extrêmement simple. Posez deux bâtons sur le sol : l'un à l'extérieur de la balle et l'autre le long de l'alignement de vos orteils. Le bâton extérieur doit viser directement la cible ; il sera une référence utile pour vous aider à orienter la face du bâton. Le bâton intérieur doit être parallèle à l'autre bâton ; il vous aidera à aligner correctement vos pieds. Les deux bâtons forment un «rail». Vérifiez que vos hanches et vos épaules sont également parallèles aux bâtons sur le sol (alignement parallèle). Si vous vous entraînez régulièrement avec deux bâtons sur le sol, vous vous habituerez à viser correctement pour chaque coup.

OBJECTIF ET ALIGNEMENT *Deux bâtons posés sur le sol aident à prendre la position initiale correctement pour chaque balle frappée sur le terrain d'entraînement favorisant de bonnes habitudes.*

2 │ Une fois que vous êtes satisfait de l'orientation de la face du bâton vers le repère, construisez les autres éléments de votre position autour de la position de la face du bâton. Si vous voulez frapper une balle droite, vos pieds, hanches et épaules doivent être parallèles à la ligne que vise la face du bâton. Cette position, dite alignement parallèle parfait, a une influence positive sur la trajectoire et la qualité de l'élan. Quand vous vous sentez à l'aise au-dessus de la balle, reportez votre attention sur la cible, regardez à nouveau la balle, puis «appuyez sur la détente» en toute sécurité, sachant que vous avez braqué le «fusil» dans la bonne direction.

CONTRÔLER LES FONDAMENTAUX : LA POSITION

LA POSITION est l'aspect de départ se rapportant spécialement à la distance entre vos pieds et à la position de la balle par rapport à eux. Un bonne position est cruciale car elle vous permet d'atteindre l'équilibre parfait entre la stabilité et la mobilité. Si vos pieds sont trop écartés, vous perdrez en mobilité, ce qui signifie que vous ne pourrez pas pivoter le corps (essentiel pour un bon élan). Si vos pieds sont trop rapprochés, ce qui signifie que votre base de l'élan est trop étroite, vous lutterez pour conserver votre équilibre pendant l'élan et aurez du mal à frapper la balle avec assurance. Mais si vous espacez correctement vos pieds au départ, vous bénéficierez d'une base stable qui accroîtra votre équilibre et vous procurera la mobilité nécessaire à un pivot puissant dans la montée. La position de la balle est également importante. Sa position correcte dans votre position assure que la tête de bâton la touche sur la trajectoire et selon l'angle d'attaque idéaux. Vous ne pouvez pas vous permettre de négliger ces bénéfices potentiels : veillez à suivre les instructions simples mais efficaces fournies ici pour une position idéale.

Alignement
Entraînez-vous toujours avec des bâtons posés au sol qui vous permettront de surveiller votre alignement.

Position
Commencez avec les pieds joints et la balle en face de votre talon gauche.

CONSEIL D'EXPERT

Posez deux bâtons pour contrôler la largeur de votre position

La largeur de votre position est un élément vital de votre position de départ et il est particulièrement facile de la contrôler. Tenez un bâton par l'extrémité du manche dans chaque main ; placez l'un contre votre épaule gauche, l'autre contre votre épaule droite. Laissez la gravité jouer son rôle et remarquez la direction indiquée par chaque tête de bâton. Si votre position est d'un écartement idéal pour le bois n° 1 et les fers longs, les bâtons désigneront l'intérieur de chacun de vos talons.

1 | LA POSITION PARFAITE

Bien que votre position soit vouée à se modifier en fonction des différents bâtons de votre sac (voir le conseil d'expert ci-contre), il est bon de commencer par établir la bonne position lors de l'utilisation d'un bois n° 1. Tenez-vous les pieds joints et la balle en face de votre talon gauche. Si vos deux pieds sont côte à côte quand vous posez la tête de bâton derrière la balle, il est beaucoup plus facile de voir où se trouve la balle par rapport à votre pied gauche.

Épaules
Votre épaule gauche doit être plus haute que la droite.

Écartement
La largeur des épaules et la distance entre les talons doivent être identiques.

Position de la balle
Pour un bois n° 1, elle doit être en face de votre talon gauche.

2 Reculez votre pied droit, mais ne déplacez pas votre pied gauche (la distance entre l'intérieur des talons doit être identique à la largeur des épaules – voir le conseil d'expert ci-contre). Écartez très légèrement la pointe des pieds plutôt que de les garder « position parallèle ». Cela permettra à vos hanches et à votre corps de s'enrouler et se dérouler pendant que vous balancez le bâton dans un mouvement de va-et-vient. Il est important de vérifier que la balle est restée en face de votre cou-de-pied gauche – la position parfaite pour « traverser » la balle de la tête de bâton d'un coup balayant plat. C'est la largeur idéale pour le bois n° 1 et tous les bois de parcours.

CONSEIL D'EXPERT

La règle des 3 cm dicte la largeur de votre position

De tous les bâtons de votre sac, le bois n° 1 est celui qui exige l'élan le plus accompli, le plus dynamique ; il n'est donc pas étonnant que votre position doive être à sa largeur maximale afin d'offrir un maximum d'équilibre en soutien d'un mouvement si puissant. Du fer 3 aux cocheurs, cependant, votre position deviendra progressivement plus étroite et la balle se rapprochera doucement du centre de votre position. Ci-dessous, trois positions de référence vous permettront de trouver la position idéale pour tous vos fers.

FER 3 : vos pieds doivent être plus proches de 3 cm que pour le bois n° 1 et la balle doit être plus éloignée de 3 cm de votre cou-de-pied gauche. Cette modification est nécessaire pour que la balle soit située au point où la tête de bâton atteint le bas de son arc d'élan.

FER 6 : vos pieds doivent être rapprochés de 3 cm encore et la balle doit être éloignée de 3 cm de plus de votre cou-de-pied gauche.

FER 9 : votre position doit se rétrécir de 3 cm de plus et la balle doit être éloignée de 3 cm de plus de votre cou-de-pied gauche. Par conséquent, il doit y avoir une différence de 9 cm dans la position de la balle et celle du pied entre ce bâton et le bois n° 1.

Cette règle des 3 cm devrait simplifier les problèmes déroutants dans la position de la balle et de l'espacement des pieds. La position correcte fournira une base solide à votre élan tout en assurant que la tête de bâton touche la balle avec précision et sous l'angle d'attaque correct.

CONTRÔLER LES FONDAMENTAUX : LA POSTURE

LA POSTURE DÉCRIT les angles de vos jambes et de la partie supérieure du corps et comment répartir votre poids au départ. Les éléments essentiels sont le degré d'inclinaison de la partie du corps au-dessus de la ceinture, le degré de flexibilité de vos genoux et la répartition de votre poids sur chaque pied. Réunis, ces facteurs exercent une influence considérable sur la construction de votre élan : des angles et une répartition du poids médiocres provoquent un mauvais élan ; des angles et une répartition du poids corrects favorisent un élan efficace. Un nombre de fautes d'élan étonnamment important pouvant être attribué à une posture médiocre, elle est sans aucun doute l'un des éléments les plus importants au départ.

Angle de la colonne vertébrale
Pour former l'angle de colonne vertébrale correct, inclinez-vous à partir des hanches jusqu'à ce que la tête de bâton repose sur le sol.

Jambes
Vos genoux doivent offrir une bonne flexibilité au départ.

1 PRENDRE LA POSTURE CORRECTE
Prenez une bonne prise (voir pages 18-19) sur un fer 5 et écartez vos pieds comme si vous vous prépariez vraiment à frapper une balle (voir pages 22-23). Puis tenez-vous droit et, les mains juste au-dessus de la hauteur de la ceinture, tendez le bâton en face de vous. Veillez à rester détendu : si vous êtes tendu maintenant, vous le serez quand vous vous préparerez à frapper la balle, ce qui nuira à votre élan.

2 Penchez le buste. Maintenez l'angle entre votre corps et vos bras. Continuez à vous pencher jusqu'à ce que la tête de bâton repose sur le sol.

3 Fléchissez les genoux et sortez légèrement le postérieur (l'estomac un peu rentré). Répartissez votre poids de façon homogène sur vos deux pieds. Vos jambes doivent vous sembler assez élastiques. Cette posture peut paraître étrange au premier abord car vous êtes peut-être habitué à une autre position pour attaquer la balle. Mais si vous répétez cette technique en trois étapes assez souvent, une bonne posture vous deviendra bientôt plus naturelle. Vous tirerez profit d'un meilleur pivot du corps, la qualité de votre mouvement d'élan s'améliorera et vous jouirez d'un meilleur équilibre.

RÉPARTITION DU POIDS

Dans un élan efficace, le poids du corps bascule du pied arrière à la montée du bâton sur le pied avant à la descente du bâton pour augmenter la puissance et assurer l'équilibre. Vous ne bénéficierez pas de ces avantages si votre poids est mal réparti au départ. La majorité des golfeurs ont du mal à saisir que la répartition de poids idéale n'est pas la même pour tous les bâtons ; elle varie en fonction du type de frappe que vous tentez de produire. Le bois n° 1, par exemple, fonctionne au mieux quand vous frappez la balle en la balayant. Placer un peu plus de poids sur le côté droit au départ favorise cet angle d'attaque.

Le principe est le même pour les bois de parcours et les fers longs. C'est une autre histoire avec les fers intermédiaires et courts. Un plein élan avec ces bâtons exige une répartition de poids homogène qui favorise l'angle d'attaque (descendant) nécessaire.

À moins que vous n'inventiez un type de frappe (voir pages 304-307), votre poids ne doit pas porter sur votre pied avant au départ.

60% 40%

50% 50%

BOIS ET FERS LONGS

Si 60 % de votre poids environ portent sur votre pied arrière au départ, cela vous encourage à déplacer votre poids derrière la balle en haut de votre montée. C'est essentiel pour balayer la balle.

FERS INTERMÉDIAIRES ET COURTS

Pour ces bâtons plus courts, vous devez répartir votre poids de façon égale : 50 % sur chaque pied. Cette position équilibrée favorise l'angle d'attaque correct qui, contrairement aux bois et fers longs, est légèrement descendant.

CONSEIL D'EXPERT

Une main écartée sépare les mains des cuisses

Si vous vous tenez trop loin ou trop près de la balle, vous aurez du mal à la frapper avec force. Ce n'est qu'en trouvant un juste milieu que vous serez en position d'élancer votre bâton librement, sans nécessité de compensation. Les instructions en trois points pour une bonne posture (voir ci-contre) vous renseignent utilement sur la distance à prendre avec la balle. Cependant, par précaution supplémentaire, vérifiez la distance séparant vos mains et l'extrémité du manche du haut de vos cuisses : elle doit être de la largeur d'une main, doigts écartés. C'est l'indication que vous disposez d'un espace suffisant pour balancer vos mains et vos bras librement, mais sans avoir à les tendre pour atteindre la balle – un juste milieu. Bien que cette règle de la main écartée soit une indication utile, elle laisse une marge de manœuvre. Mais un écart de plus de 5 cm ajouté à cette longueur créera un problème dans votre élan.

L'ESPACE DE L'ÉLAN *S'il y a un espace d'une main écartée environ entre le haut de votre prise et vos cuisses, vous vous tenez à la bonne distance de la balle.*

LA DÉCOMPOSITION DE L'ÉLAN

BIEN QU'UN BON ÉLAN DE GOLF SOIT PAR ESSENCE un mouvement continu fluide, il est possible de le décomposer en étapes clés. En fait, pour étudier votre élan et améliorer votre technique, il est souhaitable de l'examiner par étapes. Cela vous aidera à comprendre son fonctionnement et pourquoi il s'agit, à certains égards, d'une réaction en chaîne au cours de laquelle un mouvement réussi en entraîne souvent un autre. De même, un mauvais mouvement en entraîne aussi un autre. De plus, tout au long de ce livre, vous rencontrerez des termes se rapportant aux différentes étapes de l'élan et il est bon que vous vous familiarisez avec elles.

En arrière
Lors de l'amorce, la rotation progressive de vos mains et vos avant-bras assure que la face du bâton reste perpendiculaire à la trajectoire de l'élan.

1 POSITION INITIALE
La prise de position initiale est souvent considérée comme une banalité pour de mauvaises raisons et elle est par conséquent négligée par la majorité des golfeurs amateurs. Cependant, vos gestes préliminaires déterminent le plan et la qualité de votre élan. Les principes capitaux d'une bonne position initiale seront abordés encore et encore tout au long de ce livre.

2 L'AMORCE ET LA MONTÉE
Le premier maillon de la chaîne de l'élan est l'amorce. Ce terme inclut tout ce qu'il se passe entre le moment où le bâton s'écarte de la balle et celui où vos mains dépassent votre cuisse droite.

Techniquement, la montée comprend l'amorce mais, dans les milieux golfiques, elle fait souvent référence à la période de l'élan où la tête de bâton est à mi-chemin du point où le bâton redescend (d'où l'expression « sommet de la montée »).

3 LA TRANSITION
Ce terme décrit le moment où vous changez de direction, de la montée à la descente. C'est un stade crucial de l'élan et, bien qu'il soit bref par rapport à l'élan dans son entier, c'est souvent l'instant où « ça passe ou ça casse ».

Les trajectoires de l'élan

Il existe trois trajectoires de l'élan fondamentales à travers la zone de frappe : intérieur/extérieur, extérieur/intérieur, intérieur/position parallèle/intérieur. Pour une balle droite, la trajectoire correcte est intérieur/position parallèle/intérieur. Dans cette trajectoire, la tête de bâton s'approche de la balle de l'intérieur de la ligne de jeu, puis est perpendiculaire à la ligne de jeu au moment de l'impact et continue à l'intérieur de la ligne de jeu après l'impact.

Intérieur/extérieur

Extérieur/intérieur

Intérieur/position parallèle/intérieur

CONSEIL D'EXPERT

Le transfert de poids

Dans tous les sports athlétiques, un bon transfert de poids est un ingrédient essentiel d'une technique efficace. Le golf ne fait pas exception. Pour des frappes à pleine puissance, le poids de votre corps doit se déplacer en harmonie avec la direction de la tête de bâton en mouvement, c'est-à-dire vers le pied arrière dans la montée puis, progressivement, vers le pied avant durant la descente et la traversée. Vos frappes gagneront ainsi en puissance.

Relâcher le bâton
Après ce point, votre main droite passe au-dessus de votre main gauche, ce qui signifie que la face de bâton tourne effectivement dans le sens anti-horaire et l'orteil dépasse le talon.

4 | LA DESCENTE
De même que l'amorce fait partie de la montée, la transition fait partie du mouvement appelé descente. En gros, la descente couvre le secteur de l'élan allant du début de la descente à l'instant précédant l'impact.

5 | LA ZONE DE FRAPPE
Souvent appelée moment de vérité. La zone d'impact couvre les 30 cm environ de chaque côté de l'impact, y compris le point où la tête de bâton touche la balle. Tous vos gestes au cours de l'élan sont conçus pour optimiser la qualité des positions du corps et du bâton dans ce secteur de l'élan. La trajectoire de l'élan optimale dans la zone de frappe est définie ainsi : «intérieur/position parallèle/intérieur» (voir trajectoires de l'élan ci-dessus).

6 | LA TRAVERSÉE
Bien que la balle soit partie, ce secteur de l'élan est d'une grande importance. Une traversée classique, équilibrée, avec une belle finition, est la marque d'un bon joueur. Vous pouvez utiliser l'image de la traversée pour influer sur le plan de l'élan et donc contrôler le vol et la trajectoire de vos balles.

LE COUP DE DÉPART

L E BOIS N° 1, BÂTON LE PLUS COURAMMENT utilisé sur l'aire de départ, est le bâton le plus puissant de votre sac. Nombre de golfeurs croient, par conséquent, qu'ils doivent frapper leur balle de départ aussi fort que possible. Cependant, la position, plus que la puissance, est le facteur le plus important sur le té. Les golfeurs professionnels frappent la majorité de leurs coups de départ entre 70 et 80 % seulement de leur pleine puissance. C'est cette attitude que vous devez adopter pour votre coup de départ : la précision, et non la longueur, est prépondérante. En fait, pour vous aider à vous rappeler cette vérité vitale, quand vous vous dirigez vers le té, vous ne devez pas simplement viser l'allée globalement, mais identifier une cible plus précise, comme une petite motte ou une zone d'herbe décolorée.

Cette section vous aidera à frapper avec régularité de meilleurs coups de départ. L'avantage d'utiliser un bois de parcours, avec lequel il est plus facile d'obtenir une balle droite sans pour autant renoncer à la longueur, est aussi objet de débat. À la fin de cette section, vous devriez frapper des balles plus fermes, plus droites et, au bout du compte, plus longues.

TESTEZ VOS COMPÉTENCES

LE TEST DU COUP DE DÉPART

La première étape pour améliorer votre coup de départ consiste à évaluer votre niveau actuel. Ce test va vous le permettre. En le réalisant, gardez à l'esprit que le secret d'un bon coup de départ est la position, et non pas d'envoyer la balle à une distance énorme. Le test va évaluer votre régularité et votre précision sur 15 frappes, le nombre moyen de coups de départ sur un parcours.

1 Soit vous trouvez une allée de 30 m de large environ (la largeur d'une allée moyenne), soit vous vous rendez sur un terrain d'entraînement et repérez deux panneaux de distance ou deux drapeaux, espacés de 30 m environ.

2 Frappez 15 balles avec votre bois n° 1 et voyez combien atterrissent sur l'allée. Pour obtenir un résultat reflétant réellement vos compétences, pratiquez ce test à trois reprises et calculez un résultat moyen sur 15.

RAPPELEZ-VOUS que votre priorité NE DOIT PAS ÊTRE LA PUISSANCE MAIS LA PRÉCISION. Au fur et à mesure que votre technique s'améliorera et que vous frapperez les balles plus fermement, vous constaterez que vous envoyez la balle plus loin sans supplément d'effort.

3 Reportez-vous aux notes d'évaluation (ci-contre) pour déterminer auquel des trois niveaux correspond votre résultat. Vous êtes maintenant prêt à travailler avec les exercices adaptés à votre niveau de jeu.

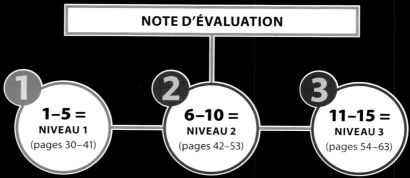

NOTE D'ÉVALUATION

1
1–5 =
NIVEAU 1
(pages 30–41)

2
6–10 =
NIVEAU 2
(pages 42–53)

3
11–15 =
NIVEAU 3
(pages 54–63)

NIVEAU 1 · EXERCICE 01

EXPLOITEZ EFFICACEMENT VOTRE TEMPS D'ENTRAÎNEMENT

Voici un spectacle courant : tous les postes d'un terrain d'entraînement occupés par des golfeurs enthousiastes bien décidés à taper la balle le plus fort possible, en réfléchissant peu à la technique. S'il n'y a rien de mal à frapper des coups de départ au terrain d'entraînement, la procédure doit cependant reposer sur une structure et une discipline sous peine de faire plus de mal que de bien à l'élan. Cet exercice fournira un objectif réel à votre entraînement de terrain d'exercice.

> ✱ Qualité plutôt que quantité, voici la règle d'un bon entraînement. La majorité des golfeurs gagneraient à frapper moitié moins de balles en s'appliquant deux fois plus sur chacune. Le vieil adage disant que l'entraînement conduit à la perfection n'est qu'en partie vrai ; c'est l'entraînement parfait qui conduit à la perfection.

1 | Repérez une cible précise. Si vous êtes concentré sur le point où vous voulez que votre balle tombe, vous réaliserez un élan plus ciblé. Posez un bâton à droite de la balle, pointé directement sur l'objectif. Puis posez un autre bâton, parallèle au premier, aligné sur vos orteils. Ainsi, chaque fois que vous serez en position initiale, ce sera dans un alignement parallèle parfait (voir pages 20-23).

2 | Concentrez-vous sur chaque coup comme si vous étiez sur le parcours.

NIVEAU EXERCICE
1·02   TROUVEZ VOTRE POSITION PARFAITE

Dans votre position, la distance idéale entre vos pieds est normalement égale à la largeur de vos épaules (voir pages 22-23). Cependant, si vous êtes particulièrement grand et mince, ou si vos jambes sont courtes, cette règle peut ne pas fonctionner. Dans ce cas, cette méthode infaillible, aussi facile qu'une promenade dans la rue, vous aidera à établir la base parfaite de votre élan.

*   Maintenant que votre élan bénéficie d'une base robuste, n'oubliez pas que la balle doit être en face de votre talon gauche quand vous utilisez le bois n° 1 (voir le conseil d'expert, page 35). Vous pouvez ainsi établir une bonne posture du buste et balayer la balle, ce qui est essentiel pour une frappe ferme. Un bon contact avec la balle participe à un gain de distance.

1 Prenez le bâton le plus long de votre sac, votre bois n° 1, et commencez à marcher normalement.

2 Au bout de quelques pas, arrêtez-vous. Il est alors essentiel de ne pas déplacer vos pieds. Vous avez obtenu votre longueur d'enjambée normale qui vous fournit un équilibre optimal quand vous marchez. Il est probable que cette distance entre vos pieds vous fournira également un bon équilibre pendant un élan.

3 Il ne vous reste qu'à vous tourner et à faire face à la balle, en veillant à conserver exactement le même écartement des pieds.

NIVEAU UN

Hauteur du té : la règle des 50 %

Un bois n° 1 donne toujours les meilleurs résultats quand la balle est à la bonne hauteur sur le té. Cependant, la taille des têtes du bois n° 1 varie énormément (nombre de joueurs préfèrent un bois de parcours pour leur coup de départ, voir le conseil d'expert, page 39) et la hauteur idéale du té ne va pas de soi. Pour vous assurer que la balle est toujours bien placée sur le té quel que soit le bâton utilisé, vérifiez que 50 % de la balle est visible au-dessus de l'arête supérieure de la face de bâton : le haut de la face de bâton doit arriver au niveau de l'équateur de la balle. Le té doit donc être plus ou moins enfoncé selon la taille de la tête du bâton utilisé. Pourquoi est-ce si important ? Pour frapper des coups de départ fiables, vous devez balancer la tête de bâton sur la balle selon un angle d'attaque faible, en balayant la balle d'une frappe horizontale. Cela vous sera impossible si la balle n'est pas à la bonne hauteur de té. Trop basse, vous risquez de frapper la balle selon un angle trop aigu à l'impact, trop haute, vous risquez de la frapper avec une tête de bâton qui remonte dans la zone de frappe.

LA LIGNE CENTRALE *Quelle que soit la taille de la tête de bâton, enfoncez le té de façon que l'arête supérieure de la tête de bâton soit parallèle avec le milieu de la balle.*

NIVEAU 1 · EXERCICE 03

SURVEILLEZ ATTENTIVEMENT VOTRE POSITION

Une bonne frappe régulière avec le bois n° 1 dépend de nombreux facteurs. L'un des plus importants est de conserver la même position d'un coup à l'autre. L'entraînement au terrain est l'occasion idéale pour instaurer de bonnes habitudes. Lors de votre prochaine séance au terrain d'entraînement, essayez cet exercice simple.

✱ À première vue, cette procédure peut sembler tatillonne, mais le souci du détail est l'un des secrets d'un jeu régulier ; les professionnels contrôlent en permanence leur position initiale. C'est encore plus vital pour la majorité des amateurs : quand il s'écoule plusieurs jours entre les parties, les mauvaises habitudes s'insinuent facilement. Avec un bâton qui pardonne aussi peu que le bois n° 1, la moindre erreur coûte cher. (Remarque : cet exercice peut s'appliquer à n'importe quel bâton. Plus long est le bâton, plus vous vous écarterez de la balle. Veillez donc à répéter cet exercice à chaque changement de bâton.)

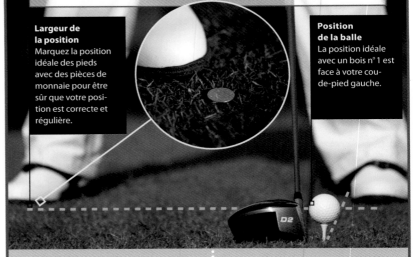

Largeur de la position
Marquez la position idéale des pieds avec des pièces de monnaie pour être sûr que votre position est correcte et régulière.

Position de la balle
La position idéale avec un bois n° 1 est face à votre cou-de-pied gauche.

1 Avant de frapper votre premier coup d'entraînement avec le bois n° 1, il est important de vérifier rapidement si votre position et votre posture sont correctes (voir pages 22-25).

2 Quand vous avez la position idéale, marquez la position de vos orteils avec des petites pièces de monnaie et laissez celles-ci en place tant que vous vous entraînez avec le bois n° 1. Vous êtes ainsi assuré de vous tenir à la bonne distance de la balle. De même, si le té est fixé sur le tapis du terrain d'entraînement, vous êtes sûr que la balle est toujours en position idéale.

NIVEAU **1**·**04** EXERCICE

RETROUVEZ LE « SIFFLEMENT » DE VOTRE MEILLEUR RYTHME

Il est extrêmement frustrant de se mettre soudain à mal frapper la balle sans raison apparente. Ce cas fâcheux est habituellement causé par une perte légère de rythme ou de tempo et il est parfois provoqué par une seule mauvaise frappe. Essayez de vous entraîner à retrouver le meilleur rythme ou tempo pour votre élan.

* Lorsque vous êtes nerveux, la fluidité de votre élan peut vous abandonner. Il suffit d'un peu d'anxiété pour vous empêcher de balancer le bâton librement et vous inciter à essayer de « diriger » la balle. Cela peut être désastreux, notamment au cours d'une partie importante. La prochaine fois que vous affronterez ce problème, essayez cet exercice qui devrait vous aider non seulement à balancer vos mains et vos bras plus librement, mais aussi à libérer la tension dans votre élan. Il favorisera une traversée plus puissante de la balle par la tête de bâton et, avant longtemps, vous constaterez que votre jeu est reparti sur les bons rails.

1 Tenez votre bois n° 1 par le manche du côté de la tête de bâton et faites de longs mouvements de l'élan en rythme, en va-et-vient. Au point le plus bas de l'élan, l'extrémité de la prise doit passer à 30 cm du sol environ. Évidemment, le bâton semblera très léger, mais le point sur lequel vous devez vous concentrer est la production d'un sifflement sonore dans l'air quand la prise du bâton traverse la zone de frappe de votre élan (où la balle devrait normalement se trouver). Vous ne produirez ce son que si votre timing est juste.

2 Maintenant, tenez le bâton de façon normale, par la prise, mais effectuez le même élan rythmique. Vous sentirez immédiatement le poids de la tête de bâton au bout du manche. Essayez de reproduire le sifflement au même point de l'élan que dans l'étape 1.

NIVEAU   EXERCICE

1·05   L'ÉLAN DANS UN COULOIR DE TÉS

Le but de cet exercice est de vérifier que votre tête de bâton suit la bonne trajectoire à l'entrée et pendant l'impact. Une trajectoire de l'élan correcte est déterminante dans la précision de la frappe. Elle vous permettra d'éliminer l'effet latéral qui provoque un vol incurvé de la balle.

*   Si vous évitez avec régularité tout contact avec le couloir de tés, votre élan suit la bonne trajectoire dans la zone de frappe. Cela vous aidera à jouer plus droit et vous devriez remarquer une amélioration immédiate de votre coup de départ.

1   Alignez deux rangées de tés parallèles, espacées de la largeur de deux têtes du bois n° 1 environ. Placez un té au milieu du couloir.

2   Effectuez votre élan dans ce couloir. La tête de bâton doit accrocher le té isolé au passage. Si elle touche l'une des lignes du couloir, votre trajectoire est mauvaise. Dans ce cas, repérez l'endroit où vous avez heurté une des lignes de tés pour corriger votre trajectoire.

3   Quand votre tête de bâton traverse régulièrement le couloir de façon correcte, placez une balle sur le té central. Essayez de reproduire l'élan que vous avez répété. Ne mettez pas plus de force dans le mouvement; vous générerez toute la puissance nécessaire si vous faites un élan fluide sur la bonne trajectoire.

NIVEAU EXERCICE
1·06

LE MÊME ÉLAN AVEC UN BOIS N° 1 ET UN COCHEUR

Si peu de golfeurs ont des problèmes de régularité avec les cocheurs, il n'en va pas de même avec le bois n° 1. La majorité des joueurs veulent frapper fort, ce qui les conduit à faire un élan plus rapide et à en perdre le contrôle. Nombre d'entre eux ont également peur du bois n° 1, ce qui les pousse à modifier leur élan avec l'impression trompeuse que ce bâton nécessite un traitement spécial. Conviction néfaste. Une excellente méthode pour surmonter ces problèmes et améliorer le rythme et le tempo de votre élan au bois n° 1 consiste à alterner les frappes au bois n° 1 et au cocheur.

✲ La sensation de réaliser un élan de la même façon avec ces deux bâtons aide à y introduire de la fluidité, alors qu'auparavant votre élan était peut-être un tourbillon de mouvements dénués de coordination. Le point le plus important à garder à l'esprit est que vous ne devez pas essayer de frapper plus fort avec le bois n° 1 qu'avec un cocheur : un élan en douceur produit toute la puissance dont vous avez besoin.

Un élan souple
Réaliser le même mouvement avec un bois n° 1 qu'avec un cocheur vous aidera à améliorer rythme et précision.

1 Prenez un seau de balles et deux bâtons seulement, votre bois n° 1 et votre cocheur. Tapez 12 balles environ, en douceur, avec le cocheur. Ne vous souciez pas trop de votre objectif, concentrez-vous sur une frappe ferme et contrôlée de la balle.

2 Maintenant, tapez deux ou trois balles avec le bois n° 1. La clé de cet exercice est d'essayer de faire un élan à la même vitesse et au même rythme avec le bois n° 1 qu'avec le cocheur. Frappez encore six balles avec le cocheur, suivies de deux ou trois balles avec le bois n° 1. Répétez cette étape autant de fois que possible.

La position de la balle influe sur la trajectoire de l'élan

La position de la balle est le principe oublié d'un bon coup de départ. Elle est négligée par la plupart des golfeurs qui considèrent que ce détail est trop insignifiant. Cependant, la position de la balle a un impact énorme sur la direction de vos tirs. Il y a trois positions de balle de base : trop en avant dans la position, trop en arrière dans la position et le point idéal.

La tête de bâton ne frappe la balle sur une trajectoire linéaire que si la balle est parfaitement placée, en face de l'intérieur de votre talon gauche ; la balle commencera également son vol en ligne droite. Cette position est le plus simple des facteurs à surveiller mais d'un profit extraordinaire pour vos coups de départ. Ce serait dommage de négliger cette partie fondamentale du jeu.

Si la balle est trop en avant dans la position (pour un bois n° 1, à la gauche de votre pied avant), la tête de bâton passera certainement à gauche de l'objectif quand elle touchera la balle, sur ce qu'on appelle une trajectoire extérieur/intérieur (voir pages 26-27). La balle s'envolera vers la gauche puis conservera cette trajectoire ou fera un crochet extérieur. Ni l'un ni l'autre n'est souhaitable.

Si la balle est trop en arrière dans la position (pour un bois n° 1, près du milieu de votre position), la tête de bâton passera à droite de l'objectif en frappant la balle, c'est-à-dire sur une trajectoire intérieur/extérieur (voir pages 26-27). La balle s'envolera vers la droite puis conservera cette trajectoire ou fera un crochet intérieur.

NIVEAU 1 · EXERCICE 07

GARDEZ LA TÊTE ET LE BUSTE DERRIÈRE LA BALLE AU DÉPART

Comme un boxeur fait porter son poids sur son pied arrière avant d'assener un coup, un golfeur doit déplacer son poids pour transmettre une puissance maximale à la balle. Il est vital de transférer votre poids sur votre pied arrière au sommet de la montée. C'est beaucoup plus facile si vous commencez votre élan en mettant déjà un peu plus de poids sur le côté droit. Répétez l'exercice suivant pour vous familiariser avec la mécanique d'une bonne répartition de poids.

Vérifiez que votre tête et votre buste sont derrière la balle. Cela doit se faire naturellement après le changement opéré à l'étape 2.

✳ Cet exercice facilite le placement du poids sur le côté droit et celui de la tête et du buste derrière la balle au sommet de la montée. Dans cette position vous constaterez que vous pouvez vraiment « envoyer » votre poids et générer plus de puissance. Tous les grands frappeurs du golf, dont Tiger Woods, Ernie Els et John Daly, commencent leur élan de derrière la balle au départ. Cela les aide à atteindre les distances exceptionnelles qu'ils sont capables de reproduire encore et encore.

50%

60%

La position
La position initiale correcte pour un bois n° 1 : quasiment tout le buste est derrière la balle.

1 Prenez un bois n° 1 et tenez-vous droit, votre poids réparti à égalité sur les deux pieds. Mettez-vous en position initiale au-dessus de la balle.

2 Inclinez l'angle de votre colonne vertébrale à l'extérieur de la cible. Vous devriez alors sentir votre centre d'équilibre se déplacer, avec 60 % de votre poids sur le pied arrière.

FRAPPEZ LE FOND DU FILET

Quand vous frappez quelques balles dans le filet du terrain d'entraînement, avant un parcours, vous ne pensez pas à guider la balle ou rater votre coup. Vous réalisez votre élan librement et envoyez votre balle au fond du filet. Pourquoi donc ne pas avoir l'esprit aussi libre quand vous êtes sur le premier té ? Cet exercice de visualisation vous aidera sans aucun doute à faire de meilleures frappes sous la pression.

* Plutôt que de vous angoisser quant au résultat d'un coup, ou de vous inquiéter des obstacles potentiels sur un trou, concentrez-vous simplement sur le fait de «frapper le fond du filet». Cet exercice vous aidera à évacuer toutes vos craintes et à produire un élan plus positif.

1 Avant de commencer un parcours, frappez quelques balles dans un filet d'exercice, en vous concentrant uniquement sur la production d'un élan libéré et d'une frappe sûre. Regardez la balle voler vers le milieu du filet.

2 Dirigez-vous sans hésiter vers le premier té et, en frappant la première balle, ne pensez qu'à l'image mentale de la balle volant à grande vitesse vers le milieu du filet d'exercice.

NIVEAU · EXERCICE
1·09

DESCENDEZ VOTRE PRISE SUR LE BOIS N° 1

Trop de golfeurs sont obsédés par la longueur de la balle. Cependant, la plupart d'entre eux frapperaient un coup de départ beaucoup plus droit et, bizarrement, plus long s'ils imaginaient le bois n° 1 comme un bâton de positionnement. Cet exercice pratique rapide vous apprendra à frapper vos coups de départ plus droit sans perdre grand-chose en longueur.

1 Sortez votre bois n° 1 du sac et adoptez votre prise et votre position initiale normale.

2 Modifiez votre prise : rapprochez vos mains de la tête de bâton de 3 à 4 cm de façon à voir l'extrémité de la prise du bâton dépasser nettement au-dessus de votre main gauche. C'est ce qu'on appelle descendre la prise.

La prise
Descendez vos mains de 3 à 4 cm sur la prise de façon que son extrémité dépasse au-dessus de votre main gauche.

Le menton
Passez votre épaule gauche sous votre menton pour favoriser un pivot complet dans la montée.

* Descendre les mains sur la prise est une bonne astuce à avoir en réserve pour aborder une allée vraiment étroite. Même si vous perdez un peu de longueur, le supplément de maîtrise obtenu vous garantit des coups de départ plus droits et il vous semblera beaucoup plus facile de garder vos balles de départ en jeu sur les trous les plus difficiles.

3 | Effectuez votre élan normalement : vous devriez avoir la sensation d'un plus grand contrôle. Bien que vous ayez effectivement raccourci le manche du bâton, ce qui réduit légèrement l'arc et la longueur de l'élan, vous n'avez pas l'impression de devoir apporter des modifications à votre élan. Tout se fait automatiquement.

CONSEIL D'EXPERT

Un bois 3 est parfois plus intéressant qu'un bois n° 1

Les golfeurs partent souvent du principe que le bois n° 1 leur fournira la plus grande longueur au départ. Cependant, ce n'est pas le cas pour nombre d'entre eux.

Le bois n° 1 est un bâton à face droite et, pour cette raison, il envoie la balle sur une trajectoire basse. Si vous ne générez pas une vitesse suffisante de la tête de bâton à l'impact, la balle ne volera pas assez longtemps pour atteindre une distance convenable. Dans ce cas, il peut être préférable d'employer un bâton plus ouvert, comme un bois 3 qui enverra la balle sur une trajectoire plus haute, allongeant le temps de vol et la distance.

Une autre bonne raison de choisir un bois 3 est que votre élan présente un défaut vous empêchant de frapper régulièrement l'arrière de la balle à la perpendiculaire. Dans ce cas, la face droite du bois n° 1 donne beaucoup d'effet latéral à la balle, ce qui entraîne une perte de longueur car le vol suit une trajectoire incurvée. La face plus ouverte d'un bois 3 annule cet effet latéral.

Toutefois, si vous êtes dans l'une de ces situations, mais que le bois 3 vous semble un trop gros sacrifice, envisagez l'achat d'un bois n° 1 plus ouvert – avec un angle d'ouverture de la face de 13 à 15 degrés (voir pages 326-327).

BOIS N° 1 CONTRE BOIS *La face d'un bois 3 (à gauche) est plus ouverte que celle d'un bois n° 1 (à droite). C'est pourquoi le bois 3 pardonne davantage les erreurs et aide à frapper droit.*

CONSEIL D'EXPERT

L'intérêt du mouvement préliminaire

Presque tous les joueurs professionnels effectuent des mouvements préliminaires (petits mouvements de va-et-vient derrière la balle) avant d'entamer leur élan. Ce mouvement varie d'un joueur à l'autre, mais dans tous les cas il permet au joueur de détendre complètement les muscles des mains et des bras au départ, en vue d'un élan fluide. Le mouvement préliminaire peut aussi donner un aperçu de la trajectoire de l'amorce, vous permettant de vous habituer à ce premier mouvement essentiel d'écartement de la balle. Par exemple, si vous voulez être sûr que votre bâton ne prend pas une trajectoire intérieure en début de montée, un mouvement préliminaire vous permettra de vérifier qu'il reste sur le bon plan. De plus, il peut vous donner un avant-goût du type de rythme que vous imprimerez à votre élan. Si vous vous sentez nerveux (donc enclin à effectuer un élan trop rapide), une suite de deux ou trois mouvements préliminaires très lents vous détendra et vous aidera à entamer votre montée en douceur. La totalité de votre élan devrait conserver cette souplesse. Mettez au point votre propre style de mouvement préliminaire et exploitez-le pour donner un bon départ à votre élan.

CONSEIL D'EXPERT

Pour un meilleur équilibre, posez pour la photo

Une bonne façon de réfréner une tendance à frapper trop fort au bois n° 1 est de vous concentrer sur un seul mot : équilibre. Si, pendant votre élan, vous vous concentrez uniquement sur une finition en parfait équilibre (comme si vous posiez pour une photo destinée au tableau d'honneur du clubhouse), vous avez des chances de contrôler votre élan. Si vous ne pouvez conserver l'équilibre lors de la traversée, votre élan dépassera presque certainement les limites de votre contrôle.

NIVEAU 1 · EXERCICE 10

SI VOS BALLES FONT UN CROCHET EXTÉRIEUR, ESSAYEZ DE CONSOLIDER VOTRE PRISE

La façon dont vous tenez le bâton détermine l'angle de frappe de la face de bâton sur la balle. Si votre prise est faible (le « V » formé par le pouce et l'index de chaque main pointe vers votre menton, voir page 19), il est peu probable que la face de bâton soit perpendiculaire à la balle au point d'impact. Dans la plupart des cas la face sera au contraire ouverte, ce qui provoque une frappe oblique et un coup de départ faible (souvent en crochet extérieur). Si ces problèmes vous sont familiers, cet exercice vous aidera à consolider votre prise.

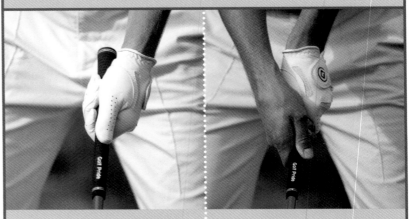

1 | Prenez votre prise sur le bois n° 1 de façon normale. Enlevez votre main droite du bâton pour avoir une vue dégagée sur votre main gauche. Si votre prise est faible, vous ne verrez qu'une articulation sur le dos de votre main gauche.

2 | Pour stabiliser le bâton, tenez le bas de la prise du bâton avec la main droite. Desserrez la pression de la main gauche, juste assez pour pouvoir tourner votre prise vers la droite, jusqu'à voir trois articulations sur le dos de votre main gauche. Votre pouce gauche devrait apparaître sur la droite du centre de la prise (mais pointé directement vers le bas). Le « V » formé par votre pouce et votre index gauches devrait maintenant être orienté vers votre épaule droite.

3 | Appliquez votre main droite sur la prise du bâton de façon que le « V » de votre pouce et votre index soit également orienté vers votre épaule droite. Vous devriez voir une articulation sur votre main droite et trois articulations sur votre main gauche (jamais plus).

✱ Consolider votre prise est une excellente façon de vous assurer que la face du bâton est en position parallèle à l'impact (pour produire des frappes plus consistantes). Les coups de départ slicés devraient être éliminés. Vous aurez la sensation que votre nouvelle prise est plus puissante. Une prise plus ferme peut être un avantage particulier pour les femmes, ainsi que pour les seniors et les juniors, qui cherchent à obtenir une longueur suffisante à partir du té.

NIVEAU EXERCICE
1·11

EN CAS DE CROCHETS INTÉRIEURS, RAMENEZ VOTRE PRISE À UN STADE NEUTRE

La façon dont vous placez vos mains sur la prise du bâton détermine le comportement de la face du bâton au cours de l'élan. Si vous êtes empoisonné par un crochet intérieur persistant, il est probable que votre prise est trop forte, ce qui signifie que la face du bâton sera fermée à l'impact. En gros, il s'agit du problème inverse de celui d'un joueur abonné au crochet extérieur. L'une des meilleures méthodes pour soigner un crochet intérieur consiste à affaiblir une prise trop forte pour qu'elle devienne neutre. Vous pourrez ainsi amener la face du bâton à la perpendiculaire de l'arrière de la balle.

✱ Affaiblir votre prise pour que vos mains prennent une position plus orthodoxe sur le bâton vous procurera une sensation étrange au premier abord (comme toute modification dans votre élan). Au début, il est raisonnable de vous cantonner à des élans d'essai pour vous habituer à cette nouvelle prise. Quand vous serez familiarisé avec cette position des mains, la face du bâton aura un angle plus neutre au cours de l'élan, peut-être même très légèrement ouvert. Vous courrez moins le risque du crochet intérieur et il vous sera plus facile de frapper des balles droites.

1 Sortez votre bois n° 1 de votre sac et prenez votre prise comme si vous alliez frapper un coup de départ.

Maintenant, retirez votre main droite du bâton. Si votre prise est trop forte, vous verrez peut-être quatre articulations de votre main gauche en regardant vers le bas.

Tenez fermement le bas de la prise du bâton avec la main droite. Tournez doucement votre prise vers la gauche de façon à voir seulement deux articulations, ou deux et demie, sur le dos de votre main gauche.

2 Maintenant, ajoutez votre main droite de façon qu'elle soit un peu plus haut sur la prise. Alors que précédemment vous ne pouviez sans doute voir aucune articulation de votre main droite, vous devriez maintenant en voir deux. De plus, votre pouce droit devrait se trouver plus haut sur la prise plutôt que sur la droite (comme c'est le cas si vous avez une prise excessivement forte).

✱
Testez-vous

Avant de passer au niveau 2, répétez le test des pages 28-29. Si vous n'avez pas progressé, il est bon de revoir les exercices du niveau 1. Si la note d'évaluation indique que votre coup de départ s'est amélioré, vous êtes prêt pour les exercices du niveau 2.

CONSEIL D'EXPERT

Utilisez les trous de mottes de gazon existants pour améliorer votre visée

Quand ils cherchent un endroit où planter leur té, la majorité des golfeurs cherchent une zone de gazon dénuée de trous ; ils négligent ainsi une précieuse occasion de bien viser. Lorsque vous frappez un coup de départ, cherchez un ancien trou de motte de gazon directement dans l'alignement de l'objectif. En plaçant la balle sur un té juste derrière ce trou, vous bénéficierez d'un guide pour aligner la face du bâton avec l'objectif. Vous pouvez alors construire votre position sur cette base. Les trous de mottes de gazon peuvent aussi vous aider dans votre trajectoire d'élan. Essayez de trouver un trou orienté droit vers l'objectif et placez la balle sur un té juste devant ce trou. Pendant la descente, imaginez que vous balancez la tête de bâton dans l'arrière de la balle en suivant la ligne de la motte de gazon : cela vous aidera à suivre la bonne trajectoire jusqu'à l'impact. Cette méthode sur le té a l'avantage de garantir l'absence d'interférence entre la face de bâton et la balle, ce qui permet de réaliser des frappes particulièrement pures.

DES TROUS DE MOTTES DE GAZON UTILES
Positionner votre balle derrière un trou de motte de gazon visant l'objectif (ci-dessus) vous aidera à viser, alors qu'un trou de motte de gazon derrière la balle guidera votre élan sur la bonne trajectoire.

NIVEAU 2·12 EXERCICE

OPÉREZ UNE PAUSE AU SOMMET DE LA MONTÉE

Avec le bois n° 1, il est fréquent que les golfeurs soient un peu trop agressifs dans la transition de la montée à la décente, ce qui gâche rapidement toute chance de frapper sainement la balle. Si vous vous surprenez dans ce cas mais n'arrivez pas à corriger cette habitude, cet exercice vous sera d'un énorme profit.

Sommet de la montée
Une courte pause à ce point incite toutes les parties du corps à travailler ensemble dans la descente.

Descente « paresseuse »
Le premier mouvement vers le bas ne doit pas être précipité.

* Cette courte pause au sommet de la montée ne dépasse pas une fraction de seconde, mais c'est un temps extrêmement précieux. Il vous permet de rassembler tous vos éléments mobiles (mains, bras, buste et bâton), tous prêts à descendre en flèche vers la balle dans un mouvement combiné qui aboutit à un impact puissant. Reportez-vous à l'exercice 15 (page 45) qui vous fournira une autre façon d'atteindre le même résultat.

1　Commencez par une montée normale, jusqu'au sommet. Faites une pause à ce point, mais pas plus d'une fraction de seconde.

2　En entamant la descente, essayez de cultiver une sensation de « paresse », comme si ce mouvement capital vers le bas de vos mains et vos bras n'était rien de plus qu'un effet de la gravité dans son cours naturel.

NIVEAU EXERCICE
2·13 FRAPPEZ LA BALLE À 4 HEURES

L'un des défauts les plus répandus chez les golfeurs – quel que soit leur niveau – est le crochet extérieur, provoqué par une trajectoire d'élan extérieur/intérieur, qui coupe alors la ligne de jeu et se prolonge dans la zone de frappe (voir pages 26-27). L'exercice suivant demande certes un peu d'imagination, mais il est idéal pour vous aider de façon durable et efficace à suivre une trajectoire d'élan correcte.

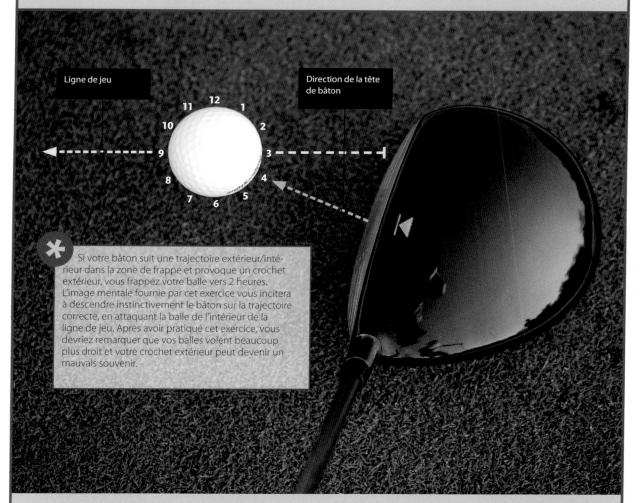

Ligne de jeu

Direction de la tête de bâton

12 11 1 10 2 9 3 8 4 7 6 5

✱ Si votre bâton suit une trajectoire extérieur/intérieur dans la zone de frappe et provoque un crochet extérieur, vous frappez votre balle vers 2 heures. L'image mentale fournie par cet exercice vous incitera à descendre instinctivement le bâton sur la trajectoire correcte, en attaquant la balle de l'intérieur de la ligne de jeu. Après avoir pratiqué cet exercice, vous devriez remarquer que vos balles volent beaucoup plus droit et votre crochet extérieur peut devenir un mauvais souvenir.

1 Prenez votre position normale de départ et regardez la balle. Représentez-vous la sphère comme une horloge, la ligne de jeu passant de 3 heures à 9 heures.

2 Gardez les yeux fixés sur le point de la balle correspondant à 4 heures. Au cours de l'élan, essayez de descendre le bâton de façon que la tête frappe la balle à 4 heures environ.

NIVEAU   EXERCICE
2·14

CHERCHEZ UNE LIGNE DROITE VERS LA BALLE

Tout ce qui, au départ, vous permettra d'améliorer votre élan mérite d'être étudié. L'exercice suivant a pour but, quand vous prenez position pour un coup de départ, de transformer le manche du bâton en extension de votre bras.

Gardez à l'esprit qu'au moment de frapper avec un bois n° 1, il est permis que vos mains soient au-dessus de la balle plutôt qu'en avant. Cet exercice vous permettra de prendre la meilleure position de départ.

* La raison de l'excellence de ce point de départ est qu'il facilite le travail en commun du bâton et de votre bras gauche pendant l'amorce. Nombre de problèmes d'élan viennent d'une déconnexion entre eux dès le début de l'élan, ce qui fait que le bâton n'est plus synchronisé avec les bras et le corps. Cet exercice devrait vous permettre de retrouver ce lien.

1 | Veillez à ce que la balle soit située en face de votre talon gauche. Prenez votre posture normale, mais laissez votre bras gauche pendre mollement de votre épaule, tout en tenant le bois n° 1 de la main droite.

2 | Placez le bâton dans votre main gauche pendante. Vous constaterez qu'il forme une ligne presque droite avec le manche jusqu'à la balle. C'est une excellente position de départ.

SYNCHRONISEZ LE MOUVEMENT DE VOTRE ÉLAN DES BRAS AVEC VOTRE PIVOT

Perdre la coordination entre l'élan des bras et le pivot est un défaut courant. Il peut provoquer une perte de rythme et une sensation de maladresse dans l'élan. Quand cela se produit, même les tirs bien construits manquent de ressort. Chez la plupart des golfeurs, le buste se déplace trop tôt et prend de l'avance sur l'action des bras et des mains (le problème inverse est rare). C'est l'une des principales causes des coups de départ slicés : les épaules et le buste se déroulent trop vite dans la descente, lançant les mains et les bras à l'extérieur du plan d'élan idéal ; la tête de bâton coupe alors la ligne de jeu dans une trajectoire extérieur/intérieur. Si vos balles font un crochet extérieur vos coups de départ, essayez cet exercice fondé sur un conseil de Harry Vardon, recordman de l'Open Championship (tournoi ouvert) avec six victoires.

Montée
Montez normalement le bâton jusqu'au sommet.

Position du corps
Pensez à vos bras qui descendent le bâton jusqu'à la hanche avant que votre corps ne commence à se dérouler.

*
Cet exercice élimine la tendance des épaules à pivoter trop tôt dans la descente, ce qui entraîne le bâton hors de la trajectoire correcte et provoque un coup de départ slicé. Une meilleure synchronisation produira un meilleur timing et une frappe de balle plus puissante.

1 Prenez votre bois n° 1 et effectuez une montée normale. À partir du sommet de la montée, concentrez-vous sur le mouvement des mains et des bras qui doivent descendre le bâton jusqu'à la hauteur de la hanche avant que les épaules et le buste ne commencent même à se dérouler.

2 En continuant la descente, votre corps devrait commencer à se dérouler en harmonie avec vos mains et vos bras.

NIVEAU 2·16 EXERCICE

RECHERCHEZ LE PIVOT ET LE FOUETTEMENT POUR UN ÉLAN NATUREL

Deux éléments se combinent pour produire l'élan parfait : le pivot et l'élan des bras. Trop de l'un et pas assez de l'autre est un cocktail désastreux – le plan de l'élan sera complètement faux et vous vous évertuerez à amener la tête de bâton sur l'arrière de la balle selon une trajectoire ou un angle d'attaque vaguement correct. Un

excès d'élan des bras provoquant un élan trop droit est un problème fréquent. Il est la conséquence d'un défaut simple : les épaules ne tournent pas suffisamment. Si vous avez ce problème depuis un certain temps, il peut être difficile à corriger. Cet exercice devrait toutefois être un remède constructif.

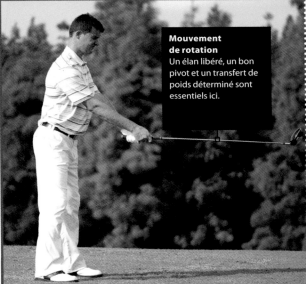

Mouvement de rotation
Un élan libéré, un bon pivot et un transfert de poids déterminé sont essentiels ici.

Hauteur de l'élan
Lors de la traversée de la zone de frappe, la tête de bâton doit être à 60 cm au-dessus du sol environ.

1 | L'ÉLAN « DE BASE-BALL »

Prenez votre bois n° 1 et tenez-vous droit, les bras étendus devant vous, les mains juste au-dessous de la hauteur des épaules. Balancez le bâton autour de vous en vous concentrant sur le mouvement de rotation de votre buste et en laissant vos mains et vos bras imprimer un fouettement au bâton, en va-et-vient, très librement. Veillez à sentir votre poids se transférer sur le côté droit pendant la montée, quand votre épaule gauche pivote sous votre menton. Au cours du mouvement de retour de droite à gauche, votre poids se déplace vers l'objectif et sur votre côté gauche quand vous prenez la position de traversée. Ce mouvement n'est pas très éloigné d'un élan de base-ball et vous permet de vous familiariser avec un puissant pivot du buste, quelque chose qui manquait peut-être à votre élan auparavant.

2 | ÉLAN INTERMÉDIAIRE

Maintenant, tenez-vous au-dessus de la balle et courbez très légèrement le buste jusqu'à ce que la tête de bâton soit à 60 cm au-dessus du sol environ. Répétez le même élan en vous concentrant à nouveau sur les éléments essentiels : un transfert de poids correct et un fouetté libre de la tête de bâton à travers la zone de frappe. Vous devriez sentir vos bras se raidir quand la force centrifuge du bâton vous tire dans la traversée.

Élan naturel
Maintenant, dans la posture normale, restez concentré sur un bon pivot et un fouettement libre du bâton.

CONSEIL D'EXPERT

Le genou droit conserve sa flexibilité

Le positionnement du genou droit est important pour un élan réussi avec un bois n° 1. Fléchir le genou droit pendant la montée et une bonne partie de la descente a deux avantages. D'abord, il crée une résistance dans les jambes et les hanches pendant la montée ; cela vous procure une source importante de puissance et un moyen efficace d'éviter que votre élan ne devienne trop long et incontrôlé. Ensuite, le genou droit fléchi pendant une bonne partie de la descente vous aide à maintenir le talon droit sur le sol plus longtemps ce qui évite que l'angle d'attaque ne devienne trop incliné. Le bois n° 1 exige un élan plutôt plat.

MONTÉE *Gardez le genou droit fléchi pour créer une résistance dans votre élan. Cela évitera qu'il soit trop long, ce qui entrave la puissance et le contrôle.*

DESCENTE *Maintenir le fléchissement du genou droit pendant la descente du bâton fournit un arc de descente large et un angle d'attaque balayant, l'idéal pour un bois n° 1.*

3 ÉLAN NORMAL

Courbez-vous davantage à partir de la ceinture, jusqu'à ce que la tête de bâton repose sur le sol, et fléchissez légèrement les genoux. Vous devez être maintenant dans la position idéale pour le bois n° 1. Pendant l'élan, pensez seulement à répéter les sensations éprouvées dans les étapes 1 et 2 – un pivot complet du corps, un bon transfert de poids et un fouetté merveilleusement fluide de la tête de bâton quand vous accélérez sans à-coup dans la descente et dans la zone de frappe.

Si vous pouvez recréer les sensations associées à cet exercice et laisser la balle entrer dans la trajectoire de l'élan au lieu d'être trop «axé sur la frappe», vous frapperez la balle en douceur et relâcherez le bâton correctement (voir page 27). Vous aurez atteint un meilleur équilibre entre le pivot et l'élan des bras. L'exercice 15 (voir page 45) vous indique comment corriger une perte de synchronisation entre ces deux éléments.

NIVEAU 2 · EXERCICE 17
MAINTENEZ VOTRE TALON GAUCHE AU SOL POUR PLUS DE RÉSISTANCE

Le fait de soulever votre talon du sol dans la montée – l'une des questions posées le plus fréquemment au sujet de l'élan – dépend du type de golfeur. Si vous êtes souple et effectuez facilement un pivot complet de montée (ou avez tendance à sur-élancer), vous avez alors intérêt à garder votre talon au sol. Vous éviterez ainsi que vos hanches tournent trop loin dans la montée et conserverez globalement un élan compact. Vous pourrez enrouler votre corps avec plus de résistance dans la moitié inférieure du corps, ce qui déclenchera un déroulement plus rapide du ressort du corps dans la descente. Pour conserver votre talon au sol, essayez cet exercice.

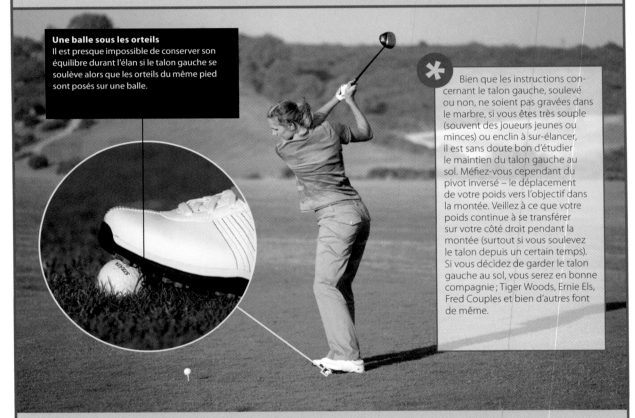

Une balle sous les orteils
Il est presque impossible de conserver son équilibre durant l'élan si le talon gauche se soulève alors que les orteils du même pied sont posés sur une balle.

*　Bien que les instructions concernant le talon gauche, soulevé ou non, ne soient pas gravées dans le marbre, si vous êtes très souple (souvent des joueurs jeunes ou minces) ou enclin à sur-élancer, il est sans doute bon d'étudier le maintien du talon gauche au sol. Méfiez-vous cependant du pivot inversé – le déplacement de votre poids vers l'objectif dans la montée. Veillez à ce que votre poids continue à se transférer sur votre côté droit pendant la montée (surtout si vous soulevez le talon depuis un certain temps). Si vous décidez de garder le talon gauche au sol, vous serez en bonne compagnie ; Tiger Woods, Ernie Els, Fred Couples et bien d'autres font de même.

1　Prenez votre position initiale normale et coincez une balle sous les orteils du pied gauche. Vous sentirez la répartition du poids basculer vers le talon gauche, ce qui est une bonne chose.

2　En effectuant votre montée, essayez de garder votre poids sur le talon. Avec la balle sous les orteils, vous serez en équilibre très instable si vous soulevez le talon gauche.

3　Tapez quelques balles avec la balle sous les orteils (commencez par des élans d'essai avant de passer aux coups de départ d'entraînement), puis retirez la balle et voyez si vous gardez le talon gauche au sol.

NIVEAU EXERCICE
2·18

TOURNEZ LE DOS À L'OBJECTIF

Bas et lent : c'est le meilleur début de montée avec un bois n° 1. Mais où cela vous mène-t-il ? Cet exercice est très utile pour les joueurs qui manquent de direction dans la montée ou qui ont simplement des problèmes de coup de départ. Il repose sur deux notions essentielles qui, associées, ont un fort impact sur la qualité de votre coup de départ.

Tourner le dos à l'objectif assure une bonne rotation du corps, ce qui est essentiel pour générer de la puissance, alors que l'orientation du bâton vers la cible signifie que le bâton sera aligné. La combinaison de ces deux éléments clés vous met en bien meilleure position pour descendre le bâton librement et sur la trajectoire correcte dans la zone de frappe ; la vitesse de la tête de bâton est ainsi augmentée et le contact est plus ferme.

1 | En effectuant votre montée, essayez de tourner le dos à l'objectif. Cela vous incitera à faire pivoter complètement vos épaules, favorisera un meilleur transfert de poids sur le côté droit et vous aidera à aligner correctement le bâton au sommet de la montée.

2 | Quand vous atteignez le sommet de la montée, essayez de pointer le bâton vers l'objectif. Cette notion est particulièrement bénéfique pour les joueurs qui font un crochet extérieur à la majorité de leurs coups de départ. La raison en est que ces joueurs sont enclins à diriger leur bâton vers la gauche de l'objectif, ce qui entraîne une descente à l'extérieur de l'alignement (voir pages 26-27) ; il en résulte une frappe en biais et un coup de départ slicé.

NIVEAU   EXERCICE
2·19 SOULEVEZ LE TALON GAUCHE POUR UN PIVOT PLUS COMPLET

Si le fait de garder le talon gauche au sol au cours de la montée (voir l'exercice 17, page 48) offre plusieurs avantages à certains golfeurs, tous ceux qui manquent de flexibilité dans l'élan et ont donc du mal à pivoter complètement ont intérêt à soulever le talon gauche. Ce soulèvement vous permettra d'effectuer un pivot plus complet dans la montée, ce qui accroîtra la longueur de votre élan et la puissance de vos tirs. De même, si votre élan a tendance à être trop court et rapide, le fait de laisser votre talon gauche décoller du sol vous donnera plus de temps pour effectuer un élan plus complet, plus lent, et donc plus efficace. Et si vous avez tendance à inverser votre pivot (déplacer votre poids vers l'objectif dans la montée au lieu de le porter sur votre côté droit), soulever votre talon gauche forcera le transfert de poids sur le côté droit, ce qui est essentiel pour une montée bien exécutée. Si vous pensez que le soulèvement de votre talon gauche peut améliorer votre jeu, l'exercice suivant vous permettra de mettre au point la bonne technique.

Talon en l'air
Soulevez le talon gauche au cours de la montée.

1   Mettez-vous en position initiale et commencez votre élan normalement. Quand vous atteignez le stade de la montée où vous sentez que vos hanches et vos épaules n'iront pas plus loin, le moment est arrivé où votre talon gauche est effectivement décollé du sol pour libérer le côté droit et permettre un pivot plus important. Cela vous procurera une sensation étrange si vous n'avez jamais soulevé votre talon gauche auparavant, au cours de l'élan ; mais cela fonctionnera si vous laissez ce soulèvement se produire comme une conséquence de votre mouvement de pivot plutôt que de le provoquer.

✳ Il est important de se rappeler que le soulèvement du talon gauche n'est pas un mouvement indépendant – le talon doit se soulever spontanément en réaction au mouvement de rotation des hanches et du buste. Le soulèvement du talon devrait vous fournir un élan plus puissant. Son avantage supplémentaire est que le fait de reposer le talon vous aide efficacement à commencer votre transfert de poids vers l'objectif, l'un des éléments clés d'un élan puissant. Jack Nicklaus et Tom Watson sont deux des célèbres joueurs qui préfèrent soulever le talon gauche.

2 Pour commencer la descente, plantez votre talon sur le sol. Ainsi, votre poids commence à se déplacer dans la bonne direction – vers l'objectif. Le grand Henry Cotton, triple vainqueur de l'Open Championship (tournoi ouvert), avait l'habitude de taper si vigoureusement du talon sur le sol pour commencer sa descente qu'on entendait vraiment le son lorsqu'il changeait de direction.

Talon au sol
Frappez votre talon au sol pour commencer votre descente.

NIVEAU EXERCICE
2·20 INCLINEZ VOTRE COLONNE VERTÉBRALE POUR UNE FRAPPE PUISSANTE

De nombreux golfeurs, de handicap moyen à élevé, ont un problème fondamental avec l'angle de leur colonne vertébrale en position initiale, dans le degré d'inclinaison non pas tant vers la balle que vers la gauche ou la droite. Le défaut le plus courant consiste à se pencher légèrement vers l'objectif, ce qui place la tête et le buste trop en avant de la balle au départ et, par conséquent, également à

l'impact. Les coups frappés de cette position manquent généralement de puissance et ne sont pas aussi longs qu'ils le devraient. Cet exercice introduira l'inclinaison idéale de la colonne vertébrale dans votre position initiale, ce qui vous aidera, sans aucun doute, à frapper vos coups de départ avec plus de fermeté.

Position incorrecte
Avec un bois n° 1, votre colonne vertébrale ne doit pas être verticale.

Si votre colonne vertébrale a un angle un peu écarté de l'objectif, il y a des chances qu'il en aille de même à l'impact ; votre tête sera alors derrière la balle à l'impact. Vous gagnerez un effet de levier maximal dans votre élan et pourrez aussi réaliser un coup balayant dans lequel, peut-être, la tête de bâton aura une trajectoire légèrement vers le haut quand elle touchera l'arrière de la balle. Cela améliorera considérablement la qualité de vos coups de départ.

1 Tenez-vous droit et penchez-vous à partir de la ceinture au départ de la balle. Bien que votre colonne vertébrale soit inclinée vers la balle, elle serait perpendiculaire au sol si vous vous voyiez de dos.

2 | Maintenant, écartez très légèrement l'angle de votre colonne vertébrale de façon que l'épaule droite baisse un peu tandis que l'épaule gauche monte d'autant. Voici l'angle de colonne vertébrale d'un bon joueur ; la différence est subtile mais importante.

Épaule gauche
En écartant l'angle de votre colonne vertébrale de l'objectif, l'épaule gauche monte.

Position correcte
La colonne vertébrale prend un angle légèrement écarté de l'objectif.

Épaule droite
L'inclinaison légère de votre colonne vertébrale fait baisser cette épaule.

CONSEIL D'EXPERT

Pensez au contact entre vos avant-bras pour un meilleur relâchement

Ne pas relâcher la tête de bâton (voir page 27) est l'un des pires défauts d'un élan : on a alors peu de vitesse de la tête de bâton au moment où on en a le plus besoin. Pour éviter ce problème, essayez de penser au contact entre votre bras droit et votre bras gauche pendant que vous balancez le bâton dans la zone de frappe. Cette pensée vous aidera à relâcher le bâton chaque fois que vous frapperez un coup de départ ; vous obtiendrez plus de vitesse de la tête de bâton au contact avec l'arrière de la balle et une nette augmentation de longueur.

LE CONTACT DES AVANT-BRAS
Concentrez-vous sur vos avant-bras se touchant presque pendant la traversée et vous relâcherez correctement la tête de bâton.

NIVEAU DEUX

Testez-vous à nouveau

Avant de passer au niveau 3, répétez le test des pages 28-29. Si vous n'avez pas progressé, il est bon de revoir les exercices du niveau 2. Si la note d'évaluation indique que votre coup de départ s'est amélioré, vous êtes prêt pour les exercices du niveau 3.

ÉVITER LE TALON EN LE VISANT EN POSITION INITIALE

Nombre de golfeurs frappent souvent leurs coups de départ du talon du bâton, signe annonciateur d'une trajectoire d'élan extérieur/intérieur (voir pages 26-27). Il s'ensuit un vol de balle de gauche à droite. Un moyen efficace de corriger ce défaut consiste, bizarrement, à positionner la balle à l'extérieur du talon du bâton, l'endroit même où se manifeste le problème. Tentez cet exercice et vous constaterez rapidement les bienfaits de cette technique.

Cet exercice est très efficace parce qu'une fois que vous avez attaqué la balle à l'extérieur du talon du bâton, la coordination de l'œil et de la main vous «forcera» à rediriger le bâton dans la descente de façon à frapper la balle du milieu de la face de bâton. Fuzzy Zoeller, professionnel du circuit américain et ancien champion du Masters et de l'US Open, a frappé la balle à l'extérieur du talon du bâton tout au long de sa carrière pour s'aider à descendre sur la bonne ligne (intérieure). Même si vous n'introduisez pas cette technique dans votre jeu « à temps complet», elle peut au moins servir à corriger rapidement et efficacement un défaut qui s'est peut-être insinué dans votre élan.

Position initiale
Pour cet exercice, positionnez la balle à l'extérieur du talon du bâton.

1   Placez la balle sur un té comme pour un coup de départ. Prenez votre position habituelle de départ.

2   Déplacez la tête de bâton de façon que le talon du bâton soit à la hauteur de la balle et effectuez votre élan.

REGROUPEZ-VOUS DANS L'AMORCE

Si vous perdez votre synchronisation entre l'élan des bras et le pivot au début de l'élan, il sera incroyablement difficile de récupérer la fraction de seconde nécessaire pour atteindre le stade de la frappe. Voici un exercice formidable, vulgarisé par David Leadbetter et Nick Faldo, à l'époque de leur association, et qui a été adopté depuis par des centaines de golfeurs espérant que la magie de ce duo pourrait déteindre sur eux.

* Quand vous vous remettez en situation de frappe, commencez votre élan en recréant les sensations éprouvées dans cet exercice. Puis assurez-vous que vos bras et votre corps se déplacent ensemble ; s'ils sont coordonnés au début, ils ont plus de chances d'être coordonnés tout au long de l'élan.

Prise
Tenez le bâton par le manche.

Regard
Regardez la tête de bâton quand elle part en arrière.

Position du bâton
Assurez-vous que le bâton continue à reposer contre votre ventre durant la montée.

1   Sortez le bois n° 1 de votre sac et prenez votre position normale. Calez le bâton entre vos doigts de façon que l'extrémité de la prise repose contre votre nombril et que vos mains tiennent le métal du manche.

2   Répétez un mouvement de montée ; tournez votre corps et écartez le bâton du point où se trouverait normalement la balle, mais concentrez-vous totalement sur le maintien de l'extrémité de la prise contre votre nombril. Ne dépassez pas le stade où vos mains sont juste au-delà de votre cuisse droite. Répétez ce mouvement encore et encore.

NIVEAU 3 · EXERCICE 23
SERREZ LA MAIN À L'OBJECTIF

Un bon relâchement de la tête de bâton à l'impact (voir page 27) fait partie intégrante d'un élan puissant. Il indique que le bâton a été balancé librement et avec une vitesse de tête de bâton maximale. Cependant, au lieu de relâcher la tête de bâton, des golfeurs amateurs tentent de guider le bâton ou de le pousser vers la balle. La prochaine fois que vous vous entraînerez, essayez l'exercice suivant pour être sûr de réaliser correctement ce geste essentiel.

✳ Si, lors de votre prochain coup de départ, vous veillez à « serrer la main à l'objectif », vous relâcherez le bâton mieux que jamais. Vous augmenterez alors forcément la puissance de vos frappes.

Sans bâton
La main droite serre la main à l'objectif.

1 Prenez une posture normale, mais sans tenir de bâton. Laissez votre bras droit pendre naturellement, mais repliez votre bras gauche derrière votre dos (ou glissez votre main gauche dans votre poche avant).

2 Effectuez un demi-élan (environ jusqu'à la hauteur de la hanche de chaque côté de l'élan) avec le bras droit. La clé de cet exercice est que vous sentiez que vous « serrez la main à l'objectif » quand vous balancez le bras droit à travers la zone de frappe.

Avec un bâton
La main droite continue à
«serrer la main à l'objectif»,
signe d'un bon relâchement
du bâton.

3 Quand vous vous sentirez à l'aise
avec le mouvement de main décrit à
l'étape 2, répétez quelques élans d'entraînement avec le bois n° 1. Maintenant, effectuez
un élan lent et gelez votre mouvement
quand votre bras droit atteint l'horizontale
avec le sol dans la traversée. À ce stade,
votre main droite devrait être dans l'alignement de l'objectif, prête à lui serrer la main.
Si votre main désigne la gauche ou la droite
de l'objectif, ou si votre paume est orientée vers le ciel ou vers le sol, vous devez
opérer des réglages : essayez de répéter
les étapes 1 et 2.

CRÉEZ UN RECTANGLE AU SOMMET DE VOTRE ÉLAN

Au sommet de la montée, le rapport entre votre bras droit, vos mains, le manche du bâton et le buste est essentiel, et jamais autant qu'avec un bois n° 1.

Cet exercice vous permettra de vous assurer que vous êtes dans la position idéale pour entamer votre descente.

Position parfaite
Si votre bras droit, votre avant-bras droit et le manche du bâton forment trois côtés d'un rectangle, vos poignets ont pivoté correctement au sommet de la montée.

1 Montez votre élan jusqu'au sommet et gelez votre mouvement à ce point.

2 Observez maintenant votre épaule droite. Que voyez-vous ? Le scénario idéal serait que le manche de votre bâton forme un angle droit avec votre avant-bras droit, ce qui dessine trois côtés d'un rectangle. Cette position fournit l'angle de poignet correct, d'une importance majeure dans l'emploi du bois n° 1.

** Nombre de golfeurs ont tendance à avoir une position étriquée dans cette partie de l'élan, car les poignets ont cédé au sommet et cela entraîne une perte de contrôle. Si vous avez ce problème, vous constaterez au sommet de la montée un angle inférieur à 90 degrés entre le manche du bâton et votre avant-bras droit. Si cet angle est supérieur à 90 degrés, vos poignets ne cassent pas suffisamment dans la montée. Vérifiez le rectangle au sommet de votre élan pour opérer les réglages voulus. Votre coup de départ tirera presque certainement profit d'un contrôle de cet élément de la montée.

NIVEAU EXERCICE
3·25
COMPOSEZ VOS COUPS
DE DÉPART À LA CARTE

Sur un parcours normal, un bon joueur devrait toujours être préparé à frapper avec divers bâtons au départ. Vous ne ferez sans doute pas appel à votre bois n° 1 sur chaque par 4 ou 5, car il ne sera pas toujours le bâton qui vous prépare le second coup le plus facile. Il risque, par exemple, de vous attirer dans des obstacles qui ne seraient pas une menace avec un bâton plus court. Voici un exercice que vous pouvez répéter au terrain d'entraînement. Il vous apprendra comment employer différents bâtons au départ, avec succès, et vous mettra en confiance pour faire les bons choix sur le parcours.

1 Après un échauffement conscien-cieux (voir pages 310-311), prenez une bonne douzaine de balles et les trois bâtons les plus longs de votre sac.

2 Frappez la première balle avec votre bâton le plus long, le bois n° 1, en mettant en pratique tous les principes et les compétences que vous avez développés au long de cette section.

3 Frappez la deuxième balle avec le second bâton le plus long, proba-blement un bois 3. La seule modification à apporter est d'enfoncer un peu plus le té que pour le bois n° 1, de façon que l'arête supérieure de la face de bâton soit à la hauteur de l'équateur de la balle (voir le conseil d'expert, page 32). En dehors ce détail, votre élan ne doit pas être modifié.

4 Frappez la troisième balle avec le dernier bâton sélectionné, un bois plus ouvert ou un fer long. Vous devrez encore abaisser le té et le reculer de 2,5 cm dans votre position. Ces modifications procurent un angle d'attaque légèrement moins balayant à l'impact. Ce qui doit rester constant avec les trois bâtons est le rythme de votre élan.

5 Alternez les trois bâtons pour frapper les douze balles.

Position de la tête
Vous devez sentir que votre tête reste en arrière de la balle à l'impact.

Coordination
Vous sentez que votre corps pivote en harmonie avec le mouvement de balancement de vos mains et de vos bras.

Impact
Le contact idéal balaiera la balle et la fera décoller du té.

✱ Après avoir répété cet exer-cice pendant quelques minutes, vous ne devriez pas constater d'irrégularité flagrante d'une balle à l'autre. Vous pouvez appliquer le même principe d'exercice à d'autres secteurs de jeu, comme le jeu de fers. L'idée de base est la même : vous préparer au fait que vous ne frapperez jamais le même coup deux fois d'affilée sur un parcours.

NIVEAU TROIS

CONSEIL D'EXPERT

Êtes-vous un joueur qui aime s'élancer ?

Il existe deux grandes catégories de joueurs : les «joueurs qui aiment s'élancer» (ci-dessous) et les « frappeurs » (ci-contre). Les deux styles sont efficaces, l'essentiel est de savoir quelle méthode vous convient le mieux. Les grands joueurs qui aiment s'élancer, comme Ernie Els ou Davis Love, ont un élan stylé et un rythme fluide. Ils semblent déployer peu d'efforts mais envoient la balle à une distance énorme. La puissance d'un joueur qui aime s'élancer vient de l'enroulement et du déroulement du corps, qui créent une importante force centrifuge transmise au bâton et à la balle par l'intermédiaire des bras. Pour être un bon joueur qui aime s'élancer, vous devez être souple et avoir un rythme naturellement lent. Dans la montée, évoquez des images associées à la lenteur et à la décontraction. Votre descente devrait commencer en douceur, votre poids se transférant sur la gauche lorsque votre puissance s'accroît grâce à l'accélération. Dans le bas de l'élan, vous devez éprouver la sensation que la tête de bâton arrive « en roue libre » sur l'arrière de la balle. Vous serez alors entraîné dans une finition équilibrée et élégante.

LA FLUIDITÉ DE L'ÉLAN *Davis Love possède l'un des élans les plus élégants, et c'est l'un des joueurs les plus longs au coup de départ.*

TOURNEZ VOTRE ÉPAULE GAUCHE DERRIÈRE LA BALLE

Toutes sortes d'images mentales peuvent vous aider à produire un meilleur élan. Voici un exercice qui vous garantit un pivot de 90 degrés dans votre montée, ce qui est le minimum requis pour transmettre beaucoup de puissance au bois n° 1.

Image mentale
Concentrez-vous sur la rotation de votre épaule gauche jusqu'à la position occupée actuellement par votre épaule droite.

1 | Prenez votre position normale de départ, mais faites une courte pause pour penser à la position de votre épaule droite.

2 | Au sommet de la montée, essayez de tourner votre épaule gauche jusqu'à la position occupée par votre épaule droite au départ.

Épaule gauche
L'épaule gauche est maintenant à peu près située à l'endroit où se trouvait votre épaule droite au départ.

Cet exercice favorise deux points très positifs : d'abord, un meilleur pivotement du buste, ensuite il garantit le transfert de poids sur le côté droit. Ces deux facteurs réunis devraient vous aider à mettre plus de puissance dans votre bois n° 1.

CONSEIL D'EXPERT

Êtes-vous un frappeur ?

Alors qu'un joueur qui aime s'élancer (ci-contre) a un geste fluide, un frappeur a un élan moins séduisant sur le plan esthétique, mais seul le résultat compte.

Alvaro Quiros, le joueur au plus long coup de départ du circuit européen, est un bon exemple de frappeur. Bien que le coup de départ d'un frappeur ne doive pas tout à la force, le muscle plus que la mécanique génère l'essentiel de la puissance. Un bon frappeur doit être puissant et, générale-ment, avoir un rythme d'élan vif. Si vous adoptez cette approche, au début de la montée, amenez le bâton en arrière principalement avec les mains et les bras, mais sans oublier de pivoter le buste aussi loin que possible. Gardez une montée courte, de façon que le bâton ne soit pas parallèle au sol au sommet de la montée. Commencez la descente lentement, mais frappez la balle avec les mains et les bras à l'impact. Vous devriez sentir un coup net en bas de votre élan. Il n'est pas nécessaire que la traversée soit parfaite, mais elle doit être équilibrée.

LA PUISSANCE DU FRAPPEUR *Alvaro Quiros est un golfeur puissant dont l'élan n'est certes pas classique mais très efficace.*

NIVEAU 3 · EXERCICE 27

FERMEZ LA FACE DE BÂTON AU DÉPART POUR DAVANTAGE DE DISTANCE

Il est avantageux dans de nombreuses situations de faire rouler la balle plus que la normale, par exemple si vous jouez par vent violent et devez parcourir une distance maximale à partir du té. Répétez cet exercice extrêmement efficace au terrain d'entraînement et vous ne vous retrouverez plus jamais en difficulté sur un parcours venteux.

1 Posez deux bâtons sur le sol : l'un parallèle à la ligne de jeu et l'autre orienté légèrement sur la droite pour établir une position très légèrement fermée.

2 Posez la tête de bâton derrière la balle, mais ne prenez pas votre prise.

Position normale de la face de bâton

Face de bâton légèrement fermée

Ce minuscule réglage vous permet de réaliser un élan normal, mais en frappant la balle avec la face de bâton dans une position plus ferme. Vous pouvez gagner ainsi 20 m environ sur un coup de départ par vent contraire, car le vol de la balle, plus bas, augmentera la distance. Cet exercice peut également servir de remède d'urgence à un crochet extérieur quand vous ne souhaitez pas modifier votre élan, au milieu d'un parcours par exemple. En effet, cette technique vous évite de frapper la balle avec une face de bâton légèrement ouverte, cause de nombreux coups de départ hauts et slicés.

Bonne ligne de jeu
Ce bâton désigne l'objectif.

Position fermée
Alignez les pieds un peu à droite de l'objectif pour compenser la tête de bâton fermée.

3 | Tout en gardant la tête de bâton derrière la balle, tournez la face de bâton de 1 cm dans le sens anti-horaire avec votre pouce et votre index de la main droite. Prenez soigneusement votre prise comme à l'accoutumée, mais veillez à ne pas déranger la nouvelle position de la face de bâton.

CONSEIL D'EXPERT

La bonne hauteur de té sur une normale 3

Nombre de golfeurs placent leur balle trop haut sur le té sur une normale 3, pensant que cela leur permettra de frapper de belles balles hautes au fer, jusqu'au vert. Mais si la balle est trop haute sur le té et que vous faites un bon élan, vous la frapperez avec l'arête supérieure de la face de bâton et elle volera beaucoup moins loin qu'elle le devrait. Une balle trop haute vous incitera donc à faire un mauvais élan : vous devrez frapper la balle vers le haut pour la frapper avec le centre du bâton. Cela ne signifie pas qu'il ne faut pas utiliser de té sur les normales 3. Cette option ne doit pas être négligée car le té vous procure une position de balle parfaite (même si vous devez frapper les fers directement sur l'herbe sur l'allée).

Quand vous utilisez un fer pour un coup de départ, la hauteur de té idéale élève la balle juste au-dessus du niveau du sol. Depuis celui-ci, vous ne devriez voir que la coupe du té. Si l'herbe est fournie, celle-ci ne sera même pas visible et la balle donnera l'impression d'être posée sur les pointes des brins d'herbe. Cette hauteur de té vous incite à balancer le bâton sur l'arrière de la balle et à créer un contact « balle puis gazon », partie intégrante d'une frappe de fer impeccable (voir « Le jeu des fers », pages 66 à 105).

LA HAUTEUR PARFAITE *Pour les coups de départ avec un fer, le té devrait être enfoncé de façon qu'on n'en voie que la coupe.*

LE COUP DE DÉPART PARFAIT

Rory McIlroy est probablement le joueur le plus fascinant qui soit apparu depuis Tiger Woods dans le milieu des années 1990. Cet Irlandais a le tempérament et le jeu pour concurrencer les meilleurs joueurs mondiaux et son coup de départ est spectaculaire, c'est le moins qu'on puisse dire. Nous pouvons tous admirer et apprendre quelque chose de son élan. Rory n'est pas grand, mais il génère une puissance extraordinaire grâce à une bonne mécanique et à un rythme et un tempo superbes. Maintenant que vous avez achevé les exercices des sections «Coup de départ», vous êtes en mesure de tirer des enseignements des images de Rory en plein mouvement.

*

UN COUP DE DÉPART avec un bois n° 1 demande l'élan le plus puissant et le plus dynamique, mais cela ne signifie pas qu'il est nécessaire ni même désirable de frapper la balle le plus fort possible. Les champions s'élancent à 80 % ou 85 % de leur capacité physique, un point essentiel à garder à l'esprit pour tous les golfeurs.

1 **POSITION INITIALE**

Rory a la position parfaite de départ. Ses genoux sont fléchis juste ce qu'il faut, ce qui lui donne une position équilibrée. L'angle de colonne vertébrale est tel que ses bras pendent et qu'il y a un espace confortable entre ses mains et le haut de ses cuisses : il dispose de l'espace nécessaire pour balancer son bâton sur la trajectoire correcte. Son alignement est aussi parfait : orteils, genoux, hanches et épaules sont tous parallèles à la ligne de jeu et la face de bâton est orientée directement vers l'objectif.

2 **MONTÉE**

Vous voyez ici comment Rory a parfaitement fondu son pivot et son élan des bras, l'action appropriée des poignets commençant à placer le bâton sur le plan idéal. Notez aussi comment son épaule gauche pivote sous son menton.

3 **SOMMET DE LA MONTÉE**

Notez la belle rotation du buste et la position de l'épaule gauche, maintenant sous le menton. Les mains de Rory sont au-dessus de son épaule droite : un indice sûr que son élan est sur le bon plan. Remarquez également l'action de support de la jambe.

Les secrets de la régularité sur les coups de départ

L'élément essentiel à prendre en considération est la position et non la puissance. Voici quelques pistes pour vous aider.

Pour favoriser un contact ferme, placez la balle en face de votre talon gauche.

Positionnez votre tête et votre buste derrière la balle au départ pour permettre un transfert de poids net sur votre côté droit pendant la montée.

Tournez complètement vos épaules dans la montée pour permettre l'alignement du bâton au sommet.

Réalisez une transition en douceur de la montée à la descente. Vos mains, vos bras et votre corps pourront ainsi collaborer harmonieusement pour produire un impact ferme.

Pour un relâchement puissant, cherchez la sensation où votre main droite « serre la main » à l'objectif pendant la traversée du bâton.

OBSERVEZ LE PRO

4 | **DESCENTE**
Ici, les mains et les bras de Rory sont descendus presque à la hauteur de la hanche, mais le buste a à peine commencé à pivoter. Cette position idéale avant la frappe permet d'engager le bâton sur une trajectoire intérieure. Rory peut frapper l'arrière de la balle à pleine puissance.

5 | **ZONE DE FRAPPE**
Chez Rory, les longs coups de départ semblent faciles, preuve que la puissance vient d'une bonne mécanique et non pas de la force brutale. En pivotant son côté gauche, Rory a libéré l'espace pour lancer le bâton dans la balle sur la bonne trajectoire. Pendant que la tête de bâton traverse la zone de frappe, le bâton repasse à l'intérieur de la ligne de jeu – la trajectoire d'élan intérieur/ intérieur idéale.

LE JEU DES FERS

TESTEZ VOS COMPÉTENCES

ES FERS SONT LES OUTILS DE PRÉCISION de votre sac. Chacun des fers est conçu pour frapper les balles à une certaine distance. Le jeu des fers comprend globalement deux types de coups : les coups de progression, que vous jouez pour le placement sur un trou long (pour faciliter le coup suivant), et les coups de résultat, où le drapeau monopolise votre attention. Quel que soit le coup que vous jouez, la trajectoire et la distance sont bien sûr les préoccupations essentielles.

Cette section du livre vous enseignera tout ce que vous devez savoir pour améliorer la qualité de votre frappe de balle selon le fer que vous utilisez. Cela vous permettra également d'accroître votre précision et votre régularité.

LE TEST DU JEU DES FERS

Frapper la balle au loin avec des fers n'est pas un problème. Atteindre le vert est cependant le baromètre précis de votre compétence et le test du jeu de fer est fondé sur cette notion. Bien que votre sac contienne plusieurs fers, un test portant sur tous les bâtons prendrait trop de temps. Par conséquent, ce test sera réalisé avec un fer 6, bâton qui n'est ni trop exigeant ni trop facile à manier.

1. Sortez 15 balles de votre sac, de préférence de même modèle et même fabricant, pour limiter l'irrégularité. Dans l'idéal, vous devriez faire ce test sur un parcours, où vous pourriez viser un vrai vert. Mais vous pouvez aussi le réaliser sur un terrain d'entraînement offrant des verts et des drapeaux à viser. Choisissez un jour de temps calme si possible, car un vent fort risquerait de faire tomber vos résultats à un niveau ne reflétant pas vos compétences réelles.

2. Tapez quelques balles de test pour trouver votre distance personnelle avec un fer 6. Placez-vous à cette distance d'un vert de taille moyenne et frappez 15 balles dans sa direction. Voyez combien d'entre elles atteignent le vert.

RAPPELEZ-VOUS
TOUJOURS QUE CHAQUE FER
est conçu pour frapper les balles
à une certaine distance. Il n'y
a aucune raison de forcer un coup
de fer : il vous suffit de prendre
un fer de numéro inférieur et
de l'élan au même rythme.

3 Répétez l'étape précédente deux fois
et calculez un résultat moyen sur un
total de 15. Comparez vos résultats avec les
notes d'évaluation (ci-contre).

NOTE D'ÉVALUATION

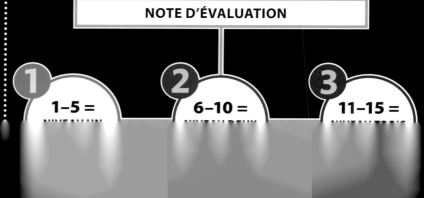

1   1–5 =

2   6–10 =

3   11–15 =

NIVEAU EXERCICE
1·01 TROUVEZ VOTRE PORTÉE AVEC CHAQUE FER

Chaque fer de votre sac est conçu pour envoyer la balle à une certaine distance. Cependant, chaque joueur est unique, ce qui signifie que chaque individu a sa «distance personnelle» pour chaque bâton. Le premier exercice pour les golfeurs qui veulent améliorer leur jeu de fers exige par conséquent de déterminer jusqu'à quelle distance vole la balle avec chaque bâton. Cela vous permettra de faire des choix de bâton plus précis sur le parcours.

Si une grille des distances donne une idée approximative du bâton à choisir, il vaut mieux avoir en tête votre évaluation personnelle de distance pour chaque bâton (gardez une note de ces distances dans votre sac). Vous serez ainsi davantage en confiance chaque fois que vous aurez à changer de fer.

Attention, il n'est pas prudent de pratiquer cet exercice lorsque le terrain d'entraînement est très fréquenté, vous risqueriez de vous trouver au milieu des lignes de tir en mesurant vos distances à grands pas. Essayez plutôt de trouver une allée tranquille sur un parcours.

1 Prenez les 15 balles que vous avez utilisées pour le test de performance (voir pages 66-67). Posez deux bâtons sur le sol pour vous assurer un alignement parfaitement parallèle (voir l'exercice 1 dans la section «Le coup de départ», page 30).

Relâchement
Faites tourner votre main droite au-dessus de la gauche à travers la zone de frappe.

La frappe parfaite
Le contact idéal est le contact « balle puis gazon », qui se traduit par un trou de motte de gazon après le point d'impact.

2 | Frappez les 15 balles avec chacun de vos fers. Une fois que vous avez frappé une série, mesurez la distance en enjambées jusqu'au principal groupe de balles et notez-la. Ne tenez pas compte des deux ou trois balles les plus courtes et les plus longues, car elles ne reflètent probablement pas votre frappe réelle.

NIVEAU 1 · EXERCICE 02

DÉTERMINEZ LA BONNE POSITION DE BALLE POUR TOUS VOS FERS

Dans la section « Le coup de départ », nous avons abordé l'importance de la position de la balle (en face de votre talon gauche pour balayer la balle à l'impact, voir le conseil d'expert, page 35). La position de la balle est également cruciale dans le jeu des fers car elle détermine la justesse de l'angle d'attaque de la tête de bâton sur la balle à l'impact. Il y a évidemment plusieurs bâtons de numéro différent et la position de la balle varie donc d'un fer à l'autre. Cet exercice vous aidera à définir le bon positionnement selon le bâton.

* Il est évident que votre série se compose de plus de trois bâtons. Mais cette position « globale » vous fournit des repères selon lesquels vous pouvez jauger la position idéale pour le reste des fers. Le respect de ces positions vous garantit que la tête de bâton touche la balle avec précision et sous l'angle d'attaque correct (voir le conseil d'expert, page 75).

1 Prenez position comme si vous alliez frapper un fer long, les pieds confortablement espacés pour avoir un bon équilibre. Prenez un fer 3, un fer 6 et un fer 9, et trois balles. Placez une balle en face de vous sur une ligne imaginaire passant à 3 cm à l'intérieur de votre talon gauche. Posez la tête de votre fer 3 derrière la balle. Placez la seconde balle 3 cm plus loin et posez la tête de votre fer 6 derrière la balle. Enfin, placez la troisième balle encore 3 cm plus loin et posez la tête de votre fer 9 derrière elle. Ces trois balles indiquent les positions idéales pour les bâtons que vous tenez.

NIVEAU **1** EXERCICE **03**

PARALYSÉ AU DÉPART ? COMMENCEZ VOTRE ÉLAN PAR UN MOUVEMENT VERS L'AVANT

De multiples raisons peuvent expliquer que vous soyez tendu au départ et «paralysé» au-dessus de la balle. Quelle qu'en soit la cause – peut-être une pression excessive sur la prise ou simplement l'anxiété de l'élan ou du coup à jouer – ce blocage devant la balle provoque généralement une amorce saccadée qui ruine l'élan à peine commencé. Pour vous habituer à une sensation de fluidité dans le premier mouvement d'écartement de la balle, essayez cet exercice formidable qui fait démarrer votre élan par un mouvement vers l'avant.

* Si vous vous entraînez à commencer votre élan par un mouvement vers l'avant, vous vous habituerez à ne pas vous bloquer sur la balle et votre montée sera beaucoup plus fluide et moins bâclée qu'auparavant. Cette technique favorise également une plus grande harmonie entre votre élan des bras et votre pivot.

1 Prenez votre position normale au départ, mais avec une différence subtile : positionnez le bâton de façon qu'il plane juste au-dessus de la balle plutôt que derrière elle.

2 Maintenant, balancez la tête de bâton de 75 cm environ vers l'avant (dans la direction de l'objectif). Sans faire de pause, élancez le bâton jusqu'au sommet, en essayant de conserver le rythme fluide du mouvement vers l'avant initial. Puis redescendez et traversez la zone de frappe. Allez-y doucement au départ : essayez peut-être quelques élans au terrain d'entraînement avant d'utiliser cette technique pour jouer.

NIVEAU 1 · EXERCICE 04

COMMENT LA RÉPARTITION DE POIDS TALON/ORTEIL VOUS ENSEIGNE L'ÉQUILIBRE

La façon dont vous équilibrez votre poids au départ a davantage d'influence sur l'arc de votre élan que vous ne l'imaginez sans doute. Cet exercice simple vous aidera à prendre conscience du rapport entre la répartition de poids et votre élan au fer. Il consiste à frapper la balle avec les deux extrêmes d'une mauvaise répartition, de façon que vous trouviez un juste milieu.

Poids sur les orteils
Attention à ne pas basculer en avant au cours de l'élan.

Poids sur les talons
Ici, vous devrez veiller à ne pas tomber en arrière au cours de l'élan.

1 LE POIDS TROP EN AVANT

Prenez votre position normale de départ, mais placez l'essentiel de votre poids sur vos orteils. Essayez maintenant de réaliser un élan. Vous allez avoir tendance à étirer votre corps et votre tête vers le haut et vers l'arrière. Vous essaierez aussi de basculer votre poids sur les talons, tout cela vous empêchant de tomber en avant, comme si vous étiez au bord d'une falaise. Vous devrez alors compenser ce supplément de hauteur subit en vous baissant vers la zone de frappe pour essayer d'atteindre la balle. Il est clair que cela donne un élan très déséquilibré et que vous ne pouvez espérer ni puissance ni régularité.

2 LE POIDS TROP EN ARRIÈRE

Faites maintenant l'inverse. Placez l'essentiel de votre poids sur vos talons. Même si cela vous semble étrange, nombre de golfeurs jouent ainsi. Avec trop de poids sur les talons, la tendance naturelle est de se redresser au départ. Inconsciemment votre cerveau le sait, la compensation consiste donc à pencher la tête et le corps dans la montée pour tenter de retrouver la hauteur correcte dans l'élan. Si votre poids bascule en avant dans la montée, vous perdez l'équilibre dans la descente et retombez généralement sur vos talons, exactement d'où vous êtes parti.

Une bonne répartition du poids favorise une bonne posture générale, qui se reflète dans un élan mieux équilibré. Vous n'avez pas à dresser ou pencher votre corps pour conserver votre équilibre. N'ayant pas à opérer de réglages de hauteur en cours de route, vous pouvez pivoter votre corps, balancer vos bras, et la tête de bâton descendra librement vers l'arrière de la balle.

Le poids équilibré
Avec une répartition homogène, vous trouverez un bon élan.

3 **LE BON ÉQUILIBRE**
Maintenant, essayez de répartir votre poids également entre vos talons et vos orteils. C'est l'équilibre parfait.

NIVEAU EXERCICE
1·05

AMÉLIOREZ LA DIRECTION AVEC UN OBJECTIF INTERMÉDIAIRE

Pour atteindre l'objectif, la balle doit suivre la bonne ligne dès le départ. Même si cela semble une évidence, nombre de golfeurs sont plutôt enclins à se focaliser sur la dernière partie du trajet de la balle vers le drapeau, alors qu'ils feraient mieux d'étudier la première partie de son vol. Cet exercice ne nécessite qu'un petit seau (ou objet similaire) à balles pour améliorer la direction initiale de vos coups.

✳ Bien qu'il soit contraire aux règles de placer un objet en face de vous, sur un parcours, pour améliorer la visée, vous pouvez continuer à imaginer la balle volant vers un seau placé dans l'alignement de l'objectif. Cette représentation mentale améliorera la direction de vos coups de fer et vous aidera à atteindre les verts.

1 Placez un petit seau en face de vous, à 5 m environ, sur une ligne imaginaire allant de la balle à l'objectif. Avant de frapper, orientez la face de bâton droit vers le seau.

2 Au cours de l'élan, pensez à la balle en train de voler directement au-dessus du seau après avoir quitté la face de bâton.

CONSEIL D'EXPERT

Quand et pourquoi vous emportez une motte de gazon

Bien que tous les coups de fer doivent être frappés avec vivacité, sans interférence entre la face de bâton et la balle, certains coups de fer emportent une motte de gazon et d'autres non. La raison en est qu'un long coup de fer exige un angle d'attaque balayant, selon lequel la tête de bâton frappe la balle à plat.

Puisque la balle est balayée, il ne devrait jamais y avoir de motte de gazon arrachée, peut-être un simple éraflement du gazon. Cependant, avec des bâtons plus ouverts, un bon contact exige un angle d'attaque progressivement plus descendant. Par conséquent, avec un bâton tel qu'un fer 6, devant lequel la balle est placée légèrement plus loin dans la position (voir l'exercice 2, page 70), la tête de bâton touchera la balle sur une trajectoire plus orientée vers le bas. Cela signifie que la tête de bâton devrait d'abord toucher la balle, puis le gazon, emportant une motte de gazon après que la balle aura été frappée. Plus le bâton est ouvert, plus la balle est placée en arrière dans la position et plus l'angle d'attaque descendant est prononcé. Une motte de gazon prise avec un fer 9, par exemple, sera donc plus grosse qu'une motte de gazon de fer 6.

Le contact «balle puis gazon» est caractéristique d'une bonne frappe de balle : la motte de gazon doit commencer au point où la balle a été frappée. Si vous emportez une motte de gazon après ce point, de la terre sera prise entre la tête de bâton et la balle, ce qui signifie que la tête de bâton aura frappé le sol avant la balle. L'absence de motte de gazon est une bonne chose avec les fers longs, mais à partir du fer 5, elle signale que vous ne frappez pas la balle correctement. L'exercice 9 (voir pages 118 à 121) de la section «Cocheur» décrit ce que l'examen de vos mottes de gazon peuvent vous apprendre sur votre élan.

1·06

FILMEZ-VOUS POUR ÉTUDIER VOTRE PRISE DE POSITION INITIALE ET VOTRE ÉLAN

Si vous possédez ou pouvez emprunter ou louer une caméra vidéo, vous aurez une excellente occasion d'examiner et d'améliorer votre élan. Cet exercice est axé sur l'élan avec un fer intermédiaire, mais vous pouvez contrôler avec une caméra vidéo divers aspects de votre jeu abordés dans d'autres parties de ce livre.

L'alignement
Vérifier que votre position et la ligne de jeu sont correctes en plaçant des bâtons.

1 Avant de commencer à filmer, placez correctement la caméra. Quand vous vérifiez votre alignement, votre posture et le plan de l'élan, la caméra doit «suivre la ligne». Si vous imaginez une voie ferrée venant de l'objectif, dont le rail intérieur est aligné sur vos orteils et le rail extérieur sur la ligne de jeu, la caméra doit être au centre de ces deux rails. (Pour vous aider, placez deux bâtons sur le sol qui matérialiseront ces «rails».)

Quand vous vérifiez la position de la balle, votre position, la traversée et le transfert de poids, la caméra doit être en face de vous, exactement en face du milieu de votre position et de votre nombril. Si la position de la caméra est décalée, même d'un rien, elle vous fournira des informations fausses sur votre élan.

2 Commencez par examiner votre position initiale. C'est la partie de votre technique la plus facile à contrôler et probablement aussi la plus importante. Nombre de joueurs ne pensent pas que le seul élément statique de l'élan est le plus vital, mais cette règle s'applique à tous, du complet débutant au professionnel.

Commencez à filmer avec la caméra face à vous et avec un fer moyen en main. Quand vous regardez la vidéo, vérifiez que la largeur de votre position est correcte : l'écartement de l'intérieur de vos talons doit être à peu près égal à la largeur de vos épaules. Maintenant, observez la position de la balle : pour un fer moyen, elle doit être à deux largeurs de balle à l'intérieur de votre talon gauche. Assurez-vous aussi que votre prise est neutre : idéalement, vous pouvez voir deux articulations sur votre main droite et deux, peut-être trois, articulations sur la main gauche. Si votre position, la position de la balle et votre prise sont corrects, vous êtes prêt pour un bon départ.

3 Pendant que vous êtes encore en position initiale, vérifiez également que votre alignement est correct. Déplacez la caméra vers votre droite et de façon qu'elle suive la ligne de jeu.

Quand vous regardez la vidéo, vérifiez que vos épaules, vos hanches et vos orteils sont sur une ligne parallèle à la gauche du drapeau et que la face de bâton vise directement le drapeau. Vérifiez qu'il existe un espace confortable entre vos mains et le haut de vos cuisses et que votre posture n'est ni trop voûtée ni trop dressée. Cherchez les signes révélateurs d'une bonne posture : votre épaule droite se trouve au-dessus de votre orteil droit et vos genoux sont légèrement fléchis.

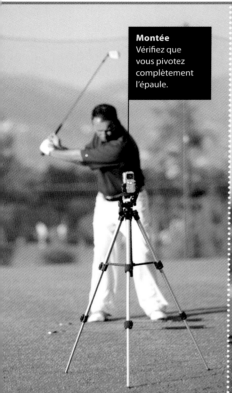

Montée
Vérifiez que vous pivotez complètement l'épaule.

Traversée
L'épaule droite doit être au-dessus du pied gauche.

4 | Placez maintenant la caméra en face de vous et faites quelques montées. Quand vous regardez la vidéo, vérifiez que votre poids se transfère sur votre pied droit au cours de la montée et que votre tête se déplace latéralement vers la droite (votre gauche quand vous vous regardez) – la bonne distance est de 5 à 10 cm.

5 | Changez à nouveau l'angle de la caméra de façon qu'elle « suive la ligne ». Répétez votre montée et immobilisez-vous quand votre bras droit est horizontal et parallèle au sol. Si vos poignets cassent correctement, le bâton doit être sur le plan idéal de montée, selon lequel l'extrémité du manche est dirigée vers un point sur le sol à mi-chemin entre la balle et vos orteils.

6 | Maintenant, frappez quelques balles. Vous utiliserez la fonction d'arrêt sur image pour confirmer que votre montée est sur le bon plan (comme décrit ci-dessus). Vérifiez également votre descente : arrêtez l'image quand votre bras droit est horizontal et parallèle au sol. L'extrémité du manche doit être dirigée vers la balle ou peut-être légèrement à l'extérieur de celle-ci. Enfin, analysez votre traversée. Placez la caméra en face de vous et frappez quelques balles. Quand vous regardez la vidéo, vérifiez que votre épaule droite est à peu près au-dessus de votre pied gauche. Cela signifie que votre poids s'est transféré complètement sur votre côté gauche comme il doit le faire.

✱　Observer votre élan sur une vidéo peut être une expérience inquiétante, car ce que vous voyez est souvent différent de ce que vous sentez. Mais ne vous découragez pas. Si vous savez quoi chercher, cette opération est incroyablement riche en informations et bénéfique pour vos progrès à long terme. Même si vous ne souhaitez pas acquérir une caméra vidéo, cela vaut la peine d'en emprunter une tous les deux ou trois mois pour voir comment votre élan évolue.

NIVEAU **1** EXERCICE ·07

FIGEZ L'IMAGE SUR LES BONS MOUVEMENTS

Quelques minutes d'élans et de répétition des positions clés de l'élan peuvent faire toute la différence et maintenir votre geste sur la bonne voie. Par conséquent, même si vous n'avez pas le temps de taper des balles au cours de la semaine, cet exercice « d'entretien » vous évitera au moins de vous rouiller entre les parcours. Il vous aidera à développer la mémoire musculaire et les sensations d'une bonne technique.

1 | Faites un mouvement d'élan lent et arrêtez-vous sur les positions clés. Essayez de vous habituer à la sensation de ce que vous voyez afin d'acquérir la « mémoire musculaire » des positions les plus importantes de l'élan.

Votre élan est certes naturellement beaucoup plus rapide, mais plus vous répéterez cet exercice et plus il est probable que votre corps retrouvera instinctivement les positions pratiquées. Cet exercice est doublement efficace si vous l'effectuez devant un miroir pour pouvoir étudier vos mouvements.

Poignets
Quand votre bras gauche est à l'horizontale, vos poignets font un angle droit avec le manche du bâton.

Regardez votre élan
Observez attentivement chacune des positions clés.

NIVEAU UN

NIVEAU **1·08** EXERCICE

LE JUSTE MILIEU POUR TROUVER LA VITESSE DE L'ÉLAN IDÉALE

Pousser son jeu aux extrêmes est souvent une méthode efficace pour trouver le juste milieu. L'exercice suivant est un bon exemple de cette théorie et peut vous aider à trouver l'équilibre parfait entre la maîtrise et la vitesse au cours d'un élan avec un fer.

* Une fois que vous aurez réalisé cet exercice et trouvé le juste milieu – l'équilibre parfait entre le contrôle et la puissance – il sera bon de passer les 10 à 15 minutes suivantes à vous familiariser avec le tempo de cet élan. Vous constaterez rapidement que ce type d'élan sera efficace pour tous vos coups aux fers.

1 Prenez un fer 6 et trois balles. Frappez la première balle avec toute la force que vous pouvez rassembler.

2 Frappez la deuxième balle comme si vous vouliez qu'elle parcoure en vol la moitié de la distance de la première.

3 Avec la troisième balle, visez le mi-chemin entre les deux premières. Faites un élan intermédiaire entre l'excessivement puissant et le ridiculement doux.

NIVEAU 1 · 09 EXERCICE

FRAPPEZ VOS ÉLANS D'ESSAI COMME DE VRAIS ÉLANS

Peu de joueurs qui aiment s'élancer ont égalé Davis Love dans les trente dernières années. Il a un rythme merveilleusement doux et cette sorte de puissance dénuée d'effort est magnifique à contempler. Tout cela découle d'un de ses principes favoris auquel il s'est toujours tenu pendant sa longue carrière : «Dans mon esprit, un élan d'essai est une répétition de ce que je me prépare à faire. Quand la tête de bâton arrive derrière la balle, j'essaie de reproduire l'élan d'essai que je viens de faire.» Cet exercice vous enseigne à incorporer cette notion dans votre jeu.

* La plupart des golfeurs amateurs semblent faire de meilleurs élans d'essai que d'élans de jeu. Cet exercice se montre alors très efficace et vous serez surpris par la fermeté de frappe et la longueur de balle que vous atteindrez.

1 Lors de votre prochaine séance d'entraînement aux fers, avant de frapper une balle, faites un élan d'essai en douceur. Concentrez-vous sur votre rythme et sur l'accélération à travers la zone de frappe.

2 Puis mettez-vous en position et répétez votre élan d'essai. Laissez simplement la balle se trouver sur le trajet de la tête de bâton en accélérant doucement dans la descente et pendant l'impact. Il n'y a pas de frappe à proprement parler : il s'agit d'un mouvement de balancier.

CONSEIL D'EXPERT

Sachez quand renoncer

Si les fers longs vous posent des problèmes, vous aurez peut-être intérêt à échanger vos deux fers les plus longs, disons les fers 3 et 4, contre deux bois de parcours, un bois 5 et un bois 7. Il n'y a pas de honte à cela, nombre de grands joueurs ont un bois 7 dans leur sac. Ces bâtons donnent une frappe plus facile et pardonnent davantage les erreurs que les fers longs. Les coups réussis seront récompensés par une balle volant haut et assez loin et les coups ratés seront moins mauvais.

Sachez aussi qu'un bois de parcours à petite tête est très polyvalent : vous pouvez l'utiliser sur le té, sur l'allée et dans la petite herbe haute, où un fer s'accrocherait. L'exercice 27 de la section «Le coup de départ» (voir pages 62-63) vous aidera à frapper de beaux coups avec un bois de parcours.

LES BOIS DE PARCOURS *Quand vous passez d'un bois 7 (à gauche) à un bois 5 (au centre) puis à un bois 3 (à droite), l'angle d'ouverture de la face de bâton décroît.*

* **Testez-vous à nouveau**

Avant de passer au niveau 2, répétez le test des pages 66-67. Si vous n'avez pas progressé, il est bon de revoir les exercices du niveau 1. Si la note d'évaluation indique que votre jeu de fers s'est amélioré, vous êtes prêt pour les exercices du niveau 2.

NIVEAU UN

NIVEAU EXERCICE
2·10 QUELQUES ASTUCES AVEC UNE CORDE

L'un des professeurs britanniques les plus respectés, Jim Christine, est un ardent partisan de l'entraînement à l'élan avec une corde. Vous vous demandez sans doute comment cela peut bien aider votre élan ; vous vous rendrez vite compte que cet exercice peut améliorer le rythme et l'efficacité de votre élan en vous permettant d'obtenir une vitesse supérieure de la tête de bâton avec moins d'effort. Un exercice finalement indispensable !

La réaction de la corde vous permet de savoir si vous faites un mauvais élan, elle est différente de celle décrite dans les étapes 2 et 3. Si vous vous servez de votre buste avec trop de vigueur, la corde ne traversera pas librement la zone de frappe. Un mouvement du buste trop prononcé provoquera un élan extérieur/intérieur : l'épaule droite écarte la corde du corps et l'envoie à l'extérieur du plan idéal. Et si votre transfert de poids est mauvais, la corde ne fera pas l'élan qu'elle devrait faire. Notez que les positions adoptées dans l'exercice de la corde et dans un élan correct sont similaires. Si vous arrivez à reproduire avec un bâton ce que vous avez fait avec la corde, vous serez plus à l'aise dans votre élan et frapperez mieux la balle. Il est donc bon d'intégrer de temps à autre cet exercice à votre programme d'entraînement.

La position initiale

1 Procurez-vous un morceau de corde de 90 cm de long environ. Prenez votre position initiale et votre prise de façon normale. La corde doit tout juste toucher le sol.

Le sommet de la montée

La zone de frappe

2 ⎸ Balancez vos mains et vos bras vers le haut simultanément avec la rotation du buste. Si votre montée est sur le plan idéal, la corde s'enroulera délicatement autour de votre épaule gauche. Si votre montée est trop plate, c'est-à-dire que votre buste pivote trop et vos bras ne montent pas assez, vous constaterez que la corde monte moins. À l'inverse, si votre montée est trop dressée, c'est-à-dire que vos bras s'élencent trop vers le haut et votre corps se penche plus qu'il ne pivote, la corde frappera votre tête ou votre cou.

3 ⎸ Le changement de direction entre la montée et la descente est l'une des fractions de seconde les plus importantes d'un élan (voir l'exercice 15, page 88), et la corde vous enseignera à ne pas précipiter ce premier mouvement de descente. Donc, prenez votre temps au sommet de votre montée : vous devez sentir un léger décalage quand votre poids commence à basculer vers le côté gauche. Quand vos mains et vos bras entament le mouvement de descente, la corde va réagir à ce mouvement. Alors que vous continuez à descendre, en prenant doucement de la vitesse, la corde va rapidement rattraper vos mains et vos bras et «claquer» comme un fouet au sommet de votre élan. C'est là l'effet de la force centrifuge : la corde atteint sa vitesse maximale à l'instant même où elle se trouve dans la zone de frappe.

CONSEIL D'EXPERT

Repérez votre portée jusqu'au drapeau

La position du drapeau est souvent calculée pour vous faire sortir du vert. Dans le cas où le drapeau est proche de l'extrémité du vert ou d'une fosse de sable frontale, vous devez viser avec prudence car si vous manquez votre coup, vous êtes confronté à un coup délicat avec une faible marge de erreur. Vous devez par conséquent déterminer quels bâtons vous permettront «d'y aller» et lesquels vous amèneront au «milieu du vert». Si, par exemple, vous êtes très confiant dans votre précision avec tous les bâtons du cocheur au fer 8, vous devriez opter pour un coup d'approche «milieu du vert» lorsque vous utiliserez un fer 7 ou inférieur. Ne cédez jamais à la tentation de sortir de votre champ de compétence.

Si les joueurs ignoraient le drapeau sur le parcours et visaient le centre du vert, il est probable que leurs résultats baisseraient.

L'ATTAQUE AU FER *Sachez bien quels bâtons peuvent vous amener au drapeau. Tous les bâtons plus longs que ceux-ci sont des bâtons de «milieu du vert».*

NIVEAU 2·11 EXERCICE

CONTRÔLEZ VOTRE FRAPPE LORS DE L'ENTRAÎNEMENT

Si vous vous entraînez aux fers sur du gazon plutôt que sur les tapis du terrain d'entraînement, cet exercice vous aidera à contrôler la qualité de vos frappes. Il fournit des résultats particulièrement nets quand l'herbe est tondue ras.

* Le moment de l'impact arrive si rapidement que, même avec la meilleure vue du monde, il est impossible de suivre ce qu'il se passe. Cependant, les retours d'information fournis par cet exercice d'entraînement sont une aide précieuse pour l'amélioration de votre technique.

1 | Après avoir placé la balle sur le gazon, posez une deuxième balle à environ deux largeurs de balle à l'extérieur de la ligne de jeu, mais dans l'alignement de la première. Frappez la première balle avec un fer 8, avec un élan normal.

2 | Vérifiez où commence le trou de motte de gazon en comparant avec la position de la deuxième balle. Après un coup vif de fer intermédiaire, le trou de motte de gazon devrait commencer très légèrement après le point d'impact.

OBSERVEZ VOTRE OMBRE POUR ÉTUDIER VOTRE ÉLAN

Cet exercice vous en dira long sur votre élan. Mais il exige un élément indispensable : le soleil. Vous serez étonné de ce que votre ombre peut vous apprendre. Cet exercice est toutefois mieux adapté aux élans d'essai qu'aux frappes réelles, car il vous oblige à quitter la balle des yeux.

* Cet exercice est précieux car il est très difficile de surveiller le transfert de poids et la position de la tête au cours de l'élan. Étudier votre élan en observant votre ombre vous aidera à mieux contrôler vos mouvements, en particulier le mouvement de la tête.

1 Dos au soleil, prenez votre position initiale de façon que la balle se trouve juste au milieu de votre ombre. Prenez un fer long et élancez-vous jusqu'au sommet de la montée. Dans l'idéal, votre ombre devrait se déplacer vers votre droite et la balle se retrouver en plein soleil. Si c'est le cas, cela indique que votre poids est passé sur votre côté droit, élément essentiel de toute montée réussie. Sinon, votre ombre vous le dira aussi.

2 Toujours dos au soleil, prenez à nouveau votre position initiale. Demandez à un assistant de poser un bâton sur le sol, en haut de l'ombre de votre tête. Pendant votre montée, observez votre ombre et la façon dont votre tête se comporte. Elle ne devrait ni monter ni descendre : dans tout bon élan, la tête reste quasiment horizontale, du départ à l'impact.

CONSEIL D'EXPERT

La vitesse de la descente doit être égale à la vitesse de la montée

Bobby Jones était un golfeur magistral ; bien qu'amateur, il domina le jeu dans les années 1920 et 1930 et fut vainqueur de sept championnats majeurs avant l'âge de trente ans. Il fut également un «gourou» de l'enseignement du golf et modela ainsi le jeu de l'époque. L'un de ses conseils favoris reste pertinent et est utilisé par nombre de grands joueurs actuels : il s'agit de démarrer la descente à la vitesse à laquelle avait été démarrée la montée. Cela évite la tendance à précipiter le premier mouvement de descente, qui ruine toute frappe, et donne tout le temps aux mains, bras, bâton et corps de travailler ensemble. Une notion aussi simple qu'efficace et une démonstration du génie pédagogique de Jones.

NIVEAU 2 · EXERCICE 13

DÉPLACEZ LA TÊTE VERS LA DROITE LORSQUE LE POIDS SE DÉPLACE VERS L'ARRIÈRE

Cet exercice, qui demande un assistant, permet d'évaluer exactement le déplacement de votre tête pendant la montée. Il est particulièrement révélateur pour tous les joueurs qui croient, à tort, que la tête doit rester complètement immobile pendant toute la durée de l'élan.

> ✳ La position de la tête est un élément dont vous devez absolument être conscient, non pas tant quand vous jouez que lorsque vous travaillez votre jeu.

1 Prenez votre position normale au départ de la balle, avec un assistant en face de vous. Demandez à celui-ci de laisser pendre un bâton devant lui de façon que, quand il vous regarde, le manche passe au centre de votre tête. L'assistant peut ainsi vérifier le mouvement de votre tête pendant l'élan.

2 Si votre élan est correct, toute votre tête doit se déplacer vers la gauche du bâton de l'assistant pendant la montée quand vous mettez votre poids sur votre côté droit. Si votre tête reste dans la même position que dans l'étape 1 ou, pire encore, si elle se déplace vers la droite de l'assistant, votre poids ne se déplace pas correctement pendant la montée.

3 Au besoin, répétez les étapes 1 et 2 jusqu'à ce que votre assistant vous confirme que votre tête s'est suffisamment déplacée vers la gauche du manche de son bâton pendant votre montée.

NIVEAU DEUX

2·14

NIVEAU EXERCICE

ENTRAÎNEZ-VOUS À NE PAS DÉPLACER LA TÊTE VERS LE HAUT OU VERS LE BAS

Contrairement aux deux exercices précédents, qui insistaient sur l'importance du mouvement latéral de la tête, cet exercice vise uniquement à vous habituer à ne pas trop baisser ni dresser la tête pendant l'élan jusqu'à l'impact.

Ce point est important car si vous perdez ou gagnez de la hauteur pendant la descente, vous aurez du mal à frapper la balle franchement.

1 Placez-vous face à un mur et adoptez une posture familière. Appuyez votre tête sur un oreiller contre le mur.

2 Répétez votre montée. Votre tête ne doit ni monter ni descendre.

3 Maintenant, faites votre descente. Votre tête doit conserver sa position initiale jusqu'au point d'impact. Cela signifie que l'angle de votre colonne vertébrale sera resté le même. Si c'est ainsi que se déroule votre élan normal, votre bâton aura un mouvement libre jusqu'à l'arrière de la balle et vous n'aurez pas à opérer de corrections de mouvement de tête vers le haut ou vers le bas.

* Au cours de la montée, votre tête doit se déplacer de 5 à 10 cm vers la droite pour faciliter un bon transfert de poids. Quand vous traversez la zone de frappe, elle peut même se déplacer très légèrement vers l'objectif. Donc même si cet exercice, qui garantit l'immobilité de votre tête, peut sembler une recommandation incorrecte, il est conçu pour éliminer un mouvement excessif de la tête vers le haut ou vers le bas.

NIVEAU DEUX

NIVEAU 2 · EXERCICE 15

ATTENDEZ AVANT D'APPLIQUER LA FRAPPE

La transition de la montée à la descente est une phase critique de l'élan. Dans la fraction de seconde où vous inversez la direction, vous avez deux options : faire un superbe début de descente et accumuler la puissance dans votre élan ou le précipiter et abandonner tout espoir d'un beau coup. Cet exercice simple vous garantit que votre élan correspond systématiquement à la première option.

Tenue ferme
Le bâton est tenu vers l'extrémité du manche.

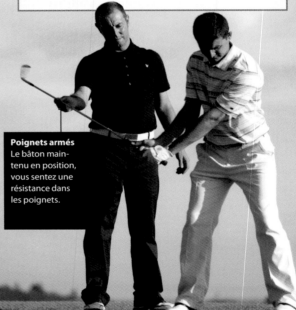

* Ce geste de la montée à la descente vous permet d'accumuler l'énergie de votre élan et de libérer la puissance sur l'arrière de la balle quand vos poignets se désarment. Comme le geste de faire claquer un fouet (voir l'exercice 20, page 95), si votre tempo est correct, la vitesse de la tête de bâton au bas de l'élan sera phénoménale.

Poignets armés
Le bâton maintenu en position, vous sentez une résistance dans les poignets.

Sommet de la montée

1 Faites une montée normale mais demandez à quelqu'un de maintenir la tête de bâton en position au sommet de la montée. Commencez la descente en transférant votre poids sur le côté gauche, en faisant légèrement pivoter les hanches. Alors que l'assistant maintient la tête de bâton en position, vous devriez sentir une pression dans les poignets quand l'angle entre vos avant-bras et le manche du bâton se ferme.

Pression dans les poignets

2 Faites maintenant des élans d'essai et essayez de retrouver les sensations éprouvées au cours de l'étape 1. Rappelez-vous qu'en inversant la direction, vous devriez sentir un retard de la tête de bâton pendant une fraction de seconde.

FAITES LE POINT AVEC L'ŒIL GAUCHE POUR UNE FRAPPE FERME

Si votre buste dévie prématurément vers l'objectif au cours de la descente, vous êtes « en avant de la balle ». Si cela se produit, vous perdrez l'effet de levier car il n'y aura pas de point de résistance à l'impact. Vous frapperez des coups faibles vers la droite de l'objectif et vous aurez du mal à frapper la balle avec le milieu de la face de bâton. Cet exercice peut vous aider à remédier à cette tendance d'être en avant de la balle.

* Cet exercice vous aidera à garder instinctivement la tête derrière la balle à l'impact. Si votre tête est derrière la balle, votre corps ne peut pas être en avant de la balle. Si vous perdez de vue le logo sur la balle, votre tête glisse vers l'objectif au cours de la descente. Entraînez-vous jusqu'à ce que vous vous sentiez assuré de pouvoir garder l'œil gauche sur l'arrière de la balle, puis essayez d'appliquer ce principe sur le parcours.

1 Posez une balle sur le sol de façon que le logo du fabricant soit parallèle au sol puis tournez la balle jusqu'à ce que le logo soit sur le diamètre de la balle. De votre position initiale, vous devriez voir juste l'extrémité de la signature sur la balle. Montez jusqu'au sommet de votre montée et faites le point sur la signature à l'arrière de la balle avec votre œil gauche (fermer l'œil droit peut aider).

2 Maintenez cette concentration jusqu'à ce que la tête de bâton entre en contact avec la balle.

NIVEAU DEUX

NIVEAU **2·17** EXERCICE

POSITION DE LA FACE DE BÂTON DANS L'AMORCE

Au cours de votre montée, la face de bâton doit rester perpendiculaire à la trajectoire de l'élan. Sinon, vous serez obligé de compenser en milieu d'élan pour présenter la face de bâton perpendiculairement à la balle au point d'impact, ce qui est vital pour un tir rectiligne. Il est par conséquent prudent de vérifier la position de la face de bâton dans votre élan avec cet exercice simple.

* Essayez de pratiquer régulièrement cet exercice de façon à garder en tête la bonne position de la face de bâton quand vous commencez l'élan. Rappelez-vous : la face de bâton perpendiculaire à la trajectoire de l'élan est correcte, ouverte ou fermée elle est incorrecte. L'avantage énorme de ce mouvement est que vous pouvez l'utiliser comme coup d'essai quand vous voulez pour vous aider à assimiler les bonnes sensations avant de commencer votre vrai élan. Vous aurez plus de chances de réussir votre amorce.

Face de bâton parallèle
La face de bâton est perpendiculaire à la trajectoire de l'élan.

1 Réalisez votre amorce normale, mais arrêtez-vous quand vos mains sont juste au-dessus de votre cuisse droite. Comparez la position de la face de bâton avec les trois images ci-contre.

POSITION CORRECTE
La face de bâton pointe légèrement sur la droite de la balle, résultat de la rotation correcte des mains et des avant-bras dans l'amorce. C'est la position que vous devez essayer de reproduire dans votre élan.

FACE DE BÂTON FERMÉE

Résultat d'un manque de rotation de la main et de l'avant-bras, la face de bâton pointe toujours vers la balle, ce qui signifie qu'elle est fermée sur la trajectoire de l'élan. Étant donné qu'il est difficile d'obtenir une position de face de bâton plus neutre dans la suite de l'élan, ce genre d'amorce mènera probablement à un coup intérieur ou à un crochet intérieur.

FACE DE BÂTON OUVERTE

Les mains ont trop ouvert la face de bâton au démarrage. Cette dernière pointe trop vers la droite ce qui signifie qu'elle est ouverte par rapport à la trajectoire de l'élan. Il sera difficile de la ramener en position parallèle plus tard dans l'élan : le résultat sera probablement un coup extérieur ou un crochet extérieur.

NIVEAU
EXERCICE

2·18 SERREZ LES COUDES POUR UNE BONNE SYNCHRONISATION DANS L'ÉLAN

Cet exercice a pour but d'améliorer la synchronisation de votre élan afin que vos parties mobiles travaillent en équipe plutôt qu'indépendamment les unes des autres.

Il étudie particulièrement le rapport entre l'élan des bras et le pivotement du buste dans la montée, qui est souvent légèrement décousu.

1 | Calez un ballon de basket (ou un autre objet de taille et de forme similaires) entre vos coudes. Prenez votre position normale initiale.

Cette procédure simple, en deux mouvements, garantit un début de montée plus «lié», ce qui signifie que l'élan des bras et le pivotement du buste se déroulent simultanément. La largeur de votre élan est conservée (c'est-à-dire que la tête de bâton parcourt un arc large qui s'éloigne de vous), et votre côté gauche est obligé de s'enrouler derrière la balle jusqu'au sommet de la montée. Répétez cet exercice de temps à autre, entre vos coups, quand vous vous entraînez. Si vous arrivez à recréer les sensations éprouvées au cours de cet exercice dans votre élan normal, vous serez un meilleur frappeur.

2 | Réalisez maintenant une montée en serrant les coudes pour empêcher le ballon de tomber. Arrêtez quand le bâton est parallèle au sol.

CONSEIL D'EXPERT

Oubliez vos erreurs

Il arrive à tout le monde de frapper de mauvais coups de fer. Si un bon joueur peut oublier une frappe médiocre et s'arranger pour compenser une erreur, un joueur moyen risque de la ruminer et de manquer les coups suivants. Dans ce genre de situation, chaque erreur de frappe peut engendrer un désastre. Rappelez-vous alors que le seul coup qui compte est le prochain. N'hésitez pas à vous maudire pour une mauvaise frappe, mais concentrez-vous bien sur la suivante pour que cette erreur ne soit pas la première d'une longue série.

MÉMOIRE COURTE *Un bon joueur doit être capable d'oublier une contre-performance sur un trou et de se concentrer sur une frappe superbe au trou suivant.*

Testez-vous à nouveau

Avant de passer au niveau 3, répétez le test des pages 66-67. Si vous n'avez pas progressé, il est bon de revoir les exercices du niveau 2. Si la note d'évaluation indique que votre jeu des fers s'est amélioré, vous êtes prêt pour les exercices du niveau 3.

NIVEAU **2**·19 EXERCICE

LANCEZ UN BALLON POUR AMÉLIORER LE RELÂCHEMENT

Cette méthode est intéressante pour recréer le mouvement des mains nécessaire à un relâchement puissant de la tête de bâton à travers la zone de frappe (voir page 27). Cet exercice, qu'il vaut mieux pratiquer à l'extérieur, ne demande rien de plus qu'un ballon et un peu d'imagination.

Vous ne vous rendez pas forcément au terrain d'entraînement avec un ballon de soccer, mais si vous gardez en tête l'image d'un lancer de ballon en vous entraînant, il vous sera peut-être plus facile de relâcher librement la tête de bâton. Une représentation mentale forte peut parfois déclencher la réaction physique appropriée et, par conséquent, améliorer la frappe de balle.

1 | Tenez un ballon de soccer à deux mains et essayez de reproduire quelque chose qui ressemble à votre posture normale pour un coup de fer intermédiaire.

2 | Remontez les mains et les bras jusqu'à la hauteur des hanches, puis opérez la descente et la traversée de la zone de frappe avec le ballon. Essayez de faire tourner le ballon de 30 degrés sur la gauche de la ligne de jeu. Pour cela, votre main droite doit passer au-dessus de votre main gauche dans la zone d'impact. Si le ballon part droit devant vous, vos mains ne tournent pas comme elles le devraient pour relâcher correctement la tête de bâton dans un vrai élan.

3·20 FRAPPEZ AU BON MOMENT

NIVEAU EXERCICE

Le fameux « effet retard » – caractéristique de l'élan de tout bon joueur – n'est pas un geste ou une technique conscients. C'est simplement le produit d'un bon tempo de descente grâce auquel l'angle entre les poignets et le manche du bâton est conservé du sommet de la montée à la fin de la descente, jusqu'à ce que les poignets se désarment progressivement pour relâcher la tête de bâton sur l'arrière de la balle à une vitesse maximale. Cependant, étant donné que tout cela se passe très rapidement dans l'élan (vous ne pouvez pas « geler » cette position), il est très dangereux d'essayer de le reproduire. Cet exercice vous apprendra comment intégrer correctement l'effet retard dans votre élan pour vous aider à relâcher le bâton avec une vitesse supérieure à l'impact.

* Ne vous pressez pas de frapper un coup : il faut un certain temps pour se familiariser avec cette technique. Il est préférable de répéter cet exercice fréquemment, puis de vous entraîner à l'élan avec une prise classique et de frapper des balles pour terminer. Si vous retrouvez dans votre élan les sensations éprouvées pendant l'exercice, votre balle croira qu'elle est frappée par un autre joueur...

1 Prenez un fer 6 et tenez-le en espaçant vos mains de 7,5 cm au moins.

2 Maintenant, faites des élans d'essai en douceur et sentez votre bras droit se tendre à travers la zone de frappe. Vos poignets doivent se désarmer progressivement avec l'accélération dans la descente et la zone de frappe, jusqu'au « fouettement » net en bas de l'élan.

CONSEIL D'EXPERT

Bras gauche tendu ?

Au cours des dernières décennies, certaines règles peu judicieuses se sont répandues dans les clubhouses du monde entier. Ainsi, la consigne de « garder le bras gauche tendu dans la montée » fait souvent plus de mal que de bien. Ce n'est ni pratique ni propice à un bon élan. Il est probable que seuls quelques joueurs parmi les 50 meilleurs mondiaux gardent le bras gauche parfaitement droit. En fait, pour faire une montée pleine, avec un pivot et un transfert de poids corrects, tout en gardant le bras gauche raide comme un piquet, vous devez être incroyablement souple ! La plupart des joueurs de haut niveau s'accordent un peu de souplesse dans le bras gauche, avec une légère flexion du coude, pour réaliser une montée pleine et sans tension. Vous avez intérêt à faire de même, à moins que vous ne soyez assez souple pour garder le bras gauche tendu jusqu'au sommet de la montée. Un bras gauche légèrement plié ne nuira pas à l'élan tant que le bâton ne dépasse pas l'horizontale au sommet de la montée.

LE BRAS GAUCHE *Pour la plupart des joueurs, contrairement à une idée reçue, il est parfaitement acceptable de plier légèrement le bras gauche au sommet de la montée.*

NIVEAU 3 · EXERCICE 21

JOUEZ AVEC LES PIEDS JOINTS

L'élan est un acte complexe consistant à faire travailler ensemble de nombreuses parties mobiles. Deux éléments fondamentaux sont l'élan des bras et le pivot. L'élan des bras est souvent négligé, surtout parce que de nombreux golfeurs sont enclins à trop compter sur les muscles puissants des épaules et du buste. Répétez cet exercice pour vous assurer que vos bras jouent un rôle actif dans votre élan.

1 Prenez un fer 6 et placez-vous en position, les pieds écartés de 15 cm au maximum. Ne serrez pas trop la prise.

2 Fouettez la balle d'un élan fluide. Essayez de faire travailler davantage vos bras que votre buste.

NIVEAU TROIS

✳ Ponctuez vos séances d'entraînement de séries d'une douzaine de frappes les pieds joints. Cela vous rappellera le rôle de vos bras dans l'élan. Cela favorisera également un élan libre du bâton dans la zone de frappe au moment où c'est le plus indispensable. Si un mouvement excessif du buste est un problème persistant, vous serez peut-être tenté de suivre l'exemple de Hale Irwin, ancien champion de l'US Open, qui passait parfois des journées entières à frapper uniquement des fers les pieds joints.

3 Si vous perdez l'équilibre, votre corps en fait trop et vos bras trop peu. Répétez l'exercice jusqu'à ne plus perdre l'équilibre.

NIVEAU 3 · EXERCICE 22

FAITES DU POUCE DES DEUX CÔTÉS DE LA BALLE

La rotation correcte des mains et des bras est un ingrédient essentiel de l'élan : sans elle vous ne pourrez jamais libérer la face de bâton perpendiculaire à l'arrière de la balle avec une vitesse suffisante. Les joueurs à qui elle pose un problème doivent uniquement penser à « lever le pouce » dans la montée et l'élan. Répétez cet exercice pour comprendre exactement ce que cela signifie et comment l'intégrer dans votre jeu de fers.

Montée
Votre pouce pointe vers le haut quand votre bras est horizontal.

* Les positions « pouce en l'air », comme si vous faisiez du pouce des deux côtés de la balle, se retrouvent chez les bons joueurs qui relâchent correctement le bâton (voir page 27) d'un geste quasi instinctif. Vous devrez peut-être le travailler pour qu'il soit un automatisme. Après avoir répété cet exercice plusieurs fois, essayez d'introduire cette sensation dans votre élan. Vous remarquerez une nette amélioration dans la vivacité de votre frappe.

Après l'impact
Quand votre bras est horizontal, votre pouce pointe à nouveau vers le ciel.

1 | Prenez votre position initiale, mais sans bâton en main. Maintenant, mettez votre main gauche dans votre poche ou derrière votre dos.

2 | Levez le bras droit, comme pour une montée, et laissez votre corps commencer à pivoter. Faites une pause quand votre avant-bras est parallèle au sol. Dans cette position, votre pouce devrait pointer vers le ciel et le dos de votre main être orienté vers l'arrière. Si c'est le cas, vous avez effectué une rotation de l'avant-bras et un armement du poignet corrects.

3 | Opérez votre descente et la traversée de la zone de frappe. Immobilisez-vous quand votre avant-bras est parallèle au sol. Votre pouce doit à nouveau pointer vers le ciel, mais le dos de votre main doit être orienté vers l'avant.

NIVEAU EXERCICE

3·23

FRAPPEZ DES BALLES AU-DESSUS DE VOS PIEDS

Balayer la balle sur une trajectoire revenant vers l'intérieur (voir pages 26-27) est l'un des plus grands défis de ce sport, peut-être comparable au service d'un as au tennis. Si la majorité de vos coups s'incurvent de gauche à droite en l'air, c'est que la tête de bâton ne suit pas la trajectoire correcte (vers l'intérieur) jusqu'à l'impact. Répétez cet exercice qui contribuera à corriger ce problème et à améliorer le plan de votre élan.

＊ Avec un élan plus arrondi, vous amènerez le bâton sur la balle de l'intérieur, ce qui favorisera le relâchement du bâton (voir page 27) à travers la zone de frappe. Vous serez peut-être agréablement surpris de découvrir qu'une balle qui vole en ligne droite, ou même un léger crochet intérieur, n'est pas un rêve inatteignable !

NIVEAU TROIS

1 Trouvez une position de balle en pente sur votre parcours qui vous permet de placer votre balle nettement au-dessus du niveau de vos pieds, jusqu'à 30 cm si possible. Frappez des balles de cette position avec un fer 6. Vous adopterez immédiatement et instinctivement une montée plus arrondie et aurez un meilleur pivot.

2 Quand vous aurez frappé environ 12 balles de cette position de balle en pente, trouvez une zone de terrain plat et voyez si vous pouvez reproduire les sensations d'élan que vous avez expérimentées au cours de l'étape 1.

CONSEIL D'EXPERT

Maintenez une ligne droite au début de l'amorce

La perte de coordination dans votre élan vient souvent d'un mauvais début d'éloignement de la balle. Dans la position idéale au départ, votre bras gauche et le manche du bâton forment une ligne droite en direction de la balle (voir l'exercice 14 dans la section « Le coup de départ », page 44). Au début de votre montée, cette ligne doit rester stable pendant les 60 premiers centimètres où la tête de bâton s'écarte de la balle. Cette amorce « d'une seule pièce » aide à synchroniser l'élan des bras et le pivot.

AMORCE D'UNE SEULE PIÈCE *Si votre bras gauche et le manche du bâton forment une ligne droite pendant les 60 premiers centimètres de l'amorce, votre élan a plus de chance d'être synchronisé.*

NIVEAU 3 · EXERCICE 24

COMPRIMEZ VOS COUPS, PAUME VERS LE BAS

Quand ils frappent des fers, tous les bons joueurs réduisent l'ouverture à l'impact, le manche du bâton orienté vers l'objectif. Il en résulte un vol puissant de la balle. À l'inverse, les joueurs moyens augmentent l'ouverture à l'impact, le manche du bâton s'écartant de l'objectif. Il peut en résulter une balle faible et trop haute. Si la tête de bâton atteint son point le plus bas avant l'impact, il est possible qu'elle frappe le sol avant la balle ou qu'elle frappe la balle trop haut et lui imprime une trajectoire basse. La différence fondamentale entre ces deux situations est la position de la paume droite quand le bâton pénètre dans la zone de frappe, car la paume droite influence nettement l'action de la face de bâton. Cet exercice est une simulation de ce que la paume droite devrait ou ne devrait pas faire dans votre élan. Vous pouvez comparer les deux positions et vous habituer à placer correctement votre paume droite.

Dans un vrai élan, tout se passe très vite. Mais en répétant cet exercice, votre cerveau se familiarisera avec les mouvements corrects. Si vous pouvez reproduire cette position de la paume droite dans votre élan, vous compresserez plus fortement la balle – en l'écrasant littéralement contre la face de bâton – et obtiendrez une balle puissante avec tous vos fers. Voici comment les professionnels font.

1 | MAUVAISE POSITION DES MAINS

Prenez votre position normale initiale. Faites une montée du bras droit et redescendez-le vers la zone de frappe. Au moment où vous devriez frapper la balle, positionnez votre paume droite de façon qu'elle commence à se retourner vers le haut. C'est ainsi que de nombreux golfeurs amateurs lancent la face de bâton vers la balle.

2 | BONNE POSITION DES MAINS

Répétez l'étape 1, à un détail près: quand votre bras droit entre dans la zone de frappe, veillez à orienter votre paume vers la balle. Cela signifie qu'il y aura un léger angle à l'arrière de votre poignet, inexistant à l'étape 1.

NIVEAU EXERCICE

3·25

FLÉCHISSEZ LES GENOUX POUR PLUS DE RÉSISTANCE DANS VOTRE ÉLAN

Chez la majorité des golfeurs, conserver le genou droit fléchi tout au long de la montée empêche les hanches de pivoter au-delà de 45 degrés. Un point de résistance se crée ainsi, contre lequel le buste peut s'enrouler. L'exercice simple qui suit vous aidera à vous concentrer sur le fléchissement du genou droit.

En gardant le genou droit fléchi tout au long de la montée, vos hanches ne peuvent tourner qu'à 45 degrés, ce qui vous permet d'enrouler votre buste comme un ressort. Plus ce ressort sera tendu, plus vite votre buste se déroulera dans la descente et plus vous générerez de puissance. (Pour les joueurs âgés ou moins souples : si vous n'avez pas la flexibilité suffisante pour avoir un bon ressort du buste, laissez vos hanches tourner à plus de 45 degrés ; cela vous permettra d'obtenir le pivot nécessaire.)

1 Prenez un fer quelconque et votre position normale initiale. Veillez à adopter le fléchissement des genoux approprié (voir page 24). Retirez votre main gauche du bâton.

2 Répétez votre montée et transférez votre poids sur la jambe droite légèrement fléchie, en gardant le genou ainsi bloqué. Au sommet, votre tête devrait être au-dessus de votre genou droit fléchi. Répétez ce geste plusieurs fois, en vous concentrant sur le pivot du buste et le transfert du poids sur le genou droit.

3 Maintenant, posez les deux mains sur le bâton et essayez de reproduire les mêmes sensations dans votre montée. Si vos genoux se raidissent dans la montée, vous inversez probablement le pivot : votre poids passe sur le côté gauche au lieu du côté droit. Si vos genoux dévient vers la droite, vous vous balancez trop vers la droite. Ces deux situations doivent être évitées.

ÉTUDIEZ LA TRAJECTOIRE
EN OBSERVANT L'ANGLE D'ENVOL

Vous avez sans doute maintenant une bonne idée de la hauteur de la trajectoire en fonction du fer utilisé, mais êtes-vous conscient de l'angle d'envol de la balle ? Il s'agit de la trajectoire du tir dans les 18 premiers mètres environ du vol – une distance parcourue si vite que votre tête ne se relève généralement pas à temps pour voir où va la balle. Cependant, déterminer l'angle d'envol pour chaque fer est beaucoup plus important que vous ne l'imaginez. En effet, cela permet des choix de fer éclairés quand, par exemple, des branches pendantes bloquent en partie votre trajectoire vers l'objectif. C'est également utile quand vous devez maîtriser la trajectoire de vos fers par une journée venteuse. L'exercice suivant vous préparera à de telles éventualités.

1 Trouvez un endroit du parcours où vous pouvez frapper des balles et où des branches pendantes se trouvent entre vous et l'objectif. Posez 12 balles à 18 mètres environ derrière les branches.

✱ Les informations fournies par cet exercice vous permettront de dresser une image mentale de l'angle d'envol des balles avec chaque bâton. Cette connaissance vous sera précieuse quand vous serez sur un parcours. La section « Les coups spéciaux », page 292, étudiera de façon plus détaillée les compétences requises pour contrôler le vol d'une balle de golf. Vous augmenterez ainsi votre polyvalence dans les situations qui demandent de la créativité.

2 Choisissez un fer long, un fer moyen et un fer court et frappez les balles en direction de l'objectif, en alternant les trois bâtons. Notez les bâtons qui envoient les balles sous les branches et ceux qui ne le font pas.

NIVEAU TROIS

CONSEIL D'EXPERT

Trouvez le rythme qui convient à votre caractère

Un bon rythme d'élan permet de générer de la puissance tout en conservant le contrôle du bâton. Il aide également à atteindre le parfait équilibre du début à la fin. Mais le rythme varie. Certains joueurs ont un élan rapide, d'autres un élan lent. Qu'est-ce qui vous convient le mieux ?

Même s'il n'y a pas de règle stricte, réfléchir à votre personnalité peut vous renseigner. Si vous êtes naturellement plein d'entrain et enclin à tout faire vite, il y a des chances que votre rythme d'élan idéal soit relativement vif. Des golfeurs comme Alvaro Quiro et Anthony Kim entrent dans cette catégorie. Si, au contraire, vous affrontez la vie à une allure posée, un élan plus lent conviendra mieux à votre jeu. Pensez à des joueurs comme Ernie Els et Fred Couples.

CONSEIL D'EXPERT

Continuez à vérifier vos distances personnelles

Si vous avez suivi le programme d'exercices de cette section, vous êtes sans aucun doute un meilleur joueur de fers que vous ne l'étiez quand vous avez attaqué l'exercice 1 (voir pages 68-69). Cela signifie que grâce à une meilleure qualité de frappe, votre distance personnelle pour chaque bâton aura augmenté. Il est donc judicieux de répéter périodiquement l'exercice 1, surtout si vos résultats et votre handicap baissent. Vous pourrez ainsi vérifier que vous ne choisissez pas les mauvais bâtons par mégarde, ce qui aboutit facilement à des erreurs lourdes de conséquences. N'oubliez pas d'ignorer les quelques balles les plus longues et les plus courtes frappées avec chaque bâton, car elles ne sont pas le reflet fidèle de votre longueur moyenne normale. Mesurez vos distances jusqu'au centre du principal groupe de balles.

LE FER PARFAIT

On pourrait donner n'importe quel aspect du jeu de Tiger Woods comme exemple d'excellence, tant ce joueur a de talent, mais, pour le propos de ce livre, nous nous concentrerons sur son jeu de fers. Les positions de Tiger dans l'élan sont la perfection en mouvement, ce qui est flagrant dans cette séquence. En outre, c'est son rythme d'élan qui mérite une mention spéciale ici ; comme tous les grands joueurs, il a la capacité de jouer avec tous les bâtons sur le même tempo. Il s'élance dans ses limites, en conservant un équilibre magnifique, ce qui produit le mélange parfait de puissance et de contrôle. Cela résume l'un des plus grands talents de Tiger.

* TIGER ENROULE et déroule son corps sur un mouvement très stable de la jambe – bonne illustration de la façon de générer beaucoup de puissance dans votre élan. Il associe ce mouvement à un superbe élan libéré des mains, des bras et du bâton, dans la descente et à travers la zone de frappe.

1 **POSTURE SUPERBE**
La posture de Tiger est parfaite au départ, ce qui donne un geste impeccable. La raison en est que l'angle établi au départ détermine pour une grande part le plan de l'élan. L'alignement de Tiger est également parfait, les pieds, les hanches et les épaules étant parallèles entre eux. Cet alignement favorise à son tour une trajectoire d'élan alignée.

2 **PLAN PARFAIT**
Ici, un pivot parfait associé à l'élan approprié des mains et des bras génère une montée sur le plan idéal. Le bâton n'atteint pas tout à fait l'horizontale au sommet de la montée, mais ce n'est pas nécessaire. Tiger a effectué tout le pivot dont il a besoin et les poignets se sont armés pleinement et correctement.

3 **ANGLE DE COLONNE VERTÉBRALE CONSTANT**
Alors que Tiger approche de l'impact, l'angle de sa colonne vertébrale est resté le même qu'au départ. Le maintien de cet angle lui évite de faire d'importants réglages de hauteur à mi-élan pour retourner la face de bâton vers la balle. Le fouettement est alors totalement libéré à travers la zone de frappe.

Les secrets de la précision du jeu de fers

Vous devez avoir pour but une précision chirurgicale avec chaque fer de votre sac. Ces quatre points sont un rappel des principaux mouvements essentiels pour atteindre cet objectif.

Pour gagner en confiance sur le parcours, profitez de vos séances d'entraînement pour déterminer quelle distance exacte parcourent vos balles avec chacun de vos fers.

Veillez à ce que la face de bâton reste perpendiculaire à la trajectoire de votre élan dans l'amorce. Vous éviterez ainsi de devoir faire des réglages dans la suite de l'élan pour frapper un coup rectiligne.

Si vous conservez le fléchissement de votre genou droit dans la montée, vos hanches ne tourneront pas au-delà de 45 degrés, ce qui vous fournira un ressort efficace du buste.

Gardez le même rythme d'élan pour tous les fers et fiez-vous à l'ouverture de la face de bâton pour donner la trajectoire de tir et la distance que vous souhaitez. Une frappe plus forte avec des fers longs ne vous fera pas gagner de longueur; le résultat sera une frappe médiocre et une perte de précision.

OBSERVEZ LE PRO

4 | **CÔTÉ GAUCHE DÉGAGÉ**
Tiger se laisse beaucoup d'espace pour une entrée et un passage de bâton libre dans la zone de frappe sur la bonne trajectoire. Le fait de dégager son côté gauche du passage assez tôt dans la descente lui facilite la tâche. Si le côté gauche n'est pas dégagé, les bras et le bâton sont trop enfermés sur l'intérieur. Tiger n'a pas ce genre de problème.

5 | **CONTRÔLE TOTAL**
Comme nous y faisions allusion dans l'introduction sur la séquence de son élan, Tiger s'élance dans ses propres limites physiques qui sont, il faut l'admettre, exceptionnelles. Ce point mérite qu'on y revienne : que vous jouiez avec un fer 3 ou un fer 9, le rythme de l'élan doit rester le même. La traversée parfaitement équilibrée de Tiger est la conclusion idéale d'un élan contrôlé. Le sens de l'équilibre devrait être également un élément clé de votre élan.

LE COUP D'APPROCHE LOBÉ

L E COCHEUR D'ALLÉE, ou coup d'approche lobé, entre en jeu à une distance du vert comprise entre 35 et 110 mètres environ. De cette position, un professionnel enverra le plus souvent sa balle assez près du drapeau pour qu'un seul coup roulé suffise. La plupart des amateurs sont toutefois déjà satisfaits d'atteindre le vert. Même si les joueurs amateurs n'ont pas tous les remarquables capacités des meilleurs golfeurs du circuit, ils peuvent facilement se rapprocher de leurs performances près du vert. D'abord, parce que la distance n'est pas un problème ici : vous n'avez pas à vous inquiéter de produire beaucoup de puissance. Ensuite, parce que l'élan doit être plus court, la précision et le contrôle sont beaucoup plus accessibles.

L'ART DU COUP D'APPROCHE LOBÉ

La théorie est une chose, mais vous devez mettre au point votre technique de coup d'approche. Même s'il existe des similitudes entre les coups d'approche et les autres coups de fers, certaines nuances de technique et de toucher sont particulières. Cette section vous fournira toutes les connaissances nécessaires à la maîtrise de ces coups. Mais vous devez d'abord effectuer le test capital qui déterminera précisément vos compétences actuelles dans le maniement du cocheur d'allée (fer 10).

LE TEST DE COUP D'APPROCHE LOBÉ

Vous utiliserez sans doute votre cocheur d'allée à une distance du vert comprise entre 35 et 110 m, même si la limite supérieure est plus longue pour les joueurs comme Tiger Woods. Cependant, mieux vaut oublier les deux extrêmes et vous cantonner à une distance intermédiaire pour jauger votre adresse. Par conséquent, ce test s'appuie sur des coups de 75 m environ.

1 Choisissez un vert de taille moyenne, de préférence avec le drapeau placé au centre. Comptez environ 75 m du drapeau vers l'allée.

2 Frappez 15 balles avec votre cocheur d'allée à partir d'une bonne position. Rendez-vous sur le vert et notez combien de balles ont atterri à moins de sept pas du trou. Si vous réalisez ce test sur un entraînement, il vous sera impossible de marcher vers le vert pour mesurer votre distance. Cependant, mieux vaut une évaluation approximative (nombre de balles à moins de sept pas du trou) que pas de test du tout.

DES COUPS D'APPROCHE LOBÉS précis peuvent vous faire économiser plusieurs coups sur un tour. Non seulement ils vous offriront des occasions d'oiselets sur des normales 4 et des normales 5, mais ils vous aideront aussi à sauver de précieuses normales lorsque votre grand jeu n'est pas exceptionnel.

3 Tapez deux autres séries de 15 balles et calculez votre résultat moyen. Puis utilisez la note d'évaluation pour définir votre niveau actuel dans ce secteur de jeu.

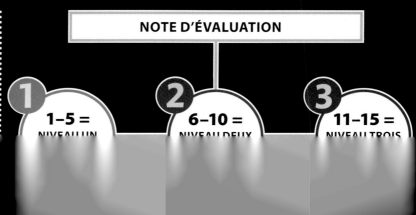

NOTE D'ÉVALUATION

1 1–5 = NIVEAU UN

2 6–10 = NIVEAU DEUX

3 11–15 = NIVEAU TROIS

NIVEAU EXERCICE
1·01   PENSEZ À LA DISTANCE PLUS QU'À LA DIRECTION

Le plus important dans le coup d'approche lobé ne doit pas être d'évaluer précisément la force avec laquelle frapper les coups selon la distance. L'exercice 1 du «Jeu des fers» (voir pages 68-69) évoque l'importance de connaître vos distances personnelles pour chaque fer. Il est crucial que vous vous entraîniez en gardant ces informations en tête.

1 Si vous voulez travailler vos coups d'approche lors de votre prochaine séance d'entraînement, choisissez une cible dont vous connaissez précisément l'éloignement. Ne prenez pas une cible se trouvant au-delà de la distance que vous atteignez facilement avec un cocheur.

2 Frappez des coups de coup d'approche lobé en direction de cet objectif et jugez-les chacun sur le plan de la distance. Le fait que la balle soit courte, longue ou parfaite vous fournira des informations utiles pour apporter des réglages à votre élan sur le plan des sensations.

* L'essence d'un bon coup d'approche lobé est la capacité de voir un objectif et de faire un élan de bonne longueur pour obtenir la portée requise. Si vos coups d'approche partent dans toutes les directions, vous devez travailler votre technique. Mais, en partant du principe que la direction n'est pas un problème, ce qu'elle ne devrait pas être sur un coup aussi court, votre priorité est la bonne distance. La technique de la distance est affinée dans l'exercice 13 (voir pages 126-127).

NIVEAU EXERCICE
1·02 OUVREZ VOTRE POSITION

Sur la plupart des coups, un alignement parfait (où vos orteils, vos hanches et vos épaules sont sur la même ligne) est indispensable. Cependant, comme il est expliqué dans l'introduction de cette section (voir pages 106-107), le coup d'approche lobé ne ressemble à aucun autre coup de fer. Pour le réussir, votre position doit être légèrement ouverte et cet exercice va vous aider à le modifier correctement.

1 Prenez votre position initiale comme si vous deviez frapper un fer normal, la position parallèle à la ligne de jeu. Posez deux fers sur le sol pour vous aider à trouver l'alignement parfaitement parallèle.

2 Maintenant reculez votre pied gauche de 5 cm environ pour ouvrir votre position. Veillez à conserver les épaules perpendiculaires à la ligne de jeu. Cet élément de votre position initiale doit rester inchangé.

✱ Ce petit réglage est doublement bénéfique à vos coups d'approche. Tout d'abord, il crée une résistance supplémentaire dans vos jambes et vos hanches, entravant la montée de façon que le bâton n'atteigne pas le point où il est horizontal. Un élan plus court étant synonyme de contrôle accru, il est préférable pour un coup d'approche lobé. Ensuite, l'élan étant plus court, vous avez besoin d'aide pour effacer votre côté gauche sur le passage de la descente. Une position ouverte fournit cette aide et génère une meilleure position à l'impact.

Position ouverte
Reculez votre pied gauche de 5 cm environ.

TROUVEZ LE POINT LE PLUS BAS DE VOTRE ÉLAN POUR DES FRAPPES NETTES

Il vous sera impossible de contrôler la distance de vos coups d'approche si vous n'apprenez pas à frapper régulièrement la balle avec la surface de frappe du bâton. Pour ce faire, la balle doit être positionnée au point le plus bas de votre arc d'élan : le point où la tête de bâton entre en contact avec le gazon. Si elle est placée à un autre endroit de votre position, vous devrez opérer des compensations artificielles pour éviter de frapper le haut de la balle ou encore le sol devant la balle. Cet exercice simple vous aidera à localiser le bas de votre élan et confirmera le placement idéal de la balle dans votre position.

* Il est bon de vérifier régulièrement cet aspect de votre élan. Cet exercice vous permet également de trouver le point le plus bas de votre élan pour chaque fer. Cela vous aidera à identifier la bonne position de la balle pour tous vos fers.

Position de la balle
Frappez des balles placées le long d'une ligne indiquant le bas de votre élan. Le trou de motte de gazon commence légèrement en avant de la ligne.

Trou de motte de gazon
Le début du trou de motte de gazon est le meilleur endroit où placer la balle.

1 | Choisissez une zone d'herbe tondue à ras et faites un élan d'essai consciencieux, non pas un fouettement tiède, mais un mouvement dynamique qui ressemble vraiment à votre élan.

2 | Notez l'endroit où la tête de bâton est entrée en contact avec le sol. C'est l'endroit parfait où placer la balle dans votre position.

GARDEZ LES MAINS SOUPLES POUR UN ÉLAN FLUIDE

S'il est une chose qui limite à coup sûr vos chances de réaliser un bon élan, c'est la tension. Le moindre excès de tension dans votre prise suffit à propager celle-ci dans vos bras et vos épaules. Cela mène à une mauvaise amorce (voir l'exercice 3, page 71) et l'ensemble de votre élan manquera de fluidité et de rythme. L'effet est désastreux sur un coup d'approche. Lee Trevino, vainqueur de six tournois majeurs dans sa carrière, disait souvent que, juste avant d'écarter le bâton, il desserrait volontairement la prise de sa main gauche pour relâcher les muscles de ses mains, de ses bras et de son buste. S'il ne le faisait pas, il sentait que son élan risquait d'être un peu étriqué et trop court. Nombre de golfeurs ont le tort de faire l'inverse de Trevino et de resserrer leur prise juste avant d'entamer leur élan.

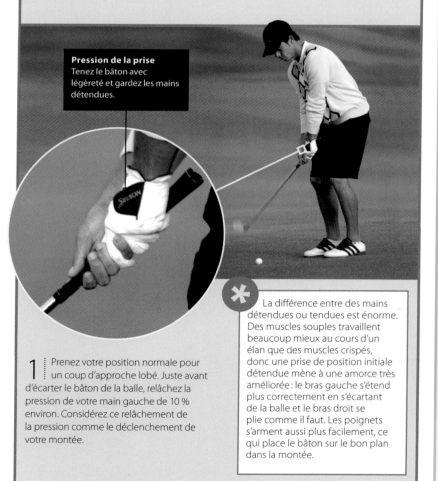

Pression de la prise
Tenez le bâton avec légèreté et gardez les mains détendues.

1 Prenez votre position normale pour un coup d'approche lobé. Juste avant d'écarter le bâton de la balle, relâchez la pression de votre main gauche de 10 % environ. Considérez ce relâchement de la pression comme le déclenchement de votre montée.

* La différence entre des mains détendues ou tendues est énorme. Des muscles souples travaillent beaucoup mieux au cours d'un élan que des muscles crispés, donc une prise de position initiale détendue mène à une amorce très améliorée : le bras gauche s'étend plus correctement en s'écartant de la balle et le bras droit se plie comme il faut. Les poignets s'arment aussi plus facilement, ce qui place le bâton sur le bon plan dans la montée.

CONSEIL D'EXPERT

Tenez votre bâton comme la main d'un enfant

Le petit jeu a tendance à générer plus d'anxiété que n'importe quel autre type de coups. Cela provoque généralement une tension, notamment dans la prise. Mais quelle est la pression idéale d'une prise ? Sam Snead, qui détient le record des tournois gagnés par un professionnel dans l'histoire du golf, disait que la pression sur la prise devait être la même que celle que l'on exercerait sur un oiseau vivant.

Une autre image est de tenir le bâton comme vous tiendriez la main d'un enfant en traversant une rue : assez ferme pour que l'enfant ne s'échappe pas, mais assez douce pour ne pas lui faire mal. C'est la pression idéale sur la prise : assez ferme pour une bonne tenue du bâton, mais assez douce pour conserver une bonne souplesse des poignets, qui vous permettra de réaliser un élan fluide. Tenir votre cocheur avec la bonne pression améliorera sans aucun doute vos coups d'approche. Le conseil d'expert de la page 19 décrit une autre façon de trouver la pression correcte.

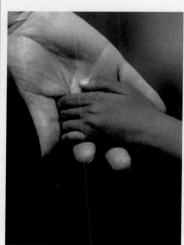

UNE PRESSION DOUCE *Imaginez la pression que vous exerceriez sur la main d'un enfant. Elle est très proche de celle que vous devriez exercer dans vos coups d'approche lobés.*

NIVEAU **1** EXERCICE **05**

TROUVEZ VOTRE PROPRE LIMITE DE VITESSE

Avec quelle force devriez-vous frapper avec un cocheur ? Comme bien souvent dans le golf, cela varie selon chaque individu. Cet exercice vous montre comment trouver le degré de force que vous devriez appliquer, une limite de vitesse pour ainsi dire. Vous pourrez ensuite l'appliquer à chaque coup, en jouant sur la longueur d'élan et les changements de bâton pour régler la distance de vos coups.

1 | Frappez des coups d'approche lobés par séries de trois balles. Commencez par un élan très décontracté, à 50 % à peine de votre pleine puissance.

2 | Mettez progressivement plus de force dans chaque série d'élans. Affermissez-vous peu à peu.

3 Vous allez commencer à perdre le contrôle, non seulement sur le plan de l'équilibre mais aussi dans la régularité des frappes et la précision des tirs. Si trois balles se détachent de la face de bâton de façon différente ou prennent des trajectoires imprévisibles, vous avez dépassé votre limite de vitesse. À ce stade, descendez d'un cran. La force déployée sur la série de balles précédente est celle qui correspond pour vous à un plein élan de cocheur.

Personne ne peut vous dire quelle est votre limite de vitesse personnelle : vous devez la trouver par vous-même. Une fois que vous disposez de cette information, il ne vous reste plus qu'à déterminer quelle est la portée de votre plein élan de cocheur. La connaissance de votre limite de vitesse personnelle et de votre longueur au cocheur vous aidera à gérer votre jeu plus efficacement et à faire baisser vos résultats. Plus vous en saurez à propos de votre élan, meilleur seront vos coups d'approche lobés.

NIVEAU EXERCICE
1·06

LA DESCENTE SUR LA TRAJECTOIRE DE LA MONTÉE

Parfois l'image la plus simple peut éclaircir vos idées et vos objectifs d'élan. Dans les coups d'approche lobés par exemple, il est vite fait d'être tellement obsédé par l'objectif qu'on en oublie ce que doit être un bon élan. Cet exercice vous fournira une image claire de votre élan qui améliorera vos coups d'approche lobés.

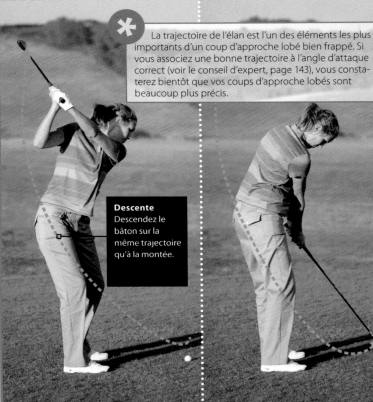

La trajectoire de l'élan est l'un des éléments les plus importants d'un coup d'approche lobé bien frappé. Si vous associez une bonne trajectoire à l'angle d'attaque correct (voir le conseil d'expert, page 143), vous constaterez bientôt que vos coups d'approche lobés sont beaucoup plus précis.

Descente
Descendez le bâton sur la même trajectoire qu'à la montée.

1 | Quand vous commencez votre élan, prenez conscience du trajet de votre amorce. Dans l'idéal, la tête de bâton devrait s'écarter de la balle de façon rectiligne sur les 30 à 45 cm de départ puis suivre progressivement un arc en réaction à votre pivotement de buste (voir pages 26-27).

2 | Faites quelques montées d'essai pour bien mémoriser la trajectoire que prend ici le bâton. Ayez pour seul objectif dans la descente de donner au bâton la même trajectoire que dans la montée. Ne pensez à rien d'autre.

Mettez au point un « déclencheur » d'élan

La majorité des golfeurs sont de plus en plus anxieux à mesure qu'ils se rapprochent du drapeau, ce qui engendre souvent de la tension et un élan médiocre. Vous avez alors peut-être besoin d'un «déclencheur» pour démarrer votre élan en douceur. Nombre de grands joueurs se sont appuyés sur un déclencheur d'élan : par exemple, Gary Player donnait un coup avec son genou droit juste avant de lever son bâton, et Jack Nicklaus tournait la tête vers la droite. Lorsque que vous travaillez vos coups d'approche, essayez donc quelques amorces d'élan (le principe d'essais et d'erreurs est la base). L'un des mouvements cités ici vous conviendra peut-être, ou encore un dernier mouvement préliminaire ou un mouvement des mains vers l'avant au départ. N'oubliez pas la possibilité de relâcher la pression dans la main gauche (voir l'exercice 4, page 111). Faites des tests jusqu'à ce vous trouviez un «déclencheur» avec lequel vous vous sentez à l'aise. Trouver la bonne amorce est la garantie de ne jamais rester bloqué devant la balle.

TOURNER LA TÊTE *Le simple fait de tourner légèrement la tête vers la droite juste avant d'entamer la montée est un déclencheur efficace de l'élan. Cela facilite également un pivot plus complet.*

NIVEAU 1 · EXERCICE 07

RESPECTEZ UN ANGLE DE 90 DEGRÉS DANS VOTRE MONTÉE

Un mauvais coup d'approche lobé est souvent le résultat de poignets trop cassés dans la montée, les mains remontant le bâton trop brusquement, ou au contraire de poignets pas assez cassés, qui restent raides pendant la montée. Les deux nuisent à la frappe, car si vous ne placez pas le bâton correctement dans la montée, vous n'aurez jamais le bon angle d'attaque à l'impact. Cet exercice vous garantit un armement correct des poignets dans la montée, et précisément au bon moment.

Angle droit
Les poignets sont armés correctement, au bon moment. Le bras gauche forme un angle à 90 degrés avec le manche du bâton.

Angle obtus
L'angle entre le bras gauche et le bâton est trop large : les poignets ne sont pas assez cassés (un problème courant). Armez vos poignets un peu plus tôt dans l'amorce.

Angle aigu
Les poignets ont été trop cassés et trop tôt, et le pivot est insuffisant. Essayez de garder des poignets passifs plus longtemps et de faire un arc plus large quand vous pivotez le buste.

1 Prenez votre cocheur d'allée et votre position normale de départ. Commencez votre montée et immobilisez-vous au point où votre bras gauche est horizontal. Comparez votre position avec les trois images ci-contre.

* Le travail de cet aspect de votre élan est du temps bien employé. L'armement correct des poignets dans la montée vous aide à obtenir l'angle d'attaque idéal dans la descente et vous permet de frapper vos coups d'approche lobés avec assurance.

NIVEAU **1**·08 EXERCICE

VÉRIFIEZ VOTRE PLAN D'ÉLAN À MI-MONTÉE

La même position «figée» requise dans l'exercice précédent (exercice 7, page 115) est également utilisée dans celui-ci. Ce présent exercice vous indique une façon très simple de vérifier si votre élan se situe sur le bon plan dans la montée, ce qui est vital pour réussir un bon élan.

1 Placez un miroir à votre droite ou demandez à une personne qui vous accompagne de se placer à votre droite. Prenez une position de départ de façon à frapper votre coup loin du miroir ou de la personne.

2 Commencez votre amorce et immobilisez-vous quand votre bras gauche est horizontal.

3 Vérifiez votre position avec le miroir ou avec la personne. Si vous avez armé vos poignets correctement (voir l'exercice 7, page 115), l'extrémité du manche du bâton désignera un point sur le sol situé entre la balle et vos orteils (légèrement plus proche de la balle que de vos orteils). C'est le plan d'élan parfait ; si le manche désigne un point trop éloigné (plus de 10 cm) d'un côté ou de l'autre du point idéal, votre élan doit être corrigé.

✳ Cet exercice, associé au précédent, est particulièrement important pour la réussite de vos coups d'approche. Si cette phase précoce de votre élan est correcte, il vous sera beaucoup plus facile de mettre au point un geste reproductible. Il est certain que si vous prenez le temps de perfectionner cette partie de l'élan, les objectifs assignés aux exercices du niveau 2 seront beaucoup plus faciles à atteindre.

Poignets
Un armement correct est vital pour un bon élan.

Plan de l'élan
Votre élan suit une trajectoire correcte lorsque l'extrémité du manche du bâton désigne un point situé entre la balle et vos orteils.

CONSEIL D'EXPERT

Descendez votre prise pour augmenter votre contrôle

Vous devez saisir toutes les occasions d'améliorer le contrôle dans vos coups d'approche. Une bonne méthode consiste à tenir le bâton environ 5 cm plus bas qu'à votre habitude. Cela semble peu, mais le fait de descendre votre prise (voir l'exercice 9, pages 38-39) rapproche légèrement vos mains de la tête de bâton, ce qui augmente votre contrôle sur celle-ci. Et si vous contrôlez ce qu'il se passe à la tête de bâton, vous pouvez également mieux contrôler la balle. Essayez la descente de prise sur votre cocheur et vous devriez remarquer une amélioration rapide de vos coups d'approche.

Position des mains
Si vos mains sont plus proches de la tête de bâton, il vous sera plus facile de contrôler le coup.

DESCENTE DE PRISE *Quand vous descendez votre prise sur un cocheur d'allée, la main droite est presque en contact avec le métal du manche. Cela participe au contrôle.*

NIVEAU EXERCICE

1·09

EXAMINEZ LES TROUS DE MOTTES DE GAZON POUR EN SAVOIR PLUS SUR VOTRE ÉLAN

Les trous de mottes de gazon (ou éventuellement l'absence de trous) que vous laissez dans le sol après avoir joué un coup d'approche lobé vous en disent long sur le plan et la qualité de votre élan. Chaque trou de motte de gazon est une empreinte qui révèle une ou plusieurs caractéristiques de votre jeu. Savoir les interpréter peut vous mener à des découvertes étonnantes et, plus important, vous donner des indices pour mieux jouer vos coups d'approche lobés. Les informations fournies dans cet exercice vous aideront à décoder ces messages.

LE TROU DE MOTTE DE GAZON PROFOND ET LE CONTACT AVEC LE SOL

La motte de gazon fait partie intégrante du jeu de fers. Si vos trous de mottes de gazon deviennent trop profonds et si vos balles ont des trajectoires imprévisibles, il est clair que vous faites quelque chose de travers. Ces symptômes suggèrent que votre élan est trop étriqué, ce qui provoque un angle d'attaque trop aigu de la tête de bâton à l'impact. Cela signifie que vous allez frapper le sol derrière la balle. Si ces problèmes vous sont familiers, ce bref exercice améliorera considérablement la qualité de votre frappe de balle.

1 Veillez à ce que la balle ne soit pas trop loin en avant dans votre position – autrement dit, près de votre talon gauche ou directement en face de lui – car cela suffit à vous faire frapper derrière la balle.

2 Pour aplanir votre angle d'attaque et commencer à frapper la balle plus franchement, essayez de retarder l'armement des poignets dans votre montée.

* Aplanir votre angle d'attaque permet d'instaurer immédiatement un arc d'élan plus large, et favorise une descente de la tête de bâton vers la balle selon un angle moins aigu. Vous emporterez toujours une motte de gazon, mais le trou sera moins profond et, surtout, il devrait être creusé après que vous aurez frappé la balle.

ABSENCE DE TROU DE MOTTE DE GAZON

Si la plupart de vos coups ne laissent pas de trous de mottes de gazon du tout, il est probable que vous essayez de cueillir la balle pour l'accompagner en l'air et que, de temps à autre, vous frappez le sol avant la balle et qu'elle ne parcourt que la moitié de sa distance normale. Ces problèmes indiquent que la tête de bâton est passée au-delà du point le plus bas de l'arc d'élan (voir l'exercice 3, page 110) et qu'elle remonte au moment de l'impact. C'est le pire angle d'attaque possible pour un coup d'approche. Essayez cet exercice rapide et facile pour corriger cette faute dévastatrice.

1 Vérifiez que la balle est placée correctement, dans le milieu de votre position. Ce seul détail aidera à enclencher le mouvement de descente adéquat.

2 Observez votre transfert de poids pendant l'élan. Si vous frappez le haut de la balle, votre poids reste sans doute sur le côté droit dans la descente. Éliminez ce problème en vous assurant que votre poids passe sur le côté gauche quand le bâton descend vers l'impact. Si votre poids se déplace dans la même direction que le bâton, vous frapperez la balle correctement.

✱ Vous devriez remarquer tout de suite que vous commencez à emporter une motte de gazon après avoir frappé la balle. C'est le signal immédiat que vous êtes sur la bonne voie.

LE TROU DE MOTTE DE GAZON EST ORIENTÉ VERS LA GAUCHE DE L'OBJECTIF

Quand un coup d'approche lobé se termine à gauche de l'objectif, il y a toutes les chances que le trou de motte de gazon indique cette direction. Ce problème est causé par le fait que la tête de bâton approche de la balle par une trajectoire extérieure à la ligne correcte (voir pages 26-27) et se déplace vers la gauche dans la zone de frappe.

1 Resserrez votre position de 5 cm environ. Cela permet à vos bras de jouer un rôle plus actif que votre corps (voir l'exercice 21, pages 96-97) et favorise par conséquent une trajectoire d'élan plus correcte.

2 Quand vous êtes au sommet de la montée, commencez à descendre avec vos mains et vos bras. Essayez de sentir que votre descente est plus un élan de la main et du bras qu'un mouvement du corps. Cela vous permettra de balancer le bâton dans la zone d'impact légèrement de l'intérieur (voir pages 26-27), ce qui est l'idéal.

✱ Une fois que vous avez effectué les modifications suggérées dans cet exercice, vous devriez constater que votre balle (et votre motte de gazon) ne partent plus vers la gauche, mais que tout est maintenant dans l'alignement.

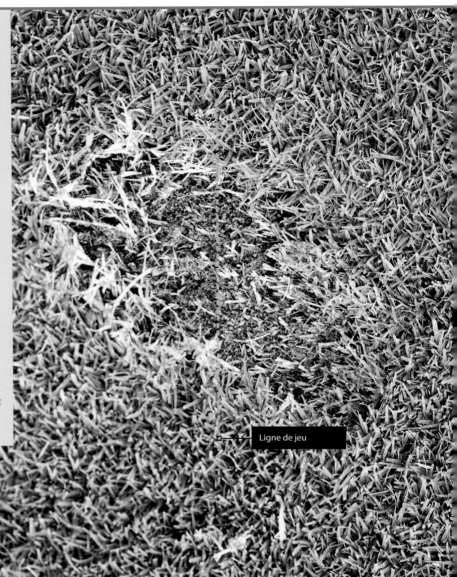

Ligne de jeu

Ces réglages dégagent plus d'espace en face de vous, ce qui favorise une ligne d'attaque plus correcte dans la descente.

Ligne de jeu

Testez-vous à nouveau

Avant de passer au niveau 2, répétez le test des pages 106-107. Si vous n'avez pas progressé, il est bon de revoir les exercices du niveau 1. Si la note d'évaluation indique que vos coups d'approche se sont améliorés, vous êtes prêt pour les exercices plus avancés du niveau 2.

NIVEAU UN

LE TROU DE MOTTE DE GAZON EST ORIENTÉ VERS LA DROITE DE L'OBJECTIF

Il est beaucoup moins fréquent qu'un trou de motte de gazon désigne la droite que la gauche de l'objectif, notamment au niveau amateur. Ce problème est causé par le fait que vos hanches ne s'effacent pas assez dans la descente. Cela signifie que la tête de bâton est enfermée à l'intérieur, ce qui provoque une trajectoire d'élan intérieur/extérieur accentuée (voir pages 26-27). Par conséquent, à l'impact, la tête de bâton dévie vers la droite en entrant en contact avec la balle. Il s'ensuit que la balle partira vers la droite de l'objectif.

1 Commencez par vérifier que votre balle n'est pas trop en arrière dans votre position (plus près de votre pied droit que de votre pied gauche), car cette position de balle peut provoquer une attaque trop à l'intérieur de la ligne et une trajectoire de balle dirigée vers la droite de l'objectif. Rappelez-vous que la position idéale de la balle pour les coups d'approche lobés est le centre de votre position.

2 Ouvrez votre position de façon que la ligne allant d'un orteil à l'autre indique légèrement la gauche de l'objectif (voir l'exercice 2, page 109).

3 Au sommet de votre montée, entamez votre descente en tournant vos hanches de façon que vos mains et vos bras disposent de tout l'espace nécessaire pour descendre sur la bonne trajectoire.

NIVEAU   EXERCICE
2·10 DIRIGEZ VOS COUPS D'APPROCHE LOBÉS VERS UN RECEVEUR

Le coup le plus effrayant au golf, pour la plupart des amateurs, est certainement le coup d'approche lobé au-dessus d'une fosse de sable. À proprement parler, il n'y a aucune différence avec un coup d'approche sans obstacle, mais, évidemment, ce n'est pas ressenti ainsi : psychologiquement, le coup est intimidant. Souvent, la crainte que la balle atterrisse dans la fosse de sable se matérialise immédiate-

ment et vous finissez par frapper exactement le coup que vous souhaitiez éviter. Cependant, l'image mentale positive que fournit cet exercice vous aidera à éliminer la peur et à fonctionner normalement. Et le coup d'approche lobé au-dessus d'une fosse de sable deviendra bientôt beaucoup moins problématique.

✱ Même s'il peut sembler imprudent d'ignorer la technique quand vous jouez votre coup, l'imagerie mentale est un procédé puissant pour les «coups d'anxiété». Si vous restez concentré sur quelque chose de positif plutôt que de négatif, votre corps est libre de jouer comme si la fosse de sable n'était pas là.

1 Trouvez une position sur le parcours à partir de laquelle vous devez réaliser un coup d'approche lobé de 40 m environ pour atteindre le drapeau, avec une fosse de sable entre vous et le vert.

2 Au lieu de vous inquiéter d'envoyer la balle dans le sable, comme vous l'auriez peut-être fait auparavant, imaginez quelqu'un attendant de recevoir la balle à votre point d'atterrissage sur le vert.

3 En jouant votre coup, concentrez 100 % de vos capacités sur le lancer de votre balle vers la personne debout sur le vert. Essayez de lui fournir une bonne prise.

VISEZ UN SEAU POUR AMÉLIORER VOTRE PRÉCISION

Il est facile de frapper des coups d'approche lobés sur le terrain d'entraînement et de se contenter d'un vague regroupement sur la distance. Dans la réalité, ce n'est pas suffisant : les coups d'approche lobés doivent être incroyablement précis. Atteindre simplement le vert ne suffit pas, vous devez chercher à atteindre le pied du drapeau à chaque frappe. Essayez cet exercice pour modifier complètement votre attitude vis-à-vis des coups d'approche.

✱ Vous mettre au défi revient à exiger davantage de vous-même et c'est ainsi que vous améliorerez vos coups d'approche lobés. La prochaine fois que vous serez sur le parcours, pensez au drapeau comme vous pensez au seau. Vous constaterez que vous êtes régulièrement plus proche du drapeau.

1 Posez un seau sur le terrain d'entraînement, à 30 m environ, et imaginez-vous qu'il s'agit de votre objectif. À une distance si courte, vous aurez certainement intérêt à utiliser votre cocheur le plus ouvert (voir le conseil d'expert, page 125), car un angle plus ouvert vous permet de ne pas vous soucier de frapper une balle trop longue et d'être plus serein.

2 Maintenant, frappez quelques coups d'approche lobés et essayez de faire entrer votre balle dans le seau (sans que la balle ait rebondi sur le gazon auparavant). Cela vous obligera à être très axé sur votre objectif et, inconsciemment, suscitera de nouvelles ambitions.

NIVEAU · EXERCICE

2·12 CONTRÔLEZ L'AGRESSIVITÉ DE VOTRE FRAPPE À TRAVERS LA BALLE

Les coups d'approche lobés sont principalement des coups de « toucher » joués de loin, ce qui signifie que de nombreux golfeurs deviennent un peu hésitants sur la frappe. Vous ne pouvez pas vous permettre ce luxe. Oui, les coups d'approche lobés sont des coups contrôlés, mais ils doivent quand même être frappés franchement.

Observez Tiger Woods ou Phil Mickelson, tous les deux grands « lobbeurs », si vous en voulez la confirmation. Voici un exercice simple qui vous aidera à avoir une frappe plus assurée.

1 Prenez votre cocheur d'allée et trouvez une zone d'herbe haute.

2 Faites quelques élans d'essai en douceur. Prenez progressivement de la vitesse dans la descente et cherchez à fouetter l'herbe haute de la tête de bâton. Soyez très positif et habituez-vous à la sensation de la tête de bâton traversant la zone de frappe comme une flèche. Si vous devenez trop timide, la tête de bâton s'accrochera dans l'herbe. En revanche, si vous frappez correctement, la tête de bâton arrachera l'herbe au passage et vous réaliserez un élan complet, jusqu'à la finition.

NIVEAU DEUX

CONSEIL D'EXPERT

Les golfeurs astucieux emportent trois cocheurs

Dans le sac de golf de n'importe quel joueur professionnel, vous trouverez au moins trois cocheurs différents, peut-être quatre. Si les professionnels considèrent nécessaire d'avoir tant de cocheurs pour couvrir les distances de 35 à 110 m du vert, c'est également valable pour vous. Le chapitre 5 (voir page 330) aborde ce sujet en détail, mais il est important de souligner ici les différents types de cocheurs car, durant un tour de 18 trous, vous devrez frapper divers coups de cocheur. Les angles d'ouverture des cocheurs vont de 46 degrés pour un cocheur standard jusqu'à 62 degrés pour le cocheur de lob, en passant par le cocheur intermédiaire et le cocheur de sable. Disposer de cette gamme de cocheurs n'est pas superflu, car c'est l'assurance d'avoir un bâton correspondant à chaque situation. L'exercice 25 (pages 144-145) indique comment déterminer vos distances pour ces bâtons.

SÉLECTION DE BÂTONS *Il n'y a sans doute pas un seul professionnel au monde qui n'emporte au moins trois cocheurs différents dans son sac et vous devriez faire de même. Veillez à ce que les écarts d'angle soient équivalents entre le cocheur de lob, le cocheur de sand et le cocheur intermédiaire (ci-dessus).*

✱ La prochaine fois que vous frapperez un coup d'approche, essayez de reproduire la sensation de la tête de bâton traversant positivement la zone de frappe, mais cette fois il y aura une balle sur son chemin au lieu d'une herbe épaisse. Cette forme contrôlée d'agressivité vous aidera énormément dans votre frappe de balle.

NIVEAU **2** · EXERCICE 13

ACCORDEZ VOTRE LONGUEUR D'ÉLAN À CHAQUE COUP D'APPROCHE LOBÉ

Si le golf était une science exacte, vos balles se retrouveraient toujours à une distance idéale du vert pour un coup d'approche lobé et vous ne rateriez jamais un coup. Mais vous devez inévitablement jouer des coups d'approche de distances très variées sur un même parcours, cela fait partie du défi de ce jeu. Cet exercice améliorera votre capacité à accorder votre élan à des coups de longueurs différentes, et vous aidera à déterminer votre distance de coup d'approche lobé préférée. Vous serez meilleur dans l'évaluation des coups d'une longueur donnée et ferez correspondre votre élan à cette longueur (voir aussi l'exercice 24, pages 142-143 pour une autre méthode).

1 Munissez-vous d'un sac de balles et de tous les cocheurs présents dans votre sac (vous devriez en avoir au moins trois : votre cocheur d'allée, un autre cocheur légèrement plus ouvert et votre cocheur de sable).

2 Trouvez un vert tranquille. Partez d'un point situé à 35 m environ du drapeau, laissez tomber une balle, puis reculez de 5 m et laissez tomber une autre balle, et ainsi de suite. Arrêtez-vous à 110 m du vert environ.

Puisque vous avez une seule chance à chaque coup sur le parcours, cet exercice d'entraînement reproduit fidèlement le défi d'un 18 trous (cette notion est détaillée dans l'exercice 23, page 141). Il révèle également la distance exacte à laquelle vous vous sentez à l'aise pour un coup d'approche lobé. Quelque part dans cette ligne de balles, vous avez dû vous sentir particulièrement en confiance à une distance donnée. Cette distance représente une force dans votre jeu dont vous pouvez jouer sciemment. Par exemple, si vous êtes sur un trou dont le vert est hors de portée en deux coups – une longue normale 5 ou une normale 4 où un mauvais coup de départ vous a mis en position difficile – votre premier souci devrait être de jouer un second coup qui vous mette à votre distance préférée de coup d'approche lobé. C'est l'un des secteurs de jeu que les professionnels exploitent à merveille et c'est pourquoi vous voyez si souvent leurs coups d'approche arriver à la hauteur du drapeau. Une fois que vous aurez fait cet exercice, il n'y a pas de raison pour que vous n'en fassiez pas autant.

3 Partez de la balle la plus proche du vert et frappez toutes les balles l'une après l'autre. Étant donné qu'elles sont espacées de 5 m, vous devrez modifier légèrement votre élan pour chaque coup. Vous devrez peut-être aussi changer de bâton au bon moment, pour adopter progressivement moins d'ouverture au fur et à mesure que les coups s'allongent.

NIVEAU EXERCICE
2·14 TROIS COUPS AVEC UN ÉLAN

Emporter trois cocheurs dans votre sac, voire quatre, offre, comme nous l'avons vu, plusieurs avantages (voir le conseil d'expert, page 125). L'exercice suivant, qui vous enseigne comment frapper trois longueurs de coup d'approche différentes avec la même technique, permet de mieux saisir l'utilité des différents cocheurs. Il est facile à réaliser et ne peut que vous être bénéfique quand vous serez sur un parcours.

1 Frappez 10 balles avec votre cocheur le plus ouvert.

2 Conservez exactement le même élan pour frapper 10 autres balles avec un cocheur intermédiaire (dont l'angle est de 56 degrés environ).

3 Frappez encore 10 balles, toujours avec le même élan, mais avec un cocheur d'allée.

4 Allez observer les trois groupes de balles et notez leurs distances respectives. Les balles frappées avec le cocheur le plus ouvert devraient atteindre 45 m, celles frappées avec le cocheur intermédiaire atteindront 70 m environ, et celles frappées avec le cocheur d'allée dans les 90 m environ.

* Les distances que vous atteignez avec chaque cocheur peuvent différer de celles indiquées à l'étape 4. L'essentiel est d'obtenir trois longueurs spécifiques à chaque cocheur sans modification de votre élan. Les exercices 24 et 25 (voir pages 142 à 145) vous montreront comment obtenir trois longueurs différentes avec un seul bâton.

INSISTEZ SUR LA VERTICALITÉ DE VOTRE MONTÉE

Un élan trop plat avec une position ouverte est un problème qui menace vos chances d'obtenir un plan d'élan correct (voir l'exercice 16, pages 130-131). L'exercice suivant (contrairement à l'exercice 16 qui doit être réalisé au terrain d'entraînement) peut être répété à peu près n'importe où. Il vous entraînera à monter le bâton sur un plan correct, ce qui augmentera la probabilité d'une bonne trajectoire de l'élan dans la descente.

1 | Appuyez légèrement vos fesses contre un mur, une grande clôture ou une haie. Prenez votre position comme si vous alliez frapper un véritable coup d'approche lobé.

Petit espace
La tête de bâton ne devrait pas toucher le mur au cours de la montée.

Buste
Vous devez réaliser un pivot complet.

Position initiale
Alignez vos pieds parallèlement au mur.

Genoux
Vos genoux restent fléchis pendant l'élan.

2 | Répétez votre montée en veillant à ce que la tête de bâton n'entre pas en contact avec le mur quand vous montez votre bâton. Si vous pouvez atteindre le sommet de votre montée sans que le bâton touche le mur, en gardant la tête de bâton à moins de 8 à 10 cm de lui, votre élan est sur le plan correct. Si vous avez lancé le bâton trop loin à l'intérieur, vous éprouverez sans doute une sensation étrange. Mais soyez assuré que cet itinéraire d'élan représente le mouvement correct, pourvu que vous continuiez à bien pivoter les épaules.

3 | Écartez-vous du mur et frappez quelques coups d'approche lobés. Essayez d'imaginer que vous êtes toujours appuyé contre le mur.

❋ Répétez périodiquement cet exercice pour vous assurer de ne pas monter le bâton trop à plat dans la montée. Cela favorisera ce mélange idéal de l'élan des bras et de pivot du buste, qui est l'un des actes équilibrants les plus importants. Vos coups d'approche lobés en seront grandement facilités.

NIVEAU   EXERCICE
2·16   SUIVEZ LA TRAJECTOIRE DE L'ÉLAN DES PROFESSIONNELS

Un bon geste de coup d'approche lobé repose sur une position légèrement ouverte (voir l'exercice 2, page 109), mais soyez attentif à ne pas introduire de défauts dans votre élan. Certains golfeurs sont enclins à trop monter le bâton sur l'intérieur, ce qui les piège au sommet dans une position très plate, derrière le buste. Il est alors inévitable de lancer le bâton à l'extérieur de la ligne correcte et d'aboutir à un coup intérieur ou même un coup de manche (voir pages 26-27). Cet exercice d'entraînement implique une légère exagération d'un parfait élan de coup d'approche lobé, mais il contribue à éliminer cette boucle néfaste de l'intérieur vers l'extérieur.

1 Plantez dans le sol le manche d'un vieux bâton, ou un parapluie enroulé, à 60 cm environ à la droite des orteils de votre pied droit. Positionnez-le de façon qu'il soit incliné selon le même angle que le bâton à la position initiale (demandez à une personne qui vous accompagne de vérifier ce point).

2 Effectuez des mini-élans au cours desquels la tête de bâton passe au-dessus du parapluie pendant la montée et sous le parapluie dans la descente. Ne vous pressez pas de frapper des balles : familiarisez-vous avec la sensation de la tête de bâton suivant sa trajectoire. Cela peut vous faire une impression étrange, mais toute modification de l'élan semble bizarre au début.

✳ Après avoir répété cet exercice, vous remarquerez une différence dans la qualité de votre frappe ainsi que dans la précision de vos coups d'approche lobés. L'exercice 15 (voir page 129) aborde sous un autre angle le problème d'un élan plat.

3 | Continuez à répéter cet élan pour atteindre progressivement la pleine vitesse. Puis retirez le parapluie et frappez quelques coups en reproduisant les sensations expérimentées dans l'étape 2.

CONSEIL D'EXPERT

Quelle balle choisir ?

Il existe trois grandes catégories de balles qu'il faut savoir différencier pour qu'un coup d'approche tout à fait correct ne soit pas pénalisé par un type de balle inapproprié (voir aussi les types de balles au chapitre 5, page 331).

Balle de contrôle (à faible compression) : la plupart des golfeurs ont tout à gagner à utiliser ce type de balle. La distance perdue sur le coup de départ sera compensée par le contrôle gagné autour du vert. Vous constaterez qu'un coup bien frappé a plus d'effet rétro, ce qui vous donne la confiance nécessaire pour attaquer le drapeau quand vous jouez bien. L'inconvénient est qu'un coup mal frappé, et même une sortie de fosse de sable normale, éraflera et coupera l'enveloppe tendre qui est composée de balata (une gomme artificielle). Cependant, ces balles méritent la dépense (elles sont en effet assez chères).

Balle de distance (à forte compression) : vous gagnerez en longueur mais perdrez en contrôle. Vous devrez donc vous appliquer autour du vert pour compenser. En été, lancez la balle en avant du drapeau pour lui permettre de rouler. Aussi souvent que possible, donnez beaucoup de hauteur à la balle et augmentez l'effet rétro pour vous procurer un certain contrôle. C'est seulement pendant les mois d'hiver, quand les verts sont souples, que vous commencerez à frapper en hauteur jusqu'au drapeau.

Balle de compromis : ce type de balles est intermédiaire entre les balles de contrôle et les balles de distance. On ne peut pas attendre d'une balle de compromis autant d'effet rétro qu'avec une balle de contrôle mais, hormis sur les surfaces de coup roulé très dures, vous obtiendrez un effet et un contrôle raisonnables. Cependant, même avec votre bâton le plus ouvert, vous ne pourrez pas l'arrêter et l'immobiliser à moins que le vert ne soit très spongieux. Côté positif, vous ne perdrez pas beaucoup de distance sur le coup de départ, car ces balles voleront presque aussi loin qu'une balle de distance. Cet équilibre entre la distance et le contrôle convient aux joueurs qui ne souhaitent sacrifier vraiment ni l'un ni l'autre.

NIVEAU **2**·17 EXERCICE

EXERCEZ VOTRE PIVOT, L'AXE DE ROTATION DE VOTRE ÉLAN

Sur des coups courts, votre geste de la main et du bras a vite fait de se désolidariser du pivotement du buste, ce qui peut perturber le timing de l'élan. À chaque fois que vous jouez un coup d'approche lobé, que ce soit de 110 m ou de 35 m, vous devez vous assurer que vos mains et vos bras balancent le bâton vers le haut et le bas en harmonie avec le mouvement approprié du corps. Voici un bon exercice que vous pouvez répéter entre des frappes de coups d'approche lobés au terrain d'entraînement. Vous avez simplement besoin d'un des bâtons de votre sac.

Posture
Prenez votre position pour un coup d'approche lobé normal.

Montée
Votre épaule gauche tourne sous votre menton.

1 Coincez un bâton en travers de votre poitrine et pliez les bras pour le maintenir en place.

2 Prenez une bonne posture pour un coup de cocheur, en veillant à fléchir les genoux et à avoir un angle de colonne vertébrale correct (voir pages 24-25).

3 Pivotez le corps pour simuler un mouvement de montée, votre épaule gauche venant sous le menton. Continuez à pivoter jusqu'à ce que l'extrémité du manche passe derrière l'objectif (l'endroit où serait placée la balle).

Il est bon de vous répéter que, même sur les petits coups, votre corps doit bouger. Vous devriez imaginer votre buste comme l'axe de rotation de l'élan, vos mains et vos bras se balançant en harmonie avec votre pivot.

Descente
Votre épaule droite est maintenant plus haute que votre épaule gauche.

4 Pivotez à nouveau le corps comme pour une descente jusqu'à ce que votre poitrine soit face à l'objectif. Votre colonne vertébrale étant inclinée vers l'avant au départ, votre épaule droite sera plus basse que la gauche au cours de la montée.

5 Maintenant, frappez quelques coups et essayez de sentir dans votre vrai élan le même mouvement du corps que celui produit dans les étapes 3 et 4.

NIVEAU   EXERCICE

2·18

PRÉRÉGLEZ LA POSITION À L'IMPACT POUR VOUS ENTRAÎNER À UNE FRAPPE VIVE

Un angle d'attaque légèrement descendant est essentiel pour la précision du petit jeu de fers (voir le conseil d'expert, page 143). Il produit la bonne frappe « balle puis gazon » – qui, à son tour, produit beaucoup d'effet rétro. L'effet rétro permet alors d'obtenir cet élément si recherché : le contrôle. Introduisez cet exercice dans votre entraînement, il vous aidera à trouver le bon angle d'attaque.

✳ Les débutants et les handicaps élevés auront du mal à réaliser ce genre d'exercice, mais si vous avez une petite expérience du golf, vous tirerez certainement profit de la sensation de préréglage de votre position à l'impact.

Corps
Vos hanches et votre buste doivent être légèrement ouverts au point d'impact.

Mains
Vos mains doivent être en avant de la balle à l'impact.

1 Prenez votre position normale initiale, puis préréglez votre position à l'impact : ouvrez légèrement vos hanches et décollez un peu le talon droit du sol. Vérifiez que vos mains sont en avant de la balle et que le manche du bâton est incliné vers l'avant.

Position de départ   **Position à l'impact**

TESTEZ-VOUS À NOUVEAU

Avant de passer au niveau 3, répétez le test des pages 106-107. Si vous n'avez pas progressé, il est bon de revoir les exercices du niveau 2. Si la note d'évaluation indique que vos coups d'approche se sont améliorés, vous êtes prêt pour les exercices du niveau 3.

2 | Effectuez votre élan et essayez de revenir à la position prise à l'étape 1. Il devrait être plus facile de reproduire une bonne position d'impact puisque vous en êtes parti.

3 | Quand vous aurez répété l'étape 2 plusieurs fois, essayez de frapper quelques coups en pratiquant cette technique de préréglage.

CONSEIL D'EXPERT

Des fers plus lisses pour plus de sensations

L'équipement sera traité de façon approfondie au chapitre 5 (pages 326 à 331), mais vous pouvez à ce stade envisager l'utilisation d'un cocheur doté d'une face fabriquée dans un composé métallique autre que l'acier, qui vous donnera plus de sensations autour du vert (voir aussi le conseil d'expert, page 125). Le choix le plus courant est l'alliage cuivre-béryllium, car c'est un matériau plus souple que l'acier (également très esthétique). Son élasticité vous permet d'obtenir davantage d'effet rétro sur la balle. Vous pouvez donc «asseoir» vos coups d'approche incroyablement vite sur quasiment n'importe quel vert, notamment si vous utilisez une balle à enveloppe tendre (voir le conseil d'expert, page 131). Pour cette raison, il est bon d'avoir au moins un cocheur de cet alliage dans votre sac : plutôt le cocheur le plus ouvert, car il est le mieux adapté aux coups délicats.

Métal tendre
Les cocheurs à tête en cuivre-béryllium sont populaires, car ils procurent un meilleur toucher.

LA SENSATION DE CONTRÔLE *L'essence d'un bon petit jeu étant le toucher, préférez un cocheur doté d'une tête en métal souple car la balle prend plus d'effet après le contact avec la face du bâton.*

NIVEAU DEUX

NIVEAU **3** · EXERCICE 19

LIBÉREZ VOTRE ÉLAN

Si vous avez du mal à démarrer votre élan en douceur, cet exercice peut vous aider à relâcher la tension dans votre élan et à manier le bâton plus librement. Il élimine égale-ment la tendance à frapper la balle avec trop d'agressivité, ce qui peut poser des problèmes en cours d'élan.

* Au début, vous risquez d'avoir du mal à frapper toutes les balles avec le milieu de la face de bâton. Cependant, pourvu que vous conserviez un rythme fluide et détendu, au bout de deux ou trois fois, vous remarquerez certaines modifications dans votre élan. Il ne sera pas restreint par la tension et, par conséquent, vous commencerez à sentir ce qu'est un relâchement de bâton plus libre à travers la balle. Une fois que vous serez assuré que ces sensations sont ancrées dans votre élan, essayez de les reproduire quand vous frappez des coups d'approche lobés sur le parcours.

1 Alignez cinq ou six balles sur des tés, espacées de 10 cm environ.

2 Mettez-vous en position initiale devant la première balle de la ligne. Pour l'objectif de cet exercice, utilisez un cocheur d'allée ou un fer 9.

3 Frappez chaque balle sans faire de pause entre les balles. Commencez par un demi-élan et complétez-le progressivement. Du moment où vous frappez la première balle, la tête de bâton ne doit pas avoir de repos jusqu'à la frappe de la dernière balle.

SOULEVEZ LE BÂTON POUR UNE AMORCE LIBRE ET DÉTENDUE

En frappant un coup d'approche lobé à partir de l'herbe haute, la tête de bâton a vite fait de s'accrocher dans l'herbe pendant l'amorce. Vous éviterez ce piège en soulevant la tête de bâton derrière la balle au départ. Cette technique recommandée par Bernhard Langer, double vainqueur de l'US Masters, garantit un début d'élan fluide et sans à-coups, ce qui ne peut qu'améliorer le rythme de votre élan dans sa globalité. Elle exige toutefois un peu d'entraînement.

✱ Cet exercice favorise également une frappe plus nette, car il élève légèrement le point inférieur de votre élan. Cela évite un impact en avant de la balle, faute courante dans l'herbe haute. Sans interférence de l'herbe derrière la balle, votre montée sera un mouvement fluide et ininterrompu.

1 Placez une balle dans la petite herbe haute et mettez-vous en position avec un cocheur d'allée de façon normale, la tête de bâton reposant sur le sol.

2 Soulevez la tête de bâton de façon qu'elle plane approximativement au niveau de l'équateur de la balle. Pour ce faire, redressez-vous un peu à partir de la colonne vertébrale plutôt que de soulever la tête de bâton avec les seules mains.

3 Vous êtes maintenant dans la bonne position pour écarter la tête de bâton librement.

NIVEAU 3·EXERCICE 21
PENSEZ À L'ACCÉLÉRATION PROGRESSIVE DANS LA DESCENTE

Mickey Wright, sans doute la plus grande golfeuse de l'histoire, a dit un jour : « Vous ne pouvez pas prendre un départ arrêté avec une voiture et immédiatement atteindre 110 km/h. Peu importe la puissance de votre moteur, vous devez accélérer progressivement. C'est pareil pour l'élan. » Mickey Wright faisait allusion au besoin d'augmenter progressivement la vitesse de la tête de bâton dans la descente.

On peut aussi penser à un wagon de montagnes russes commençant à plonger. Il descend d'abord assez lentement, puis accélère jusqu'à atteindre sa vitesse maximale au bas de la pente. Bien que les coups d'approche lobés soient des coups très contrôlés, une accélération graduelle est néanmoins indispensable dans la descente pour une frappe nette. L'image des montagnes russes est une base utile pour travailler sur votre élan.

Début de la descente
Vos mains et vos bras commencent à descendre sans à-coups.

Mi-descente
Le bâton doit accélérer progressivement.

1 Oubliez pour l'instant l'objectif et la distance. Prenez votre position de départ au terrain d'entraînement et effectuez avec votre cocheur d'allée une montée qui vous semble d'une longueur confortable.

2 Imaginez que vos mains, vos bras et le bâton sont des wagons de montagnes russes, que le sommet de votre montée est le point le plus élevé et que la balle est au point le plus bas de celles-ci. Veillez à ce que les « montagnes russes » commencent leur descente lentement, puis prennent de la vitesse progressivement mais avec détermination. Au bas de la course, la tête de bâton devrait atteindre sa vitesse maximale. Après quoi vos mains, vos bras et le bâton (les wagons des montagnes russes) traversent « en roue libre » jusqu'à la finition.

*Dans l'esprit de cet exercice, il n'est pas nécessaire de vous concentrer sur un objectif. Le but est de mettre au point une accélération en douceur de votre élan (voir l'exercice 12, pages 124-125) plutôt que de travailler votre précision.

NIVEAU TROIS

Zone de frappe
Le bâton doit arriver à la vitesse optimale.

Traversée
Vos mains, vos bras et le bâton doivent traverser «en roue libre» jusqu'à la finition.

NIVEAU 3 · EXERCICE 22

DES ÉLANS DU BRAS DROIT POUR UN MEILLEUR RELÂCHEMENT

Sur les coups les plus courts, on a parfois tendance à vouloir guider la balle vers l'objectif. Cela finit souvent mal parce qu'on ne peut pas frapper la balle avec conviction et confiance si l'on essaie de la guider. Paradoxalement, un souci de plus grande précision aboutit à un vert manqué.

Pour réaliser un bon coup d'approche lobé, vous devez relâcher le bâton correctement (voir page 27) et avoir confiance dans votre élan. Cet exercice d'entraînement vous aidera à atteindre un relâchement libre de la tête de bâton à travers la zone de frappe.

1 Tenez le bâton au milieu de la prise, de la main droite. Mettez votre main gauche dans votre dos ou dans votre poche. Pour commencer, n'utilisez pas de balle.

2 Effectuez les trois quarts d'une montée. Laissez votre coude droit se plier comme dans un vrai élan.

3 Fouettez la tête de bâton dans la descente de façon que le bâton traverse la zone de frappe.

4 Lorsque vous vous sentirez en confiance avec cet élan d'une main, essayez de frapper. Posez la balle sur un té (pour garantir une frappe nette) et reproduisez le mouvement décrit dans les étapes 2 et 3. Vous serez surpris par la qualité de votre coup.

＊ Quand vous atteindrez une bonne liberté de mouvement dans votre élan d'un bras, vous constaterez que votre bras droit se consolide dans la traversée de la zone de frappe, en raison de la force centrifuge accumulée dans le mouvement de balancier du bâton. C'est la sensation qu'il vous faut cultiver dans votre vrai élan de coup d'approche lobé.

3·23 VISEZ DES OBJECTIFS MULTIPLES PENDANT L'ENTRAÎNEMENT

Quand vous jouez 18 trous vous n'avez droit qu'à une seule tentative sur chaque coup. Une fois que vous avez joué ce coup, il y a des chances qu'aucun coup similaire ne se représente. La pression sur vos coups d'approche lobés est sans doute la plus forte car vous visez la zone la mieux protégée du parcours où toutes sortes d'obstacles, de sable ou d'eau, gardent le vert. Cet exercice «à objectifs multiples», répété au terrain d'entraînement, vous préparera à frapper d'emblée le bon coup sur le parcours.

1 Repérez autant de cibles distinctes que possible sur le terrain d'entraînement; cinq ou six est le nombre idéal, mais trois feront déjà l'affaire. Les cibles doivent se trouver à des distances et dans des directions variées.

2 Munissez-vous d'un seau de balles. Frappez la première balle vers la première cible, la seconde balle vers la seconde cible, et ainsi de suite. Efforcez-vous de prendre votre temps. Veillez à aborder chaque coup comme si vous étiez sur un parcours. L'astuce est de ne pas frapper deux coups identiques d'affilée.

✱ En frappant une seule balle vers un objectif donné, votre élan ne sombrera pas dans la routine comme cela peut être le cas quand vous frappez des douzaines de balles dans la même direction. En ce sens, cet exercice est proche du jeu sur un parcours. Si vous frappez de bons coups d'approche lobés au cours de cet entraînement, vous savez que vous pouvez faire de même sur le terrain.

NIVEAU TROIS

NIVEAU **3** · EXERCICE 24

L'ÉLAN HORAIRE POUR ADAPTER VOTRE MONTÉE À LA DISTANCE VOULUE

Réaliser un coup d'approche lobé de la distance voulue exige une longueur de montée permettant une accélération en douceur dans la descente et la traversée (voir l'exercice 21, pages 138-139). Cet exercice est une bonne méthode pour déterminer quelle longueur de la montée correspond à quelle distance. Effectuez, pour cela, trois longueurs de montée différentes, fondées sur différentes heures indiquées au cadran d'une horloge.

9 heures

10 heures

1 Utilisez le même cocheur tout au long de l'exercice. Prenez votre position normale de départ et imaginez que la balle est à 6 heures sur le cadran d'une horloge imaginaire et que votre tête est au centre. Pour votre premier coup, montez vos bras jusqu'à ce que vos mains atteignent 9 heures. Puis accélérez en douceur dans la descente et la traversée. Notez la longueur de vol de la balle.

2 Pour le second coup, arrêtez votre montée à 10 heures. Descendez avec la même accélération en douceur et notez la longueur de la balle.

11 heures

✱ Vous devez imprimer la même accélération à votre descente pour les trois coups : c'est la longueur de votre montée qui détermine la longueur de vol de la balle. Armé de l'expérience acquise au cours de cet exercice, vous pourrez envisager chaque coup d'approche lobé frappé sur un parcours simplement en fonction d'une longueur d'élan. Plutôt que d'estimer la force de chaque frappe, il vous suffit de juger s'il s'agit d'un élan à 9 heures, 10 heures ou 11 heures.

3 Enfin, laissez vos mains monter jusqu'à 11 heures et vérifiez la distance atteinte par la balle.

CONSEIL D'EXPERT

Géométrie d'un bon coup

Un coup d'approche lobé frappé correctement exige un angle d'attaque assez aigu. Il n'est pas nécessaire de travailler cet aspect de votre élan isolément, mais assurez-vous que votre angle d'attaque est correct (tenez-vous-en aux fondamentaux traités dans les exercices du niveau 1, pages 108 à 121). Vérifiez que votre position est très légèrement ouverte, que la balle y est au centre et que vos poignets sont en bonne position dans la montée. Si tout est en ordre, vous générerez la force nécessaire vers le bas pour un contact net et beaucoup d'effet rétro. Comme il est expliqué dans la section concernant les fers, le trou de motte de gazon doit se trouver derrière le point d'impact (voir le conseil d'expert, page 75). Si le trou se produit devant le point d'impact, le gazon empêchera une frappe nette. S'il n'y a pas de trou de motte de gazon, vous ne descendez pas correctement vers la balle. L'exercice 9 (voir pages 118 à 121) démontre que les trous de mottes de gazon vous en apprennent long sur votre élan.

LE TROU DE MOTTE DE GAZON *Un angle d'attaque descendant provoque automatiquement un trou de motte de gazon. Ce trou doit commencer juste après le point d'impact.*

3·25

NIVEAU EXERCICE

FRAPPEZ TROIS COUPS AVEC LE MÊME BÂTON

Frapper trois coups d'approche lobés de longueurs différentes en effectuant le même élan est sans doute la méthode la plus facile pour jouer des coups d'approche lobés de longueur variable (voir l'exercice 14, page 128), mais il en existe une autre pour les joueurs plus avancés. En manipulant la tête de bâton et en réglant votre position en conséquence, il est possible de varier la trajectoire et la longueur de vos coups d'approche lobés avec un seul bâton. Si l'idée vous plaît, l'exercice suivant souligne les points que vous devriez travailler lors de votre prochaine séance d'entraînement.

1 Frappez quelques coups d'approche classiques. Notez la trajectoire de la balle et la longueur de son vol.

2 Avec le cocheur, essayez de frapper une balle à trajectoire basse (ce qui est utile par grand vent). Reculez la balle dans votre position et avancez les mains de façon que le manche du bâton soit légèrement incliné : vous fermez ainsi un petit peu la face de bâton. Pour garder la face de bâton fermée dans la traversée, affermissez vos mains et vos poignets pour qu'ils cassent moins que la normale. Tenez le bâton un peu plus serré que d'habitude, ce qui bloquera le mouvement de la main et du poignet. Vous devriez avoir davantage la sensation d'un élan des épaules et des bras que d'un élan des mains et des bras. Enfin, concentrez-vous sur une finition lente des mains et du bâton.

✱ Frapper trois coups avec le même bâton est une technique plus évoluée, qui exige entraîne-ment et dextérité. Le principal avantage est que, si vous avez un cocheur de prédilection – un bâton que vous tenez merveilleusement en main –, vous pouvez l'utiliser dans de multiples situations.

Position de la balle
Pour un coup d'approche lobé à trajectoire basse, reculez la balle dans votre position.

Position de départ pour un coup d'approche lobé normal

Position de départ pour un coup d'approche lobé bas

3 Maintenant, tentez un coup beaucoup plus vertical qui pourrait être utile pour passer un obstacle situé entre vous et l'objectif. Pour réussir ce coup, avancez la balle dans votre position jusqu'au point situé face à l'intérieur de votre talon gauche. La tête de bâton atteindra alors la balle selon un angle d'attaque relativement plat, avec beaucoup d'ouverture à l'impact, ce qui donnera un vol plus élevé. Plutôt que de serrer le bâton comme dans l'étape précédente, adoptez une prise plus décontractée qui favorise un élan plus long, plus fluide. Comme pour la balle à trajectoire basse, laissez votre traversée refléter vos intentions et essayez de finir votre mouvement avec les mains en hauteur.

Position de la balle
Pour un coup d'approche lobé à trajectoire plus élevée, avancez la balle dans votre position.

Position de départ pour un coup d'approche lobé en hauteur

CONSEIL D'EXPERT

Méfiez-vous d'un excès d'effet rétro

Le conseil page 143 décrit comment produire beaucoup d'effet rétro sur les coups d'approche lobés grâce à un angle d'attaque aigu, un contact franc et beaucoup d'ouverture de la tête de bâton. Sur un vert roulant, la balle peut reculer rapidement. Cependant, il arrive que beaucoup d'effet rétro fasse plus de mal que de bien.

Prenons par exemple un vert en pente qui monte de l'avant vers l'arrière : dès que la balle atterrira, elle redescendra la pente. Si le drapeau est à l'arrière du vert, vous aurez du mal à approcher la balle du trou si elle a trop d'effet rétro. Il est parfois plus sage de jouer avec un bâton moins ouvert, comme un fer 9, et de frapper plus doucement et sur une trajectoire plus basse pour générer moins d'effet rétro. Évidemment, l'effet rétro vous aidera à placer la balle près du trou si le drapeau est sur le devant du même vert. Dans ce cas, vous pouvez faire un coup d'approche lobé vers le milieu du vert et vous reposer sur le fait que la balle redescendra la pente vers le trou.

UN ÉLAN PLUS DOUX *Si vous voulez que la balle roule plutôt qu'elle ne s'arrête rapidement sur le vert, prenez un bâton moins ouvert et faites un élan plus doux. Vous générerez moins d'effet rétro.*

NIVEAU TROIS

LE COUP D'APPROCHE LOBÉ PARFAIT

Vedette de la Ryder Cup anglaise et vainqueur de multiples tournois, Paul Casey est célèbre pour ses avant-bras à la Popeye et sa frappe puissante, mais comme tous les professionnels du circuit, il a un merveilleux geste de coups d'approche. Le coup d'approche lobé parfait exige un bon toucher associé à une mécanique saine dans laquelle le pivot et l'élan des bras sont parfaitement synchronisés. Il est bien restitué dans cette magnifique séquence d'élan.

Les secrets du coup d'approche lobé

Le contrôle est vital pour les coups d'approche lobés, mais votre élan doit également être ferme. Voici quelques astuces pour combiner ces deux éléments essentiels.

Descendez votre prise de 5 cm environ et veillez à exercer une pression douce sur la prise. Ces facteurs augmenteront votre contrôle sur la tête de bâton.

Ouvrez votre position pour éviter de pousser trop loin votre montée et pour vous aider à effacer votre côté gauche à l'impact.

Sentez que vous produisez la même accélération dans la descente à chaque coup d'approche que vous frappez, en utilisant la longueur de votre montée pour varier la longueur de vol de la balle.

Puisque l'angle d'attaque doit être descendant pour créer de la hauteur et de l'effet sur les pitches, pensez à produire un contact « balle puis gazon » pour un impact idéal.

1 **DÉPART**
Certains joueurs ont tendance à adopter une position très légèrement ouverte pour les coups d'approche, mais la position de Paul au départ est parfaitement parallèle – un exemple qui mérite d'être suivi. Notez que la tête de bâton touche à peine le sol, comme si Paul la posait sur un œuf. Cela contribue au relâchement de la tension des mains et des bras, et favorise également une amorce en douceur.

2 **MONTÉE**
Notez comment le mouvement des mains et des bras est synchronisé avec le pivot. Quand il tourne son buste, ses mains et ses bras suivent. En même temps, les poignets se cassent et placent le bâton sur le plan parfait au sommet. La partie inférieure du corps est très stable ; les genoux restent fléchis et les hanches ont résisté au mouvement de pivot du buste.

3 **MI-DESCENTE**
Paul peut se vanter d'une belle transition sans à-coups dans la descente. Notez le transfert de poids visible sur le côté gauche, dans la direction de l'objectif, et comment l'épaule droite est rentrée vers l'intérieur pour que le bâton arrive sur la balle d'une trajectoire d'attaque intérieure.

LA MAXIME
« frappez vers le bas pour faire monter la balle » n'est jamais plus pertinente que pour les coups d'approche lobés. Mais aucune manipulation de l'élan n'est nécessaire ; une position de départ bien organisée et un élan sain se combineront pour faire le travail à votre place.

OBSERVEZ
LE PRO

4 **IMPACT**

Frapper une balle de golf a rarement paru aussi facile et contrôlé qu'ici. Le corps de Paul s'est enroulé pendant que ses mains et ses bras montaient le bâton, et la descente est contrôlée par l'harmonisation du déroulement du corps avec ses bras et ses mains pendant la descente et la traversée jusqu'à l'impact. Cette accélération progressive et contrôlée l'amène à la merveilleuse position à l'impact illustrée ici.

5 **TRAVERSÉE**

La traversée de Paul est de la même longueur que sa montée, point qu'il est bon de garder à l'esprit pour les coups d'approche lobés, car il permet de produire une accélération en douceur à travers la zone de frappe. Quand des professionnels tels que Paul jouent ce coup, la frappe nette est ce qui crée un bon effet rétro sur la balle. Il n'est pas nécessaire de frapper avec force pour y arriver ; il suffit plutôt d'améliorer votre mécanique.

LE COUP D'APPROCHE ROULÉ

C'est une croyance largement répandue que tous les professionnels du circuit sont des maîtres du petit jeu (ils savent que là est l'argent). Ils doivent être particulièrement compétents autour du vert, car même les meilleurs golfeurs du monde ne le trouvent pas chaque fois qu'ils frappent un coup d'approche. Il leur arrive souvent de manquer l'objectif, jusqu'à cinq ou six fois dans un tour. Il peut vous arriver de manquer bien plus de verts, ce qui montre à quel point les coups d'approche roulés sont vitaux. Un coup d'approche roulé bien joué vous donne une chance supplémentaire d'oiselet par « coup d'approche roulé » (coup d'approche roulé dans le trou), qui vous fera repartir vers le trou suivant avec entrain. Même si vous ne rentrez pas la balle directement, vous n'en serez pas loin, ce qui allégera la tension sur votre coup roulé, facteur important si vous avez la pression du résultat. Tout compte fait, une technique de coup d'approche roulé affûtée peut vous faire économiser entre cinq et dix coups par tour.

LES COUPS D'APPROCHE ROULÉS DÉLICATS

Un bon joueur doit contrôler les quatre éléments clés dont la combinaison détermine l'endroit du vert où la balle se posera : hauteur, portée, effet et roule. Cette section est conçue pour vous aider à mieux comprendre ces éléments et vous apprendre à les maîtriser. À la fin de ce chapitre, vous aurez un petit jeu polyvalent, couvrant toute une gamme de bâtons.

TESTEZ VOS COMPÉTENCES

LE TEST DU COUP D'APPROCHE ROULÉ

Il existe des douzaines de sortes de coups jouables autour d'un vert. Cependant, le test suivant ne s'appuie que sur un type de coup et vous pose la question simple mais franche et directe qui compte vraiment : quel est votre niveau autour du vert ?

1 Trouvez un vert vers lequel vous pouvez jouer des coups d'approche roulés de 10 à 20 m environ. Assurez-vous qu'il y a plus de vert que d'allée entre vous et le drapeau, et ne vous placez pas à un endroit où vous devez jouer au-dessus d'une fosse de sable.

2 Dessinez un cercle de tés autour du drapeau, de 1 m de rayon environ. Utilisez votre cocheur comme instrument de mesure. Il est préférable de ne pas employer plus de cinq ou six tés car s'il y en a trop autour du trou, ils risquent de dévier la course naturelle de la balle. Vous aurez alors du mal à obtenir un résultat de test précis.

MÊME À HAUT NIVEAU, la capacité à transformer trois coups en deux est un secret de la régularité du résultat. C'est pourquoi le coup d'approche roulé est crucial. Peu importe votre confiance dans votre frappe, il est impossible de toucher tous les verts. Vous devez donc être compétent en coup d'approche roulé et en coup roulé.

3 Prenez votre fer 9 ou votre cocheur d'allée et jouez 15 balles de coup d'approche roulé vers le drapeau. Votre but est de placer un maximum de balles dans le cercle de tés. Répétez deux fois ce test, calculez un résultat moyen sur 15 et reportez-vous aux notes d'évaluation (ci-contre) pour déterminer auquel des trois niveaux correspond votre résultat.

NOTE D'ÉVALUATION

1 1-5 —

2 6-10 —

3 11-15 —

NIVEAU EXERCICE
1·01

ORGANISEZ VOTRE POSITION DE DÉPART POUR UNE IMPRESSION DE FACILITÉ

Si vous avez un problème fondamental vous empêchant de frapper proprement un coup d'approche roulé, la perspective de n'importe quel coup autour du vert peut être intimidante. Si c'est le cas, il est probable que ce soit lié à votre position de départ. De nombreux problèmes, dans tous les secteurs de jeu, peuvent remonter à ce que vous faites avant d'entamer votre élan, et même ceux qui se considèrent assez bons au coup d'approche roulé seraient avisés de saisir cette occasion pour revoir leurs fondamentaux. Cet exercice simple, que vous pouvez pratiquer dans votre jardin ou sur le parcours, vous garantit une position correcte au départ.

La position correcte pour un coup d'approche roulé peut se résumer ainsi : la balle en arrière, les mains et le poids en avant. Il est bon de signaler que le coup d'approche roulé est l'un des rares coups de golf où la position à l'impact est quasiment identique à la position initiale. Améliorer celle-ci en travaillant cet exercice améliorera par conséquent la qualité de votre position à l'impact.

Mains
Placez vos mains légèrement plus en avant que la tête de bâton.

Bras gauche
Le manche du bâton et votre bras gauche forment une ligne droite.

Poids
60 % du poids sont portés sur le pied gauche.

Position ouverte
Reculez votre pied gauche.

Ligne de jeu
La face de bâton vise l'objectif.

1 Ouvrez légèrement vos pieds, vos hanches et vos épaules vers l'objectif (si vous imaginez l'objectif à 12 heures, alignez-vous sur 11 heures). Vos pieds doivent être espacés de 15 à 20 cm seulement.

2 Reculez la balle dans votre position, en face de votre cou-de-pied droit. Répartissez votre poids : l'idéal pour un coup d'approche roulé standard est de porter 40 % sur le pied droit et 60 % sur le pied gauche.

3 Posez la tête de bâton derrière la balle et avancez vos mains de façon que le manche du bâton et votre bras gauche forment une ligne droite vers la balle. La face de bâton doit viser directement l'objectif.

NIVEAU EXERCICE
1·02 MONTEZ LENTEMENT, RELÂCHEZ ET TENEZ

L'exercice 1 (ci-contre) faisait la démonstration de la position parfaite au départ. La technique décrite ici s'applique à un coup d'approche roulé de longueur moyenne, 12 m environ. Toutefois, vous pourrez appliquer cette même technique pour jouer des coups de différentes longueurs. Il vous suffira de modifier la longueur de votre montée : elle doit être plus courte pour envoyer la balle moins loin et plus longue pour une distance supérieure.

Il est important de vous rappeler que votre corps doit bouger, même dans un élan aussi court que celui-ci. Au cours du mouvement de va-et-vient de vos bras, votre corps pivote vers l'arrière et dans la traversée, et tout travaille en harmonie. Si votre corps est immobile dans la descente, la tête de bâton touchera la balle sur une trajectoire orientée vers le haut, ce qui n'est pas souhaitable. La façon dont votre corps doit bouger pendant un coup d'approche roulé est abordée dans l'exercice 3 (voir page 152) et dans l'exercice 13 (voir page 164).

1 | Prenez un cocheur d'allée et adoptez la position de départ décrite dans l'exercice 1 ; soyez méticuleux sur ce point. Pour commencer, faites cet exercice sans balle. Écartez la tête de bâton en utilisant principalement vos mains et vos bras et adaptez le mouvement de votre corps à ce geste. La tête de bâton doit rester proche du sol sur les premiers 30 cm et vos poignets, s'armer en douceur pour monter le bâton. Votre montée doit s'arrêter quand vos mains atteignent 8 heures (voir l'exercice 24, pages 142-143).

2 | À la transition de la montée à la descente, vous devez sentir une légère mollesse dans les mains et les poignets, souvent appelée « retard ». Cela met vos mains en position dominante alors que vous guidez la tête de bâton dans la descente vers la balle. En effet, le retard empêche la tête de bâton de dépasser vos mains avant l'impact.

3 | Quand vous serez familiarisé avec ces mouvements, passez à la frappe de balles. Essayez simplement de recréer le balancement décrit aux étapes 1 et 2.

NIVEAU EXERCICE
1·03

ALLONGEZ VOTRE BÂTON POUR SENTIR LE BON MOUVEMENT DU CORPS

Cet exercice d'entraînement, légèrement insolite car il vous fait utiliser deux bâtons dans l'élan, vous montre comment votre corps doit bouger au cours d'un coup d'approche roulé. Les informations que vous tirerez de la répétition de cet exercice mettront en lumière la différence entre un bon mouvement du corps et un mauvais.

* Répétez ce mouvement de va-et-vient. Concentrez-vous sur ce que font vos bras et votre corps quand le second manche ne vous heurte pas : c'est le bon geste de coup d'approche roulé. Puis essayez de recréer la même sensation dans un vrai élan.

1 Prenez votre cocheur d'allée et tenez-le avec un autre bâton, bout à bout du côté des prises. Le manche du second bâton doit remonter vers votre flanc gauche.

2 Répétez maintenant un élan de coup d'approche roulé. Si votre corps ne bouge pas correctement et que vous laissez la tête de bâton dépasser vos mains dans la descente, le manche du second bâton va heurter vos côtes pendant la traversée de la zone de frappe. Ce n'est qu'en gardant les mains en avant du bâton et en bougeant correctement votre corps pendant la descente que le second manche n'entrera pas en contact avec votre flanc gauche.

NIVEAU **1** EXERCICE **04**

BROSSEZ L'HERBE POUR TROUVER LA POSITION DE BALLE PARFAITE

Nombreux sont les joueurs qui placent la balle trop en avant dans leur position pour frapper un coup d'approche roulé. Même si vous vous sentez à l'aise avec une balle avancée dans votre position, cela peut vous poser des problèmes de frappe : soit vous frapperez le haut de la balle, soit vous frapperez le gazon avant la balle – les deux scénarios sont désastreux. Cet exercice vous confirmera l'emplacement idéal de la balle dans votre position.

* L'exercice 1 (page 150) a montré que la position à l'impact lors d'un coup d'approche roulé est quasiment identique à la position de départ. Quand vous aurez trouvé l'emplacement de balle idéal, concentrez-vous sur la reproduction de la position de départ à l'impact. Vous obtiendrez ainsi le contact indispensable «balle puis gazon».

1 Choisissez une zone d'herbe tondue ras. Ne placez pas encore de balle. Effectuez quelques élans d'essai en travaillant les techniques décrites dans les exercices 1, 2 et 3 (voir pages 150 à 152). Notez où la tête de bâton touche le sol en premier. C'est là que vous devez placer votre balle pour assurer un contact net.

2 Placez une balle à l'endroit défini dans l'étape 1. Effectuez le même élan qu'auparavant, mais avec la balle sur la trajectoire du bâton. Vous devriez frapper la balle d'abord, puis le gazon, et laisser un trou de motte de gazon si le sol est meuble ou une éraflure très légère si le terrain est dur.

NIVEAU UN

Gardez la main gauche nue pour un meilleur toucher

Comme vous l'apprendrez dans la section « Le coup roulé » (voir pages 232 à 279), la majorité des golfeurs frappent à mains nues. Ils ont ainsi une sensation plus fine du fer droit lors de la frappe. Nombre des meilleurs joueurs du monde considèrent que cela s'applique également aux coups d'approche roulés (l'amélioration de la prise procurée par le gant sur les coups longs n'est pas nécessaire pour le petit jeu). Vous pouvez aussi envisager les avantages du coup d'approche roulé à mains nues. Cependant, vous trouverez peut-être une « limite extrême » (entièrement fonction d'une préférence personnelle) au-delà de laquelle vous porterez un gant. Tenez-vous à cette limite afin de ne jamais hésiter sur le port du gant ou non quand vous frappez un coup d'approche roulé. Le coup d'approche roulé à mains nues pourrait se révéler une modification bénéfique.

À MAINS NUES *Nombre de golfeurs enlèvent leur gant pour les coups d'approche roulés afin d'améliorer le contrôle du bâton, tout en augmentant les sensations dans la main.*

NIVEAU EXERCICE 1·05

FRAPPE À ANGLE DESCENDANT POUR DES COUPS D'APPROCHE ROULÉS FRANCS

L'un des pires crimes que vous pouvez commettre au coup d'approche roulé est d'aider la balle à se soulever par un mouvement de « cuiller » pendant la traversée. Pour les petits coups, vous devez frapper la balle en descendant pour la faire monter. Cet exercice démontre les avantages de cette technique.

Descente
Angle descendant jusqu'à l'impact : la tête de bâton ne touche pas le couvre-club.

Position de départ

Impact
Balle frappée avec un angle descendant, pour avoir de la hauteur dans le coup d'approche roulé.

1 Placez une balle sur une bonne position et posez un couvre-club à environ 20 cm derrière la balle. Prenez position avec le cocheur d'allée. Veillez à ce que vos mains soient bien en avant de la tête de bâton et que la balle soit reculée dans votre position, face à votre cou-de-pied droit (voir l'exercice 1, page 150).

✱ Si jamais vous avez du mal avec les coups d'approche roulés, il est bon de revenir à cet exercice qui vous permet de voir immédiatement si votre angle d'attaque est mauvais.

2 Frappez un coup d'approche roulé de 18 m environ. Pour éviter de heurter le couvre-club, vous devez frapper la balle avec un angle descendant. Vous allez ainsi produire un contact « balle puis gazon », un beau vol de la balle et un peu d'effet rétro à l'atterrissage. Si vous essayez d'aider la balle à se soulever par un mouvement de « cuiller », la tête de bâton heurtera le couvre-bâton au cours de la descente.

3 Après avoir répété l'étape 2 plusieurs fois, retirez le couvre-bâton et continuez à frapper des coups d'approche roulés.

NIVEAU EXERCICE
1·06

CASSEZ UN TÉ POUR LIBÉRER VOTRE ÉLAN

Dans un plein élan, la tête de bâton se déplace si vite qu'il n'y a aucun risque que le bâton s'arrête à l'impact. Mais, dans un coup d'approche roulé, où l'élan est court et exige souvent de la délicatesse, on a vite fait de planter la tête de bâton dans le sol derrière la balle. Le gazon absorbe alors l'énergie à la place de la balle. Cet exercice vous montre comment être plus ferme dans votre coup d'approche du coup d'approche roulé en vous aidant à libérer le mouvement de la tête de bâton.

1 Posez une balle sur un té, à 1 cm environ au-dessus du sol. Prenez votre position pour un coup d'approche roulé normal avec votre cocheur d'allée.

2 Effectuez un élan fluide et décontracté : concentrez-vous sur le fait d'écraser le té dans le sol à l'impact (ci-dessous). Cela vous encouragera à accélérer la tête de bâton à travers la zone de frappe. Essayez d'oublier la balle. Quand vous serez arrivé à aplatir le té, vous produirez de beaux vols de coup d'approche roulé. Répétez l'exercice plusieurs fois, puis supprimez le té.

* Si vous arrivez à reproduire dans votre élan normal la liberté que vous aviez avec le té, vous ne l'interromprez jamais en cours de coup d'approche roulé (ce qui provoquerait un contact avec le sol avant la balle). Vous constaterez que vous pouvez réaliser un mouvement ferme dans la traversée tout en conservant le contrôle.

NIVEAU UN

NIVEAU 1 · EXERCICE 07

UNE BALLE ET UN BÂTON À LA FOIS

La visualisation est une composante vitale d'un petit jeu efficace. Cependant, s'il est important de voir vos coups de votre œil mental (visualiser la trajectoire de la balle en l'air et sur le sol), vous devez tout de même choisir le bâton qui correspond à votre image mentale. Cet exercice vous procurera une perception limpide de la façon dont la balle réagit à l'angle d'ouverture du bâton.

1 Choisissez une zone de terrain plat à environ 5 m sur le côté d'un vert présentant une zone de 5 à 7 m entre le drapeau et le tablier du vert. Prenez neuf balles, de même modèle et de même marque, et alignez neuf bâtons, du fer 3 au cocheur de sable.

2 Commencez par le fer 3 et frappez un coup d'approche roulé. Notez la hauteur (faible) et la roule (importante) de votre coup. Frappez une balle avec tous les bâtons l'un après l'autre, jusqu'au cocheur de sable, qui offrira beaucoup de hauteur et peu de roule.

* Tout au long de l'exercice, appliquez exactement la même technique habituelle de coup d'approche roulé (voir les exercices 1 à 5, pages 150 à 154). Vous n'avez pas à changer d'élan chaque fois ; ce sont les ouvertures différentes des bâtons qui produiront des balles de natures différentes. Soyez toujours très attentif à la hauteur, la portée, l'effet et la roule des balles. Puis, sur le parcours, vous serez en mesure de choisir le bâton le plus approprié pour chaque coup d'approche roulé.

CONSEIL D'EXPERT

Un coup de fer droit vaut parfois mieux qu'un coup d'approche roulé classique

Utiliser le fer droit en dehors du vert peut être une alternative efficace au coup d'approche roulé dans les situations appropriées. Ce n'est absolument pas une solution de facilité comme certains golfeurs semblent le penser.

Si votre balle se trouve sur l'allée à proximité du vert et que l'herbe est tondue ras entre vous et la surface de coup roulé, vous serez étonné par la facilité avec laquelle on envoie la balle dans un rayon de 60 cm autour du trou. Et cela élimine la pression sur le coup roulé suivant. Cette réussite est due au fait que la plupart des joueurs ont plus de facilité à juger la distance d'un coup roulé long que d'un coup d'approche roulé. De plus, il y a peu de chances que vous ratiez complètement un coup roulé. Avec un bâton ouvert, il est en revanche plus facile de réaliser un élan hésitant et d'envoyer la balle à mi-chemin du trou. Le seul réglage à apporter à votre technique de coup roulé (voir la section « Coup roulé », pages 232 à 279), quand vous frappez en dehors du vert, est de vous redresser légèrement pour faciliter un élan plus long et plus fluide de vos mains et de vos bras.

Il y a toutefois des situations dans lesquelles vous ne devez pas tenter ce coup : si la balle se trouve dans l'herbe haute (impossible de réaliser une frappe convenable) ; s'il y a de l'herbe haute entre vous et le vert (vous ne pouvez pas espérer qu'une balle roule à travers l'herbe haute) ; si l'herbe est mouillée par la rosée matinale ou la pluie (la balle sera bientôt ralentie par l'humidité de surface) ; ou si vous êtes à plus de 18 m de la surface de coup roulé (même si l'allée est tondue de près, vous devrez frapper la balle si fort que vous la frapperez probablement mal).

LE COUP ROULÉ EN DEHORS DU VERT *Si les conditions sont bonnes le fer droit est une alternative utile à un coup d'approche roulé classique. Vous serez peut-être surpris de la précision de ce coup.*

NIVEAU   EXERCICE
1·08

AMÉLIOREZ VOTRE PRÉCISION EN VOUS EXERÇANT AVEC DES PARAPLUIES RETOURNÉS

Pour réaliser de bons coups d'approche roulés, vous devez contrôler la hauteur, la portée, l'effet et la roule de la balle. L'exercice suivant est fondé sur une pratique courante, avec une subtilité supplémentaire afin d'améliorer votre appréciation de deux éléments essentiels : la hauteur et la portée. L'un des avantages de cet exercice est qu'il n'est pas utile de vous rendre sur un parcours, pour en tirer tout le profit, votre jardin convient parfaitement.

* Cet exercice s'avère très efficace pour améliorer votre estimation d'une longueur donnée et trouver votre longueur du premier coup. C'est ce que vous devez réussir sur le parcours, où vous n'avez qu'une seule chance de bien frapper.

1 | Plantez deux parapluies ouverts dans le sol, espacés de 5 m environ. Préparez un lot de balles, à 5 m environ du premier parapluie.

2 | Prenez votre cocheur d'allée et frappez, en alternance, une balle vers le premier parapluie et une balle vers le parapluie le plus éloigné. Voyez si vous arrivez à envoyer toutes les balles dans un parapluie (peu importe qu'elles restent dedans). Essayez un bâton moins ouvert pour compliquer l'exercice.

NIVEAU EXERCICE 1·09

RÉPÉTEZ, REGARDEZ ET FRAPPEZ

Nombre de joueurs ont un coup d'approche roulé médiocre car ils ne savent pas recourir à leur « toucher » naturel comme à la coordination entre la main et l'œil.

En vous entraînant comme l'indique l'exercice suivant, vous utiliserez ces qualités pour améliorer vos performances autour du vert.

1 Prenez votre position pour un coup d'approche roulé à 10 m environ du drapeau. Faites quelques élans d'essai, mais gardez les yeux fixés sur le drapeau au lieu du sol. Essayez de « sentir » la longueur et la force requises pour envoyer la balle à la bonne distance.

2 Puis prenez votre position de départ, jetez un coup d'œil au trou et frappez la balle. N'ayez pas de temps d'hésitation, reproduisez simplement l'élan d'essai, mais cette fois avec la balle sur le trajet du bâton.

Quand vous faites un élan d'essai en regardant l'objectif, vos yeux envoient des signaux visuels à votre cerveau. À son tour, votre cerveau envoie le message approprié à vos mains et à vos bras. L'information doit être récente, donc il suffit d'un regard sur le trou avant de frapper. Si vous attendez trop longtemps, vous perdrez l'information physique et visuelle fournie par l'élan d'essai. Cette technique est formidable pour un coup d'approche roulé sur le parcours : répétez, regardez et frappez, et laissez votre instinct prendre le relais.

NIVEAU EXERCICE
1·10 LANCEZ DES BALLES POUR ESTIMER LA ROULE SUR LE VERT

Voici l'un des nombreux exercices de cette section conçus pour vous entraîner à visualiser les coups avant de les jouer. Le simple fait de lancer une balle améliore votre compréhension de la hauteur et de la roule. Une meilleure connaissance de ces notions essentielles sera extrêmement profitable à votre coup d'approche roulé.

1 Placez-vous à environ 25 m du drapeau. Munissez-vous de 10 balles au moins et de plusieurs bâtons, du fer 7 au cocheur de sable. Jetez une balle à la cuiller et essayez de finir aussi près que possible du drapeau. Employez une trajectoire basse qui produira beaucoup de roule. Au bout de quelques essais, vous devriez trouver votre longueur assez précisément.

2 Maintenant, jetez une balle à la cuiller en hauteur, de façon qu'elle rebondisse près du drapeau et ne roule pas trop. Il vous sera beaucoup plus difficile de la faire s'arrêter près du drapeau. En plus de cela, la dispersion générale des balles «hautes» sera probablement plus aléatoire. Continuez à lancer des balles en variant toujours la hauteur et la roule.

3 Frappez maintenant des coups d'approche roulés. Pensez à la trajectoire et à la roule que vous avez obtenues avec les lancers et essayez de les reproduire avec des bâtons d'ouvertures différentes. Vous constaterez de nouveau que les balles basses finissent toujours plus près du drapeau que les balles hautes.

✳ Sur le parcours, aussi souvent que possible, choisissez une trajectoire basse qui fera rouler la balle le plus tôt possible (le premier rebond se produisant idéalement sur le vert). Ne réalisez un coup d'approche roulé en hauteur que si un obstacle vous oblige à prendre une route plus aérienne.

NIVEAU EXERCICE
1·11 CONTRÔLEZ VOTRE TRAJECTOIRE DE L'ÉLAN

Un coup d'approche roulé demande un élan court, et que la tête de bâton traverse la zone de frappe plus lentement que pour un coup au fer. Même ainsi, il reste très difficile de contrôler la trajectoire exacte de la tête de bâton dans la zone de frappe et à l'impact. L'exercice suivant vous fournit cette information cruciale.

1 Placez un bâton de votre sac au-delà de la balle, à une longueur d'une tête de bâton environ, parallèle à la ligne de jeu. Prenez votre position de départ avec le cocheur d'allée ; n'oubliez pas qu'il est important d'ouvrir légèrement la position. Gardez les mains et le poids vers l'avant et la balle à l'arrière de la position (voir l'exercice 1, page 150).

2 Jouez maintenant un coup d'approche roulé. Si votre élan est correct, la tête de bâton ne frappera pas l'obstacle dans la montée, ni dans la descente ni dans la traversée. Le bâton doit suivre un arc intérieur au cours de la montée, puis être parallèle à l'obstacle à travers la zone de frappe, avant de dessiner à nouveau un arc dans la traversée. C'est une trajectoire de l'élan intérieur/intérieur (voir pages 26-27).

✳ Cet exercice vous renseigne immédiatement sur vos erreurs. Si vous frappez l'obstacle au cours de la montée, la tête de bâton se déplace trop à l'extérieur de la ligne correcte. Pour rectifier cela, montez le bâton davantage à l'intérieur. Mais si vous frappez l'obstacle au cours de la traversée, votre élan est trop intérieur/extérieur à travers la zone de frappe – parce que vous avez trop monté le bâton à l'intérieur dans l'amorce. Pour corriger ce défaut, montez le bâton de façon plus rectiligne et balayez la tête de bâton vers la gauche de l'objectif à l'impact. Cet exercice d'entraînement est excellent pour remettre votre coup d'approche roulé sur le droit chemin.

CONSEIL D'EXPERT
Anatomie d'un bon coup d'approche roulé

L'une des premières choses à savoir sur le coup d'approche roulé est que la façon dont la balle se comporte dans l'air et sur le sol varie énormément d'un bâton à un autre. En règle générale, l'ouverture crée la hauteur et l'effet rétro, qui s'associent pour réduire la roule. Cela signifie que les bâtons les plus ouverts de votre sac, comme les cocheurs, produisent beaucoup de portée et peu de roule, alors que les fers intermédiaires produisent peu de portée et beaucoup de roule. Les fers longs produisent essentiellement de la roule et quasiment pas de portée.

Si vous souhaitez cependant être plus précis dans vos choix, le tableau ci-dessous peut vous aider à visualiser les coups et à choisir le bâton qui correspond à vos besoins. Ces chiffres sont une indication utile, mais gardez à l'esprit que l'état du sol dans des conditions extrêmes, après de fortes gelées par exemple, modifie ces pourcentages.

BÂTON	◼ PORTÉE	ROULE ◼
Fer 7		
Fer 9		
Cocheur d'allée		
Cocheur de sable		

Testez-vous à nouveau

Avant de passer au niveau 2, répétez le test des pages 148-149. Si vous n'avez pas progressé, il est bon de revoir les exercices du niveau 1. Si la note d'évaluation indique que votre coup d'approche roulé s'est amélioré, vous êtes prêt pour les exercices du niveau 2.

NIVEAU EXERCICE
2·12 AJOUTEZ ET SOUSTRAYEZ DES HEURES POUR ACCÉLÉRER À L'IMPACT

À son apogée, Tim Watson était probablement le plus grand joueur de coup d'approche roulé du monde. Il soutenait que l'un des pires défauts au coup d'approche roulé est de faire une montée trop longue, puis de décélérer dans la zone de frappe. Il comparait cela à un boxeur qui retient ses coups. Essayez cet exercice, fondé sur le principe de la position des heures sur une horloge, pour déterminer votre longueur de l'élan (voir l'exercice 24, pages 142-143). Il vous aidera notamment à accélérer dans la balle sur chaque coup d'approche roulé.

Mains et bras
La position assure une montée contrôlé.

7 heures

Traversée
Le bâton traverse plus loin qu'il n'est monté.

4 heures

1 Faites une montée avec votre cocheur d'allée en montant vos mains à 7 heures. Puis accélérez dans la descente et à travers la zone de frappe, et prolongez l'élan des mains jusqu'à 4 heures. Cela garantit que votre traversée est plus longue que votre montée. Notez la distance que parcourt la balle.

Montée
Votre corps pivote tandis que vos mains et vos bras montent.

8 heures

2 Maintenant, ajoutez une heure à votre montée de façon que vos mains montent à 8 heures. Pour compenser cette extension de la montée, soustrayez une heure à votre traversée de façon que vos mains atteignent 3 heures. Une fois encore, votre traversée est proportionnellement plus longue que votre montée. Cet élan allongé propulsera la balle plus loin.

Traversée
Accélérez à nouveau dans la traversée : le bâton va plus loin que dans la montée.

3 heures

Vous devriez avoir la même sensation d'accélération à travers la zone de frappe avec les deux longueurs de montée (avec l'élan le plus long, la tête de bâton descend légèrement plus vite). Si vous ajoutez une heure à votre montée et ôtez une heure dans la traversée, pour qu'elle soit toujours plus longue que la montée, vous accélérerez toujours à l'impact. Gardez cette formule en tête lorsque vous vous entraînez à l'élan et observez la tête de bâton dans la montée et la traversée. Tentez d'associer ce que vous voyez à ce que vous sentez dans vos mains et dans vos bras. Si vous arrivez à reproduire cette sensation en jouant, vous ne « retiendrez » pas vos coups.

NIVEAU DEUX

NIVEAU EXERCICE

2·13 BALANCEZ LE MANCHE POUR GARDER LE BUSTE ET LES BRAS LIÉS

La relation entre votre buste et vos bras est cruciale pour tous les coups, y compris les coups d'approche roulés. Ces deux éléments fondamentaux de votre élan doivent travailler ensemble pour assurer des coups réguliers. Si vous pouvez conserver l'harmonie du mouvement de votre corps pendant l'élan, vous frapperez la balle systématiquement de la même façon, ce qui facilitera votre appréciation de la distance de vos coups d'approche roulés. Cet exercice entraîne particulièrement votre buste et vos bras à travailler ensemble.

1 Calez un bâton sous vos aisselles de façon que le manche soit horizontal, en travers de votre poitrine. Prenez votre position de départ avec un fer 9 ou un cocheur d'allée et gardez le bâton horizontal en place.

2 Balancez le manche vers le haut et vers le bas en pivotant le buste sans à-coups. Laissez vos bras réagir à ce mouvement de pivot et vous constaterez que le bâton suit un trajet de va-et-vient et que la tête de bâton brosse le sol en traversant la zone de frappe. Le manche doit rester calé contre votre poitrine pendant tout le mouvement. S'il se déplace, cela signifie que vos bras travaillent indépendamment de votre pivot et votre frappe de balle en souffrira.

✳ Quand vous serez à l'aise avec ce mouvement, retirez le bâton horizontal et frappez des coups d'approche roulés de 18 m sans vous focaliser sur un objectif. Si vous arrivez à reproduire dans votre vrai élan la sensation expérimentée dans cet exercice, vous ne manquerez pratiquement aucun coup d'approche roulé.

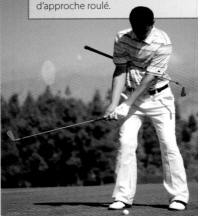

CONSEIL D'EXPERT

Choisissez vos coups en fonction des balles que vous utilisez

Le choix de la balle (voir page 331) a une influence directe sur les coups que vous pouvez jouer ou non autour d'un vert.

Balle de contrôle : à peu près tous les coups d'approche vous sont autorisés si vous utilisez une balle recouverte de balata. Elle donne plus d'effet et par conséquent roule moins qu'une balle conçue pour la distance ; vous pouvez donc réussir des coups très difficiles quand vous disposez d'une faible surface de vert. Mais il y a des pièges : par exemple, si vous devez jouer un coup d'approche vers un vert long avec le drapeau au fond, une frappe nette avec un bâton ouvert donnera beaucoup d'effet rétro et la balle risque d'être trop courte. Dans ce type de situation avec une balle de contrôle, choisissez un fer 8. Moins d'ouverture signifie moins d'effet rétro, vous pouvez donc jouer un coup d'approche roulé pour que la balle entre dans le trou.

Balle de distance : il n'y a pas de problème à jouer un coup d'approche roulé avec ce type de balle. La difficulté est de transmettre beaucoup d'effet rétro à une balle de distance, car elle est conçue pour la longueur. N'espérez pas imiter les professionnels qui arrivent à faire mordre et ralentir la balle sur le vert, ou même à ce qu'elle ait un effet rétro au second rebond. Une balle de distance est très problématique quand vous disposez de peu de surface de vert : par exemple, si vous faites un coup d'approche roulé au-dessus d'une fosse de sable, vous devez savoir que votre balle ne s'arrêtera pas à proximité du drapeau.

Balle de compromis : il existe de nombreuses balles, de diverses marques, qui comblent l'écart entre les balles de contrôle et les balles de distance. Elles procurent à la fois de la longueur et un certain degré de contrôle.

2·14 MOINS D'OUVERTURE EN MONTÉE

Quand vous travaillez votre petit jeu, il ne suffit pas de jouer tous vos coups d'une position idéale. Après tout, ce n'est pas ce qu'il se produit le plus souvent dans un vrai tour ! Si vous voulez apprendre à jouer et maîtriser les coups délicats, vous devez vous placer vous-même dans des positions difficiles à l'entraînement. L'exercice suivant vous montre comment jouer un coup d'approche roulé dans le cas d'une position en montée.

✳ La raison de ce changement de bâton est simple : une montée ajoute de l'ouverture à la face de bâton. Si vous utilisez un cocheur à 56 degrés, il pourrait y avoir jusqu'à 70 degrés d'ouverture sur la face de bâton à l'impact. Cela signifie que la trajectoire serait trop abrupte et la balle peut-être trop courte.

1 Placez une balle sur une pente au bord d'un vert.

2 Déterminez quel bâton vous utiliseriez à une distance équivalente si le terrain était plat, puis soustrayez 2. Par exemple, si vous utilisiez normalement un cocheur d'allée, remplacez-le par un fer 8.

3 Utilisez votre technique de coup d'approche roulé normale pour frapper la balle en direction du vert et regardez-la rouler vers le trou.

ENTRAÎNEZ-VOUS À FRAPPER DES COUPS D'APPROCHE ROULÉS EN DESCENTE

NIVEAU 2 · EXERCICE 15

Le coup d'approche roulé en montée est chose facile comparé au coup d'approche roulé en descente. Frapper un bon coup d'approche en descente exige une technique très saine. Lorsque vous reviendrez aux coups d'approche d'une position à plat, ces coups vous sembleront beaucoup plus faciles à jouer et votre niveau de confiance grimpera en flèche. Si vous pratiquez cet exercice, vous constaterez que tous vos coups d'approche roulés s'amélioreront considérablement, et pas uniquement ceux en descente.

* L'ouverture de la face de bâton est restreinte par la descente : la trajectoire est donc plus plate que la normale, et le coup très difficile à jouer. Une fois que vous frapperez proprement dans une descente, essayez sur terrain plat : les coups d'approche roulés n'auront jamais été aussi faciles !

1 Placez une balle sur une pente au bord d'un vert. Avancez la balle de 5 cm dans votre position par rapport à la normale et avancez vos mains. Ces deux réglages vous permettent de frapper nettement mais évitent l'augmentation d'ouverture de la face de bâton. La meilleure solution est de prendre votre bâton le plus ouvert, le cocheur de sable. Vous disposerez ainsi toujours d'une ouverture de 45 degrés, même sur une pente raide. Cela devrait suffire à garantir un coup relativement amorti, avec suffisamment de hauteur pour que la balle ne roule pas de façon incontrôlée.

2 Gardez la majorité de votre poids sur le pied inférieur et veillez à ce que vos mains soient en avant de la tête de bâton quand vous vous élancez en descente. N'essayez pas d'aider la balle à s'élever, concentrez-vous sur une frappe en descente à l'impact. Fiez-vous à votre technique pour produire la hauteur nécessaire.

NIVEAU DEUX

2·16

JOUEZ D'UNE SURFACE DURE POUR UNE FRAPPE NETTE

Les exercices 14 (voir page 165) et 15 (ci-contre) souli-gnaient les bénéfices de l'entraînement à partir d'un position de balle difficile pour améliorer votre technique globale. Cet exercice repose sur la même théorie. Même s'il est ardu au début, il améliorera votre mouvement de coup d'approche roulé et les coups d'approche roulés normaux vous sembleront même simples. Vous serez beaucoup plus en confiance autour des verts, ce qui est un atout précieux.

✱ Ne faites pas cet exercice avec un cocheur de sable. La semelle arrondie de la tête de bâton soulève le bord d'attaque du sol, ce qui rend pratiquement impossible d'amener la face de bâton sur le bas de la balle. Au lieu de cela, la semelle large a tendance à rebondir sur la surface nue, donc le bord d'attaque de la tête de bâton frappe la balle quelque part autour de son équateur et provoque un vol bas. C'est pourquoi vous ne devez jamais choisir un cocheur de sable pour frapper sur une surface dénudée du parcours. Optez pour un bâton avec un bord d'attaque plus droit, comme un fer 9 ou un cocheur d'allée, qui vous permettront d'amener la face de bâton sous la balle et d'améliorer votre frappe. Un choix de bâton intelligent fait parfois toute la différence.

1 | Placez une balle sur une surface dure et nue, comme du macadam, du béton ou un dallage, toute surface ne présentant aucune élasticité. Prenez un cocheur d'allée usagé que vous ne craignez pas d'érafler. Reculez la balle dans votre position et avancez vos mains et déplacez votre poids sur le côté gauche (voir l'exercice 1, page 150 pour une bonne position de départ).

2 | Frappez quelques coups d'approche roulés courts ne dépassant pas 18 m. Pour l'instant, un objectif est inutile, le but de cet exercice est de frapper la balle nettement sur une surface qui ne tolère pas d'erreur. Gardez les mains en face de la tête de bâton pendant toute la traversée de la zone de frappe. Cela vous aidera à empêcher la tête de bâton de frapper la surface dure avant d'atteindre la balle. La prochaine fois que vous frapperez un coup d'approche roulé sur l'herbe, celle-ci vous semblera beaucoup plus accueillante.

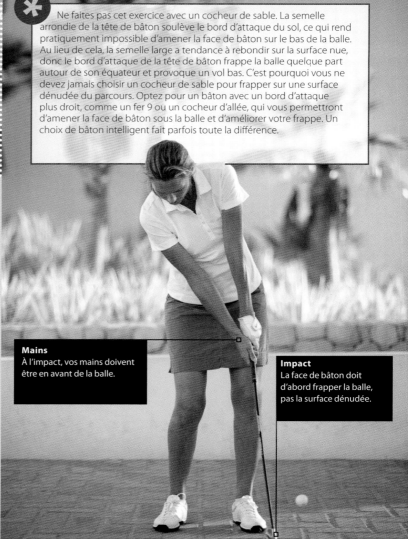

Mains
À l'impact, vos mains doivent être en avant de la balle.

Impact
La face de bâton doit d'abord frapper la balle, pas la surface dénudée.

NIVEAU **2** EXERCICE **17**

TRAVAILLEZ LA PRÉCISION

Le principe de visualisation mentale d'un coup et de la correspondance du bâton et de la longueur de l'élan a été étudié dans l'exercice 7 (voir pages 156-157) et l'exercice 10 (voir page 160). L'exercice suivant est excellent pour améliorer encore cette compétence, mais vous devez le pratiquer sur un parcours. Il faudra vous munir de trois ou quatre vieux disques en vinyle (vous pouvez utiliser des petites serviettes si vous n'avez pas de disques à sacrifier).

1 Éparpillez les disques autour d'un vert en veillant à ce qu'ils soient bien espacés. Choisissez un endroit sur le bord du vert et votre bâton d'approche préféré.

2 Tapez quelques coups d'approche roulés en essayant d'envoyer une balle sur chaque disque. Ne visez pas le même disque deux fois de suite et alternez des coups longs et courts autant que possible. Si vous atteignez régulièrement un disque, disons une fois sur cinq, d'une distance de 7 m environ, vous pouvez être content de vous. Et si les balles qui manquent la cible arrivent dans un rayon de 60 cm autour du disque, c'est le signe que votre coup d'approche roulé s'améliore.

Quand vous choisissez votre zone d'atterrissage sur le vert pendant un tour, imaginez un disque que vous visez. Puis essayez de le briser. Cette technique de visualisation vous aidera à vous concentrer sur quelque chose de positif plutôt que, par exemple, sur une fosse de sable ou une bande d'herbe haute dense entre vous et le vert. Les pensées positives améliorent presque toujours les performances.

NIVEAU DEUX

CONSEIL D'EXPERT

Analysez vos erreurs d'atterrissage

Cet exercice est un entraînement précieux pour atteindre la zone d'atterrissage choisie sur le vert. Cependant si vous peinez régulièrement à atteindre le repère, vous devez analyser vos erreurs et en tirer les leçons. Essayez de ne pas vous obstiner, sans pause de réflexion, en espérant vous améliorer mais sans savoir comment. Voici quelques indications qui vous aideront à tirer profit de vos coups manqués.

Coups régulièrement trop courts : c'est le problème le plus courant chez les joueurs qui ont du mal avec le coup d'approche roulé. Vous ralentissez probablement à l'impact et votre élan est hésitant. Autrement, il se peut que vous lisiez mal le coup – vous visualisez une zone d'atterrissage trop éloignée sur le vert et prenez un bâton qui n'a pas assez d'angle d'ouverture (pour les coups courts, moins de hauteur signifie moins de portée). Essayez de visualiser une zone d'atterrissage plus proche de vous ou prenez un bâton plus ouvert et lobez davantage la balle.

Coups régulièrement trop longs : observez la longueur de votre élan. Votre montée est peut-être trop long et vous accélérez ensuite dans la balle. Essayez de raccourcir votre montée mais continuez à accélérer dans la zone de frappe. Étudiez également votre choix de bâton. Il serait peut-être judicieux d'employer un bâton moins ouvert, de viser un point plus proche de vous et de prévoir un peu de roule à l'atterrissage.

Coups régulièrement trop à gauche ou à droite de l'objectif : signe d'un problème de technique fondamental. Vérifiez que vous visez avec précision. Observez également la trajectoire de votre élan dans la zone de frappe (voir l'exercice 11, page 161) et révisez l'exercice 1 (page 150) pour instaurer une bonne position de départ.

Coups frappés de l'herbe haute et effet rétro

Cette section consacrée au coup d'approche roulé souligne l'importance de comprendre la relation entre la hauteur, la portée, l'effet et la roule. Il est donc utile d'insister sur l'effet de l'herbe haute dans les coups d'approche roulés. Vous le savez sans doute fort bien par expérience : il est difficile de frapper une balle proprement quand elle est dans l'herbe haute. Mais il y a un élément que l'on oublie souvent dans le feu de l'action : on ne peut tout simplement pas donner beaucoup d'effet rétro à une balle à partir de l'herbe haute. Par conséquent, quand vous jouez un coup d'approche roulé de l'herbe haute, vous devez prévoir approximativement le double de roule à l'atterrissage par rapport à un coup de longueur identique joué de l'allée. Il est essentiel d'en tenir compte quand vous visualisez mentalement votre coup et essayez de repérer une zone d'atterrissage appropriée. L'herbe haute entraîne plus de roule ; il est impossible d'y échapper, mieux vaut donc prévoir.

COUP D'APPROCHE ROULÉ DE L'HERBE HAUTE *Quand la balle est dans l'herbe haute autour du vert, il est impossible de lui donner un effet rétro. Par conséquent, prévoyez de la roule à l'atterrissage.*

ENTRAÎNEZ-VOUS AU COUP D'APPROCHE LOBÉE

Pour la plupart des positions sur le parcours, il y aura un choix de coup à faire. Par exemple, vous pouvez avoir à faire un coup d'approche roulé au-dessus d'une fosse de sable, ce qui signifie que vous aurez peu de vert pour jouer. Dans une telle situation, vous devez jouer un coup d'approche élevée, qui procure beaucoup de hauteur et un atterrissage amorti. Il est également amusant à jouer.

＊ Le principal obstacle à ce coup est de ne pas oser réaliser un élan beaucoup plus long qu'il ne vous paraît nécessaire. Vous devez vous entraîner pour vous habituer à la sensation de l'herbe qui amortit le coup à l'impact. Cela produit une trajectoire flottante, la balle atterrit plutôt mollement et ne roule pas loin.

1 Placez la balle dans une herbe haute, à un endroit où se trouve une fosse de sable entre vous et le vert. Prenez votre bâton le plus ouvert, le cocheur de sable. Ouvrez votre position de façon que vos pieds et votre corps soient alignés à gauche de l'objectif. Vous devez également ouvrir la face de bâton de façon qu'elle vise la droite du drapeau. Ces réglages techniques sont les mêmes que ceux demandés par une fosse de sable de bord de vert (voir l'exercice 1, page 150).

2 Faites un élan deux fois plus long que celui que vous feriez pour la même distance d'une bonne position de balle sur l'allée. Essayez de faire glisser la tête de bâton à travers l'herbe sous la balle – traitez l'herbe comme le té dans l'exercice 6 (voir page 155). N'essayez pas de lever la balle : la face de bâton est très ouverte, fiez-vous à elle pour travailler à votre place.

ESSAYEZ UN BÂTON MOINS OUVERT QUAND LE VERT MONTE

La plupart des golfeurs jouent des balles courtes quand ils sont en coup d'approche d'un vert qui monte du premier plan jusqu'au fond. Cet exercice vous montrera comment prévoir l'effet d'une pente sur un coup d'approche roulé et comment utiliser cette pente à votre avantage. C'est un excellent entraînement pour que les verts en pente deviennent pour vous beaucoup moins intimidants.

1 Trouvez un vert en montée, du premier plan jusqu'au fond. Placez une balle sur une bonne position sur le tablier du vert (l'herbe tondue ras entre l'herbe haute et la surface de coup roulé).

2 Prenez votre cocheur d'allée et frappez des coups d'approche roulés vers le fond du vert. Oubliez la vraie position du drapeau (à moins qu'il ne soit au fond évidemment). Maintenant, changez de bâton pour un fer 8 ou approchant, et jouez un coup d'approche roulé avec exactement la même technique.

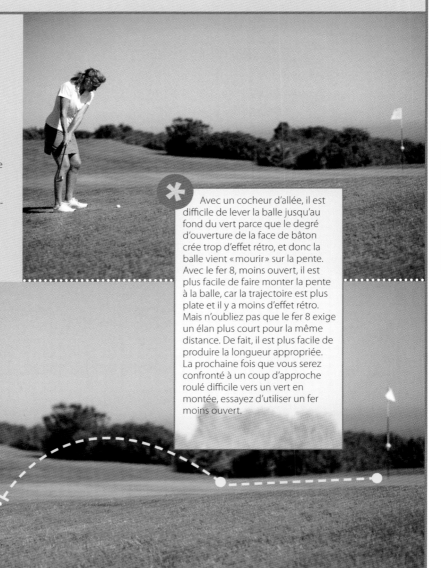

* Avec un cocheur d'allée, il est difficile de lever la balle jusqu'au fond du vert parce que le degré d'ouverture de la face de bâton crée trop d'effet rétro, et donc la balle vient « mourir » sur la pente. Avec le fer 8, moins ouvert, il est plus facile de faire monter la pente à la balle, car la trajectoire est plus plate et il y a moins d'effet rétro. Mais n'oubliez pas que le fer 8 exige un élan plus court pour la même distance. De fait, il est plus facile de produire la longueur appropriée. La prochaine fois que vous serez confronté à un coup d'approche roulé difficile vers un vert en montée, essayez d'utiliser un fer moins ouvert.

CONSEIL D'EXPERT

Visez des zones planes sur le vert

Même avec la meilleure stratégie du monde, une fois que la balle quitte la face de bâton, l'issue d'un coup est, dans une certaine mesure, une question de chance. La balle peut, par exemple, mal rebondir (sans erreur de votre part) ou être déviée par une rafale de vent. Par conséquent, si vous pouvez agir pour diminuer en partie l'imprévisibilité intrinsèque à chaque coup, vous devez le mettre à profit. L'une des astuces est de toujours viser une partie plane du vert. Vous pourrez ainsi prévoir plus précisément le premier rebond et le comportement ultérieur de la balle, ce qui réduit la marge d'erreur. Vos coups d'approche roulés mal estimés seront moins fantaisistes et vos coups d'approche roulés bien calculés finiront régulièrement plus près du trou. Si la balle n'atterrit pas sur une pente ou au sommet d'une bosse, il est plus facile d'apprécier le premier rebond et de repérer où la balle finira. Essayez d'en tenir compte autant que possible en choisissant votre bâton.

ÉVITEZ LES PENTES *L'un des nombreux éléments à prendre en compte avant de jouer un coup d'approche roulé : essayer d'atterrir sur une portion de vert plane.*

NIVEAU **2·20** EXERCICE

FAITES UN CONCOURS DE COUPS D'APPROCHE ROULÉS

Le grand bénéfice de cet exercice est d'introduire l'intensité et la pression d'une compétition dans votre entraînement. Essayer de battre un adversaire dans une compétition avec un enjeu de points est une excellente méthode pour aiguiser vos compétences.

1 Formez une équipe avec un autre joueur et trouvez un vert entouré d'un maximum de complications intéressantes, telles que les fosses de sable, pentes et différentes densités de l'herbe haute. Désignez chacun votre tour un endroit d'où vous frapperez tous deux un coup d'approche roulé, avec un cocheur de sable.

2 Cantonnez-vous à un coup chacun ; le plus proche du drapeau marque un point. Veillez à changer systématiquement de position de départ, de façon à ne pas trop vous habituer à une situation particulière. Comptez les points au fur et à mesure.

CONSEIL D'EXPERT

Rappelez-vous : angle d'ouverture égale hauteur et effet

Il est étonnant que les joueurs jouent si souvent des coups d'approche trop courts. L'explication la plus courante est qu'ils jouent avec un bâton très ouvert sans prévoir que la balle ne roulera que sur une faible distance après son atterrissage. Rappelez-vous que l'ouverture est synonyme de hauteur et d'effet rétro (voir le conseil d'expert, page 161). Si vous optez pour un bâton ouvert, la balle doit avoir une portée approximative des trois quarts de la distance jusqu'au drapeau (même davantage si le terrain est souple). Si vous voulez prendre cette trajectoire haute, soyez positif et veillez à bien lever la balle. De plus, si vous voulez que la balle roule, prenez un bâton moins ouvert, comme un fer 8. Quel que soit votre choix, prenez votre décision avant de sortir votre bâton du sac ; ne tergiversez pas.

Examinez également l'état de la surface de coup roulé. En hiver, quand les verts sont souvent lents et durs, choisissez des bâtons moins ouverts qu'en été. Cela favorisera la roule de la balle vers le drapeau.

Testez-vous à nouveau

Avant de passer au niveau 3, répétez le test des pages 148-149. Si vous n'avez pas progressé, il est bon de revoir les exercices du niveau 2. Si la note d'évaluation indique que votre coup d'approche roulé s'est amélioré, vous êtes prêt pour les exercices du niveau 3.

NIVEAU EXERCICE
3·21 PRISE FAIBLE POUR UNE FACE DE BÂTON OUVERTE

Certains des plus grands «adeptes du coup d'approche roulé» jouent des coups d'approche courts et délicats avec une prise faible de la main gauche. Cette technique permet de maintenir la face de bâton ouverte à travers la zone de frappe, ce qui favorise un vol de la balle plus haut avec un atterrissage plus amorti pour des coups d'approche roulés des plus subtils. Elle mérite donc que vous vous y entraîniez; faites un essai la prochaine fois que vous travaillerez vos coups d'approche.

1 Posez une douzaine de balles sur une bonne position sur l'allée. Jouez un coup d'approche roulé normal avec un cocheur d'allée, selon votre technique habituelle. Observez le vol de la balle et la longueur de roule après l'atterrissage.

2 Maintenant, affaiblissez votre prise en tournant votre main gauche de façon à voir la deuxième articulation sur le dos de votre main gauche.

* Le présent exercice permet d'améliorer votre sensation de la réaction de la balle à la position de la face de bâton à l'impact, ce qui est l'un des éléments clés du contrôle de la balle autour du vert.

3 Jouez un autre coup d'approche roulé. Puisque votre prise faible maintient la face de bâton plus ouverte à l'impact, cela devrait se traduire par une trajectoire légèrement plus haute, plus fluide et moins de roule à l'atterrissage. Alternez les coups d'approche roulés avec votre prise normale et avec un prise faible.

3·22 JOUEZ À PARTIR D'UN CERCLE AUTOUR DU VERT

Nombre de joueurs travaillent leur petit jeu en frappant quelques coups d'approche roulés du même endroit, mais au fur et à mesure que vous progressez, vous devriez vous imposer des défis plus exigeants pour être au mieux de votre forme. Cet exercice est particulièrement efficace, car il reproduit des situations que vous pouvez rencontrer sur un parcours. Une fois que vous l'aurez répété, vous serez mieux préparé aux difficultés réelles.

✳ Analysez vos performances au fil de cet exercice. Combien de balles finissent à moins de 2 m du trou (vous offrant un coup roulé facile à réussir) ? Quel est le modèle général de vos coups d'approche roulés médiocres ? Sont-ils principalement courts ou longs ? Il est important de tirer les leçons de vos fautes et de progresser la prochaine fois.

1 | Placez 10 balles autour du vert. Veillez à varier la qualité de la position. Posez les unes sur le tablier du vert tondu ras et les autres dans la première coupe de l'herbe haute (certaines sur l'herbe, d'autres plus enfoncées). S'il y a une pente, placez une balle en montée et une autre en descente.

2 | Faites le tour du vert, en essayant d'envoyer chaque balle le plus près possible du trou. Prenez plusieurs bâtons afin de visualiser chaque coup et de choisir le bâton adapté à chaque situation (voir l'exercice 7, pages 156 et 157).

NIVEAU 3 · EXERCICE 23
UN COUP SPÉCIAL DU TABLIER DU VERT : LE « FER DROIT ABDOMINAL »

L'un des dilemmes les plus déroutants pour un golfeur est la situation où la balle repose sur la bande de l'herbe haute précédant le tablier du vert. Même si vous êtes proche de la surface de coup roulé, le fer droit ne semble pas être le bâton le plus approprié. Mais le cocheur non plus, car l'herbe derrière la balle donne l'impression qu'une frappe franche est impossible. La solution est un coup particulier, appelé «fer droit abdominal », qui consiste à frapper l'équateur de la balle avec le bord d'attaque de la tête de bâton.

1 | Prenez votre cocheur d'allée et adoptez vos prise et posture de coup roulé (voir les exercices des pages 234-235 et 236-237). Descendez votre prise sur le bâton ; vous rapprochez ainsi vos mains de la tête de bâton et améliorez votre contrôle de la frappe.

2 | Levez la tête de bâton de façon que le bord d'attaque soit au niveau de l'équateur de la balle (voir le conseil d'expert, page 183). La tête de bâton évitera ainsi de s'accrocher dans l'herbe haute.

3 | Gardez la tête et le buste aussi immobiles que possible et frappez avec un va-et-vient, les poignets fermes. Veillez à ce que vos poignets cassent à peine ; c'est ce qu'on appelle la technique des «mains mortes».

Les amateurs considèrent souvent que ce coup est trop difficile pour être tenté. Mais c'est une méthode formidable pour jouer une balle sur la bande de l'herbe haute précédant le tablier du vert (voir aussi l'exercice 25, page 180).

4 Frappez le milieu de la balle avec le bord d'attaque de la tête de bâton. Il se peut que la balle fasse un petit bond au début de sa trajectoire, mais elle devrait rouler comme pour un coup roulé par la suite, ce qui facilite l'estimation de la distance. Après quelques essais, vous serez étonné de constater vos progrès dans l'évaluation de la ligne de jeu et de la distance.

CONSEIL D'EXPERT

Entraînez-vous à viser le trou à chaque coup d'approche roulé

On est souvent sur la défensive pour les petits coups d'approche, ce qui mène à jouer des balles trop courtes. Pour éviter cela, entraînez-vous à avoir une attitude agressive et positive et visez le trou à chaque coup d'approche roulé. Cette attitude mentale comporte deux nets avantages. D'abord, si la balle se dirige vers le trou, il y a toujours une chance qu'elle y tombe (rappelez-vous que le trou ne vient jamais à la rencontre de la balle). Ensuite, si la balle manque le trou, vous pouvez observer sa progression après le trou, ce qui vous indiquera si votre coup de retour suivra une trajectoire courbe ou droite. La pensée positive vous donne toutes les chances de réaliser votre potentiel et d'améliorer votre niveau de coup d'approche roulé. C'est souvent lorsqu'on est sur la défensive que l'on frappe les pires coups.

PENSEZ POSITIVEMENT *Visez le trou à chaque coup d'approche roulé. Élever son niveau d'ambition est souvent une bonne méthode pour élever également son niveau de jeu global.*

NIVEAU TROIS

NIVEAU EXERCICE
3·24

ESSAYEZ D'APPLIQUER VOTRE TECHNIQUE DE COUP ROULÉ À VOS COUPS D'APPROCHE ROULÉS

Toute idée qui pourrait faciliter le petit jeu mérite d'être étudiée. La technique décrite dans l'exercice suivant est employée par certains des meilleurs joueurs du monde – une raison suffisante pour la tester. Elle peut être appliquée à divers bâtons, du cocheur d'allée en descendant à un fer 8, selon la situation. Vos coups d'approche roulés pourraient considérablement s'améliorer en utilisant votre technique de coup roulé.

1 | Adoptez votre prise de coup roulé (voir l'exercice 1, pages 234-235) au lieu de votre prise de plein élan normal.

✱ Le fait d'adopter votre prise de coup roulé pour les coups d'approche roulés réduit l'action du poignet, ce qui apporte trois avantages : cela simplifie la frappe, augmente la régularité du coup et améliore les sensations en matière de distance. Cette frappe imprimant très peu d'effet rétro à la balle, celle-ci roule comme un coup roulé dès qu'elle entre en contact avec le vert. Cette technique est particulièrement utile quand vous êtes confronté à un coup d'approche roulé délicat d'une courte distance : lorsque vous vous trouvez jusqu'à 7 m environ du drapeau. Au début, vous éprouverez une sensation étrange, mais vous aurez l'occasion de jouer un superbe coup « senti ».

Prise
Descendez la prise pour plus de contrôle.

Mains
Prenez votre prise de coup roulé dans un position de coup d'approche roulé.

Amorce
Montez le bâton en balayant, avec les mains et les bras.

2 | Poussez vos mains en avant de la tête de bâton et de la balle au départ. Le manche du bâton devrait maintenant pencher sensiblement vers l'objectif.

Impact
Gardez vos mains en avant du bâton à l'impact.

3 Reproduisez maintenant simplement le geste de l'élan que vous feriez pour un coup roulé long. Pendant la montée des bras et la traversée, il est important que vos mains restent en avant de la tête de bâton.

CONSEIL D'EXPERT

Lisez le vert en vous préparant pour un coup d'approche roulé

Les golfeurs n'hésitent pas quand il s'agit d'aligner un coup roulé et d'évaluer la courbe de la trajectoire. Curieusement, très peu font de même avec les coups d'approche roulés et ce n'est pourtant pas plus insensé. Donc, quand vous visualisez les coups d'approche roulés, prenez en compte l'effet que les pentes du vert auront sur le trajet de la balle vers le trou. Cette précaution semble évidente mais elle est souvent négligée, ce qui peut aboutir à un coup d'approche roulé parfaitement joué mais finissant loin de l'objectif. Veillez donc à lire un coup d'approche roulé comme vous lisez un coup roulé.

VISUALISEZ LA LIGNE *Laissez vos actions refléter vos intentions : vous devez lire le vert si vous voulez entrer le coup d'approche roulé ou au moins amener la balle très près du trou.*

3·25 ESSAYEZ LA POINTE DU FER DROIT

Vous avez peut-être vu quelques professionnels du circuit frapper leur balle avec la pointe du fer droit lorsqu'ils jouent sur le tablier du vert. Cette technique peut sembler peu orthodoxe, mais elle est d'une grande logique. Bien qu'elle soit proche du drapeau, cette bande du tablier du vert crée une position de balle très inconfortable. La tendance générale est de jouer avec trop de délicatesse de cette position, ce qui donne une balle trop courte. Jouer avec la pointe du fer droit est un bon remède à cette tendance dangereuse.

1 Placez une balle à la limite de l'allée et du tablier du vert. Maintenant, au lieu de prendre un cocheur, sortez votre fer droit du sac.

2 Tenez votre fer droit de façon que la pointe du bâton soit levée derrière l'équateur de la balle. Le talon du bâton doit aussi être dirigé vers le trou.

3 Frappez un coup court, net, avec une poussée franche, et appliquez-vous à frapper le centre de la balle. Vous constaterez qu'il n'y a pas d'interférence de l'herbe derrière la balle, une raison suffisante pour jouer ce coup ainsi. La balle va faire un bond en l'air avant que l'effet avant n'agisse et lui permette de rouler jusqu'à la surface de coup roulé.

∗ L'exercice 23 (pages 176-177) indiquait une autre façon de gérer cette situation. Si vous préférez frapper de la pointe du fer droit, les seules réserves concernent la distance que la balle doit parcourir – jamais au-delà de 6 m – et le type de fer droit utilisé. Ce coup ne fonctionne qu'avec un fer droit doté d'une pointe relativement plate. Si la pointe est arrondie, la balle est encline à partir dans une direction imprévisible. Cependant, si vous n'oubliez pas ces détails, ce coup mérite d'être essayé.

NIVEAU EXERCICE

3·26 JOUEZ UN MINI-CROCHET INTÉRIEUR POUR UN COUP D'APPROCHE ROULÉ QUI ROULE MIEUX

Ce coup d'approche roulé élaboré répond mieux à l'appellation de crochet intérieur miniature. Il faut bien comprendre, avant de tenter ce coup, que le crochet intérieur produit un effet de droite à gauche qui provoque une roule de la balle supérieure à la normale.

Il est donc très utile de posséder ce coup dans votre répertoire quand il y a une bonne étendue de vert entre vous et le drapeau. Travaillez les trois points ci-dessous pour perfectionner cette technique.

> ✳ Avec ce coup d'approche, il vous suffit de faire un élan court pour envoyer une balle sur un vert long et les élans courts sont plus faciles à contrôler. Cela revient à jouer un coup d'approche roulé avec un fer 6, l'avantage du manche plus court d'un fer 8 étant qu'il vous permet d'améliorer le contrôle. La roule supplémentaire fournie par cette technique vous surprendra peut-être au départ, mais après quelques essais, vous apprendrez vite à estimer la distance gagnée.

1 Choisissez un fer court, un fer 8 par exemple. Placez la balle bien en arrière dans votre position, en face de votre orteil droit, et placez vos mains bien en face de la tête de bâton (plus que pour un coup d'approche roulé normal). Alignez également votre buste un peu à droite de l'objectif, la face de bâton visant directement le drapeau.

2 Montez le bâton sur une trajectoire nettement plus à l'intérieur que pour un coup d'approche roulé normal.

3 Puis redescendez sur la même trajectoire jusqu'à l'impact, de façon que la tête de bâton traverse la balle à droite de l'objectif. Cette trajectoire intérieur/extérieur, associée à la fermeture de la face de bâton (par rapport à votre trajectoire de l'élan), imprimera l'effet nécessaire de droite à gauche. La balle volera un peu plus bas qu'à l'ordinaire avec le même bâton et roulera davantage.

CONSEIL D'EXPERT

Gardez le drapeau si vous voulez entrer un coup d'approche roulé

Avec un coup d'approche roulé joué en dehors du vert, la balle a plus de chances d'entrer dans le trou quand le drapeau est resté en place. Cela a été prouvé de manière irréfutable par Dave Pelz, un ancien scientifique de la NASA qui a choisi de mettre son immense intelligence au service du golf. À l'aide d'instruments scientifiques, il a mesuré quasiment tous les aspects imaginables du comportement d'une balle, du moment où elle est frappée au moment où elle s'immobilise. Pour ses études, il a fait rouler et entrer dans le trou des milliers de balles, avec et sans drapeau dans le trou. Les résultats ont été concluants : retirer le drapeau avant de jouer un coup d'approche roulé est peut-être bon pour votre ego mais n'ajoute rien à votre chance d'entrer la balle. Et rappelez-vous qu'il n'y a pas de pénalité si vous frappez le drapeau en jouant en dehors du vert.

DRAPEAU EN PLACE *Des recherches scientifiques ont démontré que la balle a plus de chances de tomber dans le trou si le drapeau reste en place.*

NIVEAU 3·27 EXERCICE

ENTRAÎNEZ-VOUS AU COUP D'APPROCHE ROULÉ AVEC UN BOIS OUVERT

Il y a quelques années, le coup d'approche roulé avec un bois ouvert était une rareté. Mais depuis que Tiger Woods et Greg Norman l'ont pratiqué dans des compétitions majeures, ce coup est passé rapidement de l'ombre à la lumière. Cet exercice démontre l'efficacité étonnante du bois ouvert pour les coups joués à proximité du vert.

1 Prenez un bois 3 ou 4 et descendez votre prise de façon que la main la plus basse touche presque le métal du manche.

2 Adoptez votre position normale de départ pour un coup d'approche roulé, juste un peu redressée pour ce bâton plus long. Vous devrez également vous éloigner un peu plus de la balle qu'avec un cocheur, sinon vos mains et vos bras rentreront dans votre ventre et ne vous laisseront pas d'espace pour votre geste.

3 Jouez maintenant votre coup roulé normal (voir la section «Coup roulé», pages 232 à 279), en balançant la tête de bâton dans un mouvement de va-et-vient proche du sol et en cassant très peu les poignets. Il s'agit essentiellement d'un élan des bras et des épaules, ce qui signifie que la tête de bâton balaiera le sol à l'impact. La balle ne vole quasiment pas et roule rapidement sur le vert.

La principale situation de coup d'approche roulé avec un bois ouvert est la même que celle vous amenant à frapper un coup roulé en dehors du vert (voir le conseil d'expert, page 157), c'est-à-dire quand l'herbe est tondue ras et qu'il n'y a pas d'obstacle entre vous et la surface de coup roulé. Le coup d'approche roulé au bois ouvert est toutefois plus polyvalent que le coup roulé, en raison surtout de la plus grande ouverture de la face de bâton. Cela signifie que vous aurez plus de facilité à déplacer la balle sur des surfaces irrégulières ou détrempées.

CONSEIL D'EXPERT

Soulevez le bâton sur les coups d'approche roulés de l'herbe haute

Dans la section traitant du coup d'approche lobé, on a abordé les avantages du soulèvement du bâton au départ (voir l'exercice 20, page 137). Le bâton soulevé favorise une amorce sans entrave et améliore la qualité de la frappe. Si la balle se trouve dans l'herbe haute autour du vert, soulevez la lame du bâton aux environs de l'équateur de la balle plutôt que de l'enfouir dans l'herbe. Au cours de l'amorce, vous remarquerez avec quelle fluidité la tête de bâton s'écarte de la balle. Elle ne s'accroche pas dans l'herbe en s'écartant, ce qui trouble si facilement le rythme d'un élan. De plus, en soulevant la tête de bâton derrière la balle au départ, vous soulèverez très légèrement la base de votre élan. Vous aurez donc moins de chances d'enterrer la tête de bâton dans l'herbe derrière la balle et devriez avoir une meilleure frappe. Cette technique exigera peut-être un peu d'entraînement, mais elle mérite de s'y habituer car les bénéfices sont significatifs.

ÉLEVEZ VOTRE JEU *Soulever la tête de bâton derrière la balle dans l'herbe haute favorise une amorce plus fluide, car la tête de bâton ne s'accroche pas dans l'herbe.*

LE COUP D'APPROCHE ROULÉ PARFAIT

Ancien joueur et vainqueur multiple de la Ryder Cup, Barry Lane est l'un des rares grands joueurs à avoir disputé plus de 600 compétitions sur le Tour européen – une réussite incroyable. Il n'est donc pas étonnant que Barry ait eu un petit jeu très soigné. En effet, il avait toutes les qualités d'un grand «adepte du coup d'approche roulé», ces éléments qui élèvent au-dessus du simple stade de bon joueur : une imagination merveilleuse (en substance, la capacité de visualiser le bon coup au bon moment), une superbe sensibilité dans les mains et une bonne technique. Cette combinaison appréciable lui a permis de jouer toutes les sortes de coup d'approche roulés, dans le cas présent, un coup d'approche roulée de 23 mètres. Un talent d'une telle constance mérite d'être étudié.

＊ REMARQUEZ À QUEL POINT BARRY est relaxé dans cette séquence ; il est parfaitement à l'aise au-dessus de la balle et il n'y a pas l'ombre d'une tension dans ses mains et ses bras. Cela lui procure une sensation maximale de la tête de bâton et une bonne évaluation de la distance sur tous les coups d'approche roulés.

1 DÉPART

Auparavant dans cette section, nous avons attiré votre attention sur une phrase qui résume l'essence d'une bonne prise de position initiale pour le coup d'approche roulé : la balle en arrière, les mains et le poids en avant. Vous voyez ici cette théorie mise en pratique alors que Barry se prépare pour un coup d'approche roulé.

2 MONTÉE

La montée est en un mot un simple mouvement par lequel le rapport triangulaire établi au départ entre les bras et les épaules est maintenu alors que le bâton s'éloigne de la balle. La répartition du poids reste la même, avec plus de poids sur le côté gauche pour favoriser un choc descendant à l'impact. Les problèmes commencent souvent ici pour la majorité des joueurs, quand la montée est soit trop courte, soit, plus couramment, trop longue pour le coup en question.

3 ARRIVÉE À L'IMPACT

Quand les bras et le corps entament la transition du mouvement arrière vers le mouvement avant, un amollissement dans les mains et les poignets produit un léger retard dans les poignets et la sensation que les mains conduisent la tête de bâton vers la balle. Le mouvement est subtil, mais décisif, notamment sur un coup aussi court que celui-ci. C'est un élément essentiel d'un coup d'approche roulé frappé avec vivacité, exactement le coup joué ici par Barry.

Les secrets du coup d'approche roulé parfait

Le coup d'approche roulé est une affaire relativement simple si vous en acceptez les règles de base. Ces quatre clés élémentaires vous aideront à rester sur la bonne voie.

Reculez la balle dans votre position, mains et poids du corps en avant pour assurer que la tête de bâton ait un angle d'attaque descendant vers l'impact.

N'utilisez que l'ouverture dont vous avez besoin. Donc, s'il n'y a pas d'obstacles à survoler, ayez pour objectif l'atterrissage de la balle sur le vert aussi près de vous que possible ; c'est la garantie d'un premier rebond équilibré, suivi de roule. Ces coups d'approche roulés vous paraîtront beaucoup plus faciles à évaluer que les coups hauts, lobés, qui doivent être joués uniquement si vous n'avez pas d'autre solution.

Adoptez une longueur de montée qui vous permet d'accélérer la tête de bâton sans à-coups jusqu'à l'impact et produit la longueur de coup requise.

Pensez à la tête de bâton se déplaçant près du sol à l'impact, car cela encourage une frappe vers le bas et permet ainsi d'éviter le geste redoutable de « cuiller », qui est la ruine de bien des coups d'approche roulés.

OBSERVEZ LE PRO

4 | À TRAVERS LA ZONE DE FRAPPE

Le contact « balle puis gazon » est la marque de tous les bons joueurs et permet un meilleur contrôle de l'effet et de la trajectoire. Notez qu'à l'impact, les mains de Barry restent en avant de la tête de bâton quand le buste pivote. Cette coordination est extrêmement importante – si le corps cesse de bouger, le bâton est enclin à dépasser les mains et il en résultera certainement une frappe de balle médiocre.

5 | TRAVERSÉE

Relever la tête trop tôt est un défaut répandu chez les golfeurs, mais Barry garde les yeux baissés jusqu'à ce que la balle soit déjà bien partie. Notez l'économie de mouvement, la symétrie presque parfaite de part et d'autre de la balle. Ce geste est incroyablement soigné, sans aucun gaspillage de mouvement. Dans des coups pareils, il doit toujours y avoir une sensation d'accélération naturelle à travers la balle, comme Barry le démontre parfaitement.

LA SORTIE DE FOSSE DE SABLE

P our la plupart des golfeurs, le jeu de fosse de sable crée plus d'appréhension que tout autre type de coup. Paradoxalement, la sortie de fosse de sable classique est l'un des coups qui pardonne le plus l'erreur. D'abord, vous n'avez même pas à frapper la balle. Avec une technique saine, vous pouvez frapper le sable entre 2,5 cm et 6 cm derrière la balle et obtenir encore un résultat acceptable. Les autres coups ne permettent pas de se tirer d'affaire avec cette marge d'erreur. Sachez aussi que c'est le seul secteur de jeu où vous pouvez passer d'un niveau moyen à bon, ou bon à excellent, en très peu de temps.

ACQUÉRIR DE NOUVELLES COMPÉTENCES

Au fil des exercices, votre angoisse de la sortie de fosse de sable se dissipera. Vos prières pour sortir la balle du premier coup seront bientôt un lointain souvenir. Vous apprendrez que les coups longs d'une fosse de sable ne sont pas plus difficiles à jouer que des coups normaux avec un fer, et, à faible distance, vous commencerez à espérer finir le trou en deux coups presque systémati-quement (à moins d'une position de balle épouvanta-ble). Aborder ainsi le jeu de fosse de sable peut vous sembler impossible, mais en pratiquant les exercices suivants, vous atteindrez rapidement de bons résultats dans le sable.

TESTEZ VOS COMPÉTENCES

LE TEST DE LA FOSSE DE SABLE
Sortir de la fosse de sable du premier coup est peut-être votre principal objectif, mais cela n'est pas pour autant un résultat probant. De même que pour le coup d'approche roulé (voir pages 148-149), vous devez juger vos résultats en fonction de la précision. Cependant, étant donné que les sorties de fosse de sable vous sembleront dans un premier temps plus difficiles que les coups d'appro-che roulés, le rayon de la cible visée est triplé pour ce test.

1 Trouvez une fosse de sable de vert éloigné de 6 à 7,50 m du drapeau. Les fosses de sable étant rares dans les aires d'entraînement, réalisez ce test sur un parcours à une heure creuse afin de ne pas être interrompu.

2 Faites un cercle de tés d'environ 3 m de rayon autour du drapeau. Ces 3 m correspondent approximativement à trois fois la longueur de votre cocheur de sable.

L'ANGOISSE DE LA SORTIE DE LA FOSSE DE SABLE PEUT VOUS AMENER à choisir une ligne de jeu éloignée des fosses de sable, au lieu de viser le drapeau, et à prendre trop de points à chaque fois que vous êtes dans le sable. Il est facile d'imaginer la différence que peut apporter un bon jeu de fosse de sable.

3 | Allez dans la fosse de sable avec votre cocheur de sable et 15 balles. D'une bonne assiette essayez de placer le maximum possible de balles dans le cercle de tés. Une fois que vous avez réalisé l'exercice à trois reprises, calculez un résultat moyen sur 15.

NOTE D'ÉVALUATION

1
1–5 =
NIVEAU UN
(pages 188 à 203)

2
6–10 =
NIVEAU DEUX
(pages 204 à 217)

3
11–15 =
NIVEAU TROIS
(pages 218 à 229)

NIVEAU 1 · EXERCICE 01

OUVREZ VOS PIEDS, VOS HANCHES, VOS ÉPAULES ET LA FACE DE BÂTON

En golf, rien n'est plus vain que d'essayer de frapper de bons coups d'une mauvaise position de départ et ce n'est jamais plus vrai que dans le sable. Lors de votre prochain entraînement de sortie de fosse de sable, répétez cet exercice pour vous familiariser avec la prise de position initiale parfaite pour une fosse de sable de vert.

1 Installez-vous dans une fosse de sable de vert et prenez votre position initiale comme pour un fer, la position parallèle à la ligne de jeu et la face de bâton perpendiculaire au drapeau. La balle doit se trouver en face de votre talon gauche.

2 Retirez votre main droite du bâton et desserrez la prise de votre main gauche. Tenez le bas de la prise du bâton de la main droite et tournez le bâton dans le sens horaire de façon à ouvrir la face de bâton. Imaginez que le drapeau est à 12 heures sur un cadran d'horloge et cessez de tourner le bâton quand la face de bâton vise 2 heures. Resserrez votre main gauche et replacez votre main droite sur la prise.

3 Prenez maintenant une position ouverte, de façon que vos pieds, vos hanches et vos épaules visent 10 heures (sur la gauche du drapeau). Veillez toutefois à ce que la face de bâton reste ouverte (visant la droite du drapeau).

4 Enfoncez légèrement vos pieds dans le sable. Cela vous fournit non seulement un ancrage sûr sur un terrain irrégulier, mais vous procure également la sensation de la texture du sable.

* Si vous avez des résultats médiocres dans les fosses de sable, le simple fait d'organiser votre prise de position initiale est probablement le progrès le plus important que vous pouvez réaliser. Il favorisera un bon plan de l'élan et le bon rebond sur le cocheur de sable (voir le conseil d'expert, page 191), en vue d'une efficacité maximale.

12 heures
Ligne de jeu

2 heures
Alignement de
la face de bâton

10 heures
Alignement
des pieds

NIVEAU 1 · EXERCICE 02

LA SENSATION D'« EXPLOSION » DANS L'ÉLAN DE LA MAIN DROITE

L'un des points essentiels à comprendre à propos du jeu de fosse de sable est que le rebond sur votre cocheur de sable est destiné à vous aider, mais il ne le fera que si votre technique est correcte (voir le conseil d'expert, page 191).

L'exercice suivant vous permet d'évaluer le mouvement du cocheur de sable à travers le sable (de même que l'exercice 3, pages 190-191), tout en vous permettant d'introduire une certaine liberté dans votre technique.

* Les premiers exercices de la section « Sortie de fosse de sable » n'incluent aucune frappe de balle. Il s'agit de commencer par poser les fondations d'un bon plan de l'élan. Le principe est d'apprendre à marcher avant de vouloir courir.

1 Rendez-vous dans une fosse de sable avec votre cocheur de sable. Pour l'instant ne vous souciez pas d'une balle.

2 Prenez une bonne position initiale (voir l'exercice 1 ci-contre), mais tenez votre bâton de la seule main droite.

3 Exécutez des élans d'une seule main et « lancez » quasiment la tête de bâton dans le sable. Laissez votre bras droit se raidir et vos poignets se désarmer. Essayez de faire glisser la tête de bâton à travers le sable (en utilisant le rebond sur le bâton), plutôt que de creuser trop profondément. Vous devriez laisser une trace superficielle dans le sable de 30 cm de long environ.

NIVEAU   EXERCICE
1·03

ÉCOUTEZ LE SON D'UNE BONNE
SORTIE DE FOSSE DE SABLE

Si vous avez du mal à vous échapper d'une fosse de sable en un coup, vous devez revenir aux fondamentaux. Cet exercice, basé autant sur le son que sur la sensation, se contente d'étudier les positions correcte et incorrecte de la face de bâton dans les coups joués d'une fosse de sable de vert.

Face de bâton
perpendiculaire
à l'objectif

1 │ Prenez votre position normale initiale (voir l'exercice 1, page 188), mais sans balle. Pour commencer, n'ouvrez pas la face de votre cocheur de sable.

2 │ Faites quelques élans d'essai et frappez le sable comme si vous jouiez un coup. La face de bâton étant perpendiculaire à l'objectif, vous constaterez qu'elle s'enterre avec un bruit sourd. Le bâton déplace des montagnes de sable, mais si vous jouiez un vrai coup, très peu d'énergie serait transmis à la balle et elle resterait dans la fosse de sable.

Répétez cet exercice, en alternant une face de bâton ouverte (l'idéal) et une face de bâton parallèle (à éviter). Écoutez et ressentez la différence, qui est plus importante que vous ne le pensez peut-être. Quand vous entendrez la note juste chaque fois, vous serez prêt à devenir un bon joueur de fosse de sable.

Face de bâton ouverte par rapport à l'objectif

3 Maintenant, exécutez un élan avec la face de bâton ouverte. La semelle large à l'arrière du cocheur de sable émet un son très différent quand elle frappe la surface du sable. La tête de bâton traverse librement le sable grâce à l'effet de rebond (voir le conseil d'expert ci-contre) et laisse un creux superficiel. Quand vous jouez un coup, davantage d'énergie est transmis à la balle et cela doit se produire ainsi à chaque fois.

CONSEIL D'EXPERT

Le « rebond » est essentiel

Jusqu'au début des années 1930, les bâtons de golf n'étaient pas conçus pour les coups dans le sable. La semelle du bâton était trop mince, identique à celle de votre fer 3 actuel, et la tête de bâton pénétrait donc profondément dans le sable à l'impact. Le jeu dans la fosse de sable était alors beaucoup plus difficile que maintenant – ce qui donne à réfléchir si vous avez déjà du mal dans le sable. Mais Gene Sarazen (le premier vainqueur de quatre tournois majeurs), qui considérait que les sorties de fosse de sable étaient plus difficiles qu'elles n'auraient dû l'être, lima la semelle de son cocheur de sable. Celle-ci s'arrondit pour présenter un large rebord que l'on retrouve sur les cocheurs de sable actuels. Son invention transforma complètement le jeu de fosse de sable.

Quand la semelle arrondie de la tête de bâton (le « rebond ») entre en contact avec le sable, elle ne s'enterre pas comme le faisaient les anciens bâtons mais rebondit en arrière en laissant un léger creux à l'endroit où se trouvait la balle. C'est ce qu'on appelle l'effet de rebond. La semelle arrondie réagit comme une balle de tennis lancée dans une fosse de sable avec une trajectoire basse. La balle ne s'enterre pas, mais glisse sur la surface avec le même angle de retour qu'à l'arrivée. Seul le cocheur de sable réagit ainsi, à condition toutefois que votre technique soit bonne.

LE REBOND *La semelle large et arrondie d'un cocheur de sable, appelée «rebond», aide la tête de bâton à traverser aisément le sable.*

NIVEAU 1 · EXERCICE 04

TRACEZ UNE LIGNE DANS LE SABLE POUR GUIDER LA TRAJECTOIRE DE VOTRE ÉLAN

Il est temps maintenant de frapper des coups corrects d'une fosse de sable de vert. Cet exercice demande de tracer une ligne dans le sable qui indique la trajectoire de l'élan idéale à l'impact. Rappelez-vous que vous ne pouvez pas utiliser cette astuce au cours d'un tour, car le fait de toucher le sable avec votre bâton avant le coup est contraire aux règles (voir le conseil d'expert, page 209).

1 Placez une balle dans le sable et prenez votre position initiale (voir l'exercice 1, page 188).

2 Avec l'extrémité du manche de votre bâton, tracez une ligne dans le sable le long de la ligne de vos orteils. Puis tracez une autre ligne, longue de 20 cm et parallèle à la première, de chaque côté de la balle.

3 Entamez votre montée le long de la seconde ligne en armant les poignets un peu plus tôt que pour un coup d'approche roulé. Vous placerez ainsi le bâton sur un plan légèrement plus vertical. N'oubliez pas de pivoter le buste quand vous élevez le bâton.

4 Faites pénétrer la tête de bâton dans le sable derrière la balle (voir l'exercice 5, pages 194-195), en faisant descendre le bâton à nouveau le long de la ligne à l'impact: votre élan suit plus ou moins la ligne le long de vos orteils, vers la gauche de l'objectif, la face de bâton ouverte. Cela vous aidera à propulser la balle hors du sable et vers le drapeau.

L'exercice 23 de la section «Le coup de départ» (voir pages 56-57) montre l'importance du relâchement de la tête de bâton. Mais dans le cas d'une fosse de sable de vert, vous ne devez pas la relâcher. Quand vous vous élancez vers la gauche de l'objectif à l'impact, la face de bâton doit rester ouverte : ne laissez pas votre main droite passer au-dessus de la gauche. Ainsi, la face de bâton ne sera pas fermée et la balle ne volera pas vers la gauche de l'objectif.

NIVEAU EXERCICE
1·05

TRACEZ UNE LIGNE DANS LE SABLE POUR CONCENTRER VOTRE FRAPPE

Cet exercice se base sur une ligne tracée dans le sable (comme l'exercice 4, pages 192-193). Mais, au lieu de vous aider à trouver votre alignement et votre trajectoire de l'élan, il vous aide à développer un autre point important du jeu de fosse de sable : apprendre à frapper régulièrement au bon endroit dans le sable derrière la balle.

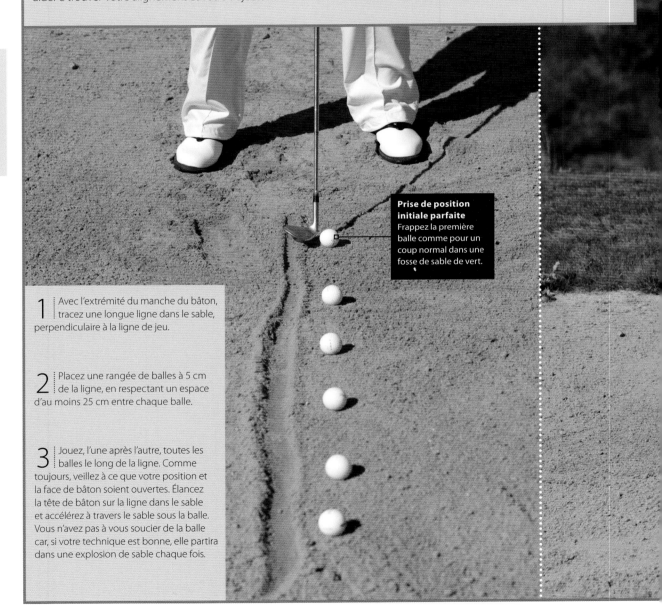

Prise de position initiale parfaite
Frappez la première balle comme pour un coup normal dans une fosse de sable de vert.

1 Avec l'extrémité du manche du bâton, tracez une longue ligne dans le sable, perpendiculaire à la ligne de jeu.

2 Placez une rangée de balles à 5 cm de la ligne, en respectant un espace d'au moins 25 cm entre chaque balle.

3 Jouez, l'une après l'autre, toutes les balles le long de la ligne. Comme toujours, veillez à ce que votre position et la face de bâton soient ouvertes. Élancez la tête de bâton sur la ligne dans le sable et accélérez à travers le sable sous la balle. Vous n'avez pas à vous soucier de la balle car, si votre technique est bonne, elle partira dans une explosion de sable chaque fois.

NIVEAU UN

Alors que vous devez frapper la balle nettement avec un fer pour pouvoir juger la distance avec précision, vous devez frapper le point correct dans le sable pour contrôler la portée de la balle hors de la fosse de sable. Cet exercice vous procurera un élan régulier, reproductible, qui placera systématiquement la tête de bâton au même endroit à l'impact.

Point d'entrée
Faites pénétrer la tête de bâton dans le sable sur la ligne et poursuivez librement votre élan à travers le sable.

CONSEIL D'EXPERT

Avancez davantage la balle

La plupart des joueurs qui ont des problèmes avec les sorties de fosse de sable placent presque toujours la balle au milieu de leur position. Si c'est approprié pour les coups d'approche, levés ou roulés, c'est une position trop en arrière dans une fosse de sable : la tête de bâton descendra selon un angle trop abrupt et creusera trop profondément le sable. Vous perdrez alors toute l'énergie de votre élan et n'aurez plus assez de force pour lever la balle et la sortir de la fosse de sable. Par conséquent, avancez toujours la balle dans votre position, en face de votre cou-de-pied gauche (comme pour le bois n° 1 et les fers longs). Cette position vous permettra de descendre la tête de bâton dans le sable selon un angle d'attaque plus plat, qui glissera ainsi à travers le sable sous la balle. Vous créerez une explosion de sable qui envoie la balle vers le haut et vers l'avant au-dessus de la lèvre de la fosse de sable.

Comme c'est souvent le cas, un petit réglage de votre prise de position initiale peut avoir un effet majeur sur votre élan. À chaque séance d'entraînement à la fosse de sable, vérifiez ce point et les autres fondamentaux de départ.

POSITION DE LA BALLE *La balle placée en avant dans votre position favorise un angle d'attaque plus plat ; celui-ci permet de créer une vague de sable qui propulse la balle vers l'extérieur.*

NIVEAU EXERCICE
1·06 REPRODUIRE UN LANCER DE PIERRE POUR TROUVER LE BON GESTE DE LA MAIN DROITE

L'exercice 4 (voir pages 192-193) expliquait que vous ne devez pas relâcher le bâton dans une sortie de fosse de sable afin que la face de bâton reste ouverte à l'impact. Voici un exercice qui vous familiarisera avec ce que devrait être l'action de votre main droite quand vous jouez une sortie de fosse de sable. Il s'appuie sur un geste qui n'a apparemment aucun rapport avec le golf, mais qui est spontané chez presque tout le monde.

Lancer de pierre
Lors d'une sortie de fosse de sable, le mouvement de votre bras droit doit reproduire le geste d'un lancer de pierre. Dans la traversée, votre épaule droite doit pivoter sous votre menton.

*** Cet exercice stimule non seulement un geste correct de la main droite mais aussi une bonne accélération de la tête de bâton au cours de la pénétration et de la traversée du sable. Ce sont deux facteurs qui vous seront très utiles tout au long de cette section.

1 | Prenez une petite pierre et essayez de la faire ricocher sur une étendue d'eau. Notez que, après avoir tiré en arrière le bras qui lance, votre épaule droite pivote vers le bas et sous votre menton alors que votre buste s'ouvre vers le haut et que votre main droite suit une trajectoire de l'élan plate pour lancer la pierre. Répétez ce geste à plusieurs reprises et prenez conscience du mouvement de votre main droite et du pivot de votre buste.

2 | Rendez-vous dans une fosse de sable avec votre cocheur de sable et faites un élan d'essai. Essayez d'imaginer votre main droite faisant le même geste que pour lancer la pierre. Dans votre descente, votre épaule droite doit de nouveau pivoter vers le bas alors que votre buste s'ouvre vers le haut, et votre main droite doit s'élancer à plat de façon que la tête de bâton glisse à travers le sable selon une trajectoire assez plate.

3 | Frappez maintenant des balles en recréant les sensations éprouvées à l'étape 2. Laissez la tête de bâton faire exploser librement le sable sous la balle.

NIVEAU EXERCICE

1·07

FOCALISEZ-VOUS SUR LE SABLE PLUTÔT QUE SUR LA BALLE

Walter Hagen, figure flamboyante de la première moitié du XXᵉ siècle et l'un des plus grands golfeurs de l'histoire, avait coutume de dire que les sorties de fosse de sable auraient dû être les coups les plus faciles du jeu puisqu'il n'est pas nécessaire de frapper la balle. Cette réflexion peut vous simplifier la vie, comme le montre cet exercice.

* Cet exercice fonctionne sur le même principe que l'exercice 5 (pages 194-195), mais comme vous ne tracerez pas de ligne dans le sable (car c'est contraire au règlement), vous pouvez utiliser cette astuce sur le parcours : concentrez-vous sur le sable et ignorez la balle puisque, comme le soulignait Walter Hagen, c'est le sable et non la balle que vous devez frapper.

1 Prenez votre position initiale pour une sortie normale de fosse de sable de vert, à partir d'une bonne assiette.

2 Au lieu de regarder la balle, ce que vous faites instinctivement sur tous les coups, concentrez votre attention sur un point situé à 5 cm derrière la balle (ci-dessus). Même si cela semble un peu étrange de prime abord, résistez à la tentation de regarder la balle.

3 Continuez à vous concentrer sur le sable pendant l'élan : ne vous souciez même pas de la balle. Si vous faites un bon élan et accélérez la tête de bâton au bon endroit dans le sable, la balle sortira naturellement de la fosse de sable à tous les coups. Frappez plusieurs balles en utilisant cette technique.

NIVEAU EXERCICE
1·08

DOUBLEZ VOTRE LONGUEUR DE L'ÉLAN EN PASSANT DE L'HERBE AU SABLE

Le golf n'est pas une science exacte, et la façon d'aborder un coup ne peut généralement pas être définie par une formule particulière. Cependant, l'exercice suivant vous propose une équation simple qui vous aidera à évaluer la distance de vos coups hors d'une fosse de sable de vert.

Longueur de l'élan
à partir de l'herbe

1 | Trouvez une fosse de sable de vert, à 10 m environ du drapeau.

2 | Jouez un coup d'approche roulé avec votre cocheur de sable de l'extérieur de la fosse de sable. Choisissez une bonne position de balle et essayez d'amener la balle aussi près que possible du drapeau.

Longueur de l'élan
à partir du sable

* Bien que le golf ne soit pas un jeu mathématique, le fait de doubler la longueur de l'élan que vous réalisez depuis l'herbe lorsque vous effectuez votre élan depuis le sable représente une bonne image mentale qui améliorera votre évaluation de la distance de sortie de fosse de sable.

3 Placez-vous maintenant dans la fosse de sable et doublez la longueur de l'élan que vous venez de réaliser depuis l'herbe. Vous devriez sentir que le niveau d'accélération à l'impact et le tempo global de votre élan sont les mêmes que dans le coup précédent. L'effet amortissant du sable pris entre la face de bâton et la balle est la garantie que la balle parcourra la même distance que celle du coup d'approche roulé.

NIVEAU EXERCICE

1·09

TESTEZ DEUX MÉTHODES POUR CONTRÔLER LA PORTÉE DE VOS FRAPPES

Les avis sont partagés quant à la méthode idéale pour varier la distance des coups de sortie de fosse de sable. Nombre de professeurs de golf sont partisans de prendre la même quantité de sable à chaque coup et de varier la longueur de l'élan pour générer plus ou moins de portée. Les exercices précédents de cette section sont fondés sur cette théorie.

Quelques experts affirment cependant que vous devez avoir la même longueur de l'élan à chaque coup et varier la quantité de sable : peu de sable pour les coups longs, plus de sable pour les courtes distances. C'est ainsi que le grand Bobby Jones jouait ses sorties de fosse de sable. Chaque méthode ayant ses mérites, la meilleure solution est de tester les deux pour savoir laquelle vous convient le mieux.

Élan plus court signifie distance plus courte

1 | Plantez trois tés au hasard dans un vert accolé à une fosse de sable.

2 | Prenez votre cocheur de sable et posez six balles dans la fosse de sable, en deux groupes de trois.

Élan plus long
signifie distance
plus longue

Répétez cet exercice à plusieurs reprises pour voir quelle méthode vous fournit le meilleur contrôle de distance. Une fois que vous aurez choisi celle qui vous convient, elle devra constituer la base de votre jeu de fosse de sable et vous devrez orienter votre entraînement en ce sens.

NIVEAU UN

Près de la balle
Frappez à 1 cm derrière la balle et voyez à quelle distance elle vole.

Plus loin derrière la balle
Frappez à 8 cm derrière la balle et voyez à quelle distance elle vole.

3 D'abord, frappez une balle vers chaque té en prenant la même quantité de sable à chaque coup. Variez la longueur de votre élan pour contrôler la distance. Commencez par viser le té le plus proche de vous et faites des élans progressivement plus longs pour envoyer les autres balles de plus en plus loin.

4 Maintenant, frappez les trois balles restantes en conservant la même longueur de l'élan et variez la quantité de sable que vous prenez à l'impact pour contrôler la distance. Prenez beaucoup de sable pour envoyer la première balle jusqu'au té le plus proche, puis un peu moins pour le té en position intermédiaire et encore moins de sable pour le té le plus éloigné. L'expérimentation est essentielle dans ce cas.

NIVEAU   EXERCICE
1·10   ACCORDEZ LA MONTÉE ET LA TRAVERSÉE POUR ACCÉLÉRER LA TÊTE DE BÂTON

Quand vous jouez une sortie de fosse de sable de vert, vous devez accélérer la tête de bâton à l'impact afin d'accumuler l'énergie nécessaire à la création d'une vague de sable assez importante pour propulser la balle hors de la fosse de sable. Cet exercice vous aidera à accélérer la tête de bâton à travers le sable à tous les coups.

Montée
Notez la position que prennent vos mains dans la montée.

1   Trouvez une fosse de sable de vert situé à environ 20 m du drapeau.

2   Répétez une montée et notez à quelle distance vos mains et vos bras vont vers l'arrière. Une balle n'est pas nécessaire à ce stade.

3   Faites exploser le sable avec la tête de bâton en accélérant le bâton de façon qu'il termine plus loin que vous ne l'avez élevé en arrière. Cela signifie que la traversée est plus longue que la montée.

4   Placez une balle sur une bonne position dans le sable, puis frappez-la en vous concentrant sur une traversée plus longue que la montée.

Traversée
Balancez le bâton de façon que la traversée soit plus longue que la montée.

Il est important de souligner que la décélération de la tête de bâton dans la descente est une erreur grave dans le jeu de fosse de sable. Le sable a vite fait d'absorber le peu de vitesse qui reste dans votre élan et il est donc presque certain que la balle restera dans la fosse de sable. Veiller à ce que la traversée soit plus longue que la montée vous garantit, en revanche, un résultat positif à tous les coups.

CONSEIL D'EXPERT

Effacez toujours vos traces

Une fois que vous avez fini de jouer votre sortie de fosse de sable, utilisez le râteau mis à votre disposition pour lisser vos empreintes et la trace laissée par la tête de bâton dans le sable à l'impact. Efforcez-vous de laisser la fosse de sable dans l'état où vous souhaiteriez la trouver. C'est une simple question d'étiquette (voir pages 334 à 337) qui permet à tous les joueurs d'avoir des chances égales de trouver une bonne position dans le sable. Vous le méritez, tout comme les joueurs du groupe qui vous suit. Même si ce conseil se trouve dans le niveau 1, il s'applique évidemment aux joueurs de tous les niveaux.

RATISSEZ LE SABLE *L'une des règles de l'étiquette impose de laisser une fosse de sable dans l'état où l'on souhaiterait le trouver. Rien n'est plus démoralisant que de constater que votre balle repose au milieu d'une empreinte profonde.*

Testez-vous à nouveau

Avant de passer au niveau 2, répétez le test des pages 186-187. Si vous n'avez pas progressé, il est bon de revoir les exercices du niveau 1. Si la note d'évaluation indique que votre jeu de fosse de sable s'est amélioré, vous êtes prêt pour les exercices du niveau 2.

NIVEAU **2** · EXERCICE **11**

TRAVAILLEZ UNE FRAPPE NETTE POUR LES LONGUES SORTIES DE FOSSE DE SABLE

L'exercice suivant est conçu pour améliorer vos longues sorties de fosse de sable. Il vous apprendra à frapper la balle nettement, sans interférence de sable entre elle et la face de bâton, ce qui, contrairement au cas des sorties de fosse de sable de vert, est exactement ce qu'il vous faut dans les fosses de sable d'allée. Les bénéfices que vous procure cet exercice sont également importants pour votre jeu de fer global.

1 | Trouvez une fosse de sable d'allée sans lèvre frontale proéminente, mais avec beaucoup d'espace permettant de frapper des balles sur une position à plat.

2 | Tracez une ligne dans le sable et placez le plus grand nombre de balles possible le long de cette ligne. L'arrière de chaque balle doit juste toucher la ligne.

3 | Prenez votre fer 7 et prenez position derrière la première balle sur la ligne. Prenez le même prise de position initiale que pour un coup de fer (voir pages 20 à 23).

4 | Enfoncez les pieds dans le sable pour stabiliser votre appui au sol. Vous abaissez ainsi la base de votre élan et devez donc descendre votre prise de 2,5 cm environ pour compenser.

Cet exercice évacue la peur des longues sorties de fosse de sable tout en améliorant votre jeu de fers global. Vous pouvez même le répéter sur une plage déserte à marée basse, quand le sable est ferme. Le choix du bâton à utiliser dans une fosse de sable d'allée est abordé dans le conseil d'expert en page 225.

5 | Frappez maintenant vos coups avec un plein élan. Ne vous souciez pas de l'objectif – le but de l'exercice est une frappe nette. Vous devez frapper la balle d'abord, puis le sable, ce qui exige un coup descendant. Les principes sont les mêmes que ceux appliqués à un bon coup de fer (voir le conseil d'expert, page 75). Si vous jouez le coup correctement, il restera une petite marque dans le sable après l'endroit où se trouvait la balle, signe d'un contact «balle puis sable». Si la tête de bâton touche le sable avant la ligne, vous aurez fait une «gratte». Essayez de reculer légèrement la balle dans votre position pour obtenir un contact net. N'essayez pas de «cueillir» la balle pour la sortir du sable.

CONSEIL D'EXPERT

Descendez votre prise pour les coups de toucher

Il est recommandé de descendre la prise pour presque tous les coups courts et les sorties de fosse de sable ne font pas exception. Faites en tout cas des essais pour voir ce qui vous convient le mieux, mais, en règle générale, une prise abaissée de 5 cm environ est l'idéal. Cette modification est utile car plus vos mains sont proches de la tête de bâton, plus vous avez de contrôle. Si, par exemple, vous teniez un stylo par l'extrémité supérieure, vous auriez du mal à écrire. Vous prendriez alors le stylo plus bas pour avoir un meilleur contrôle. Il en va de même pour une sortie de fosse de sable. Un prise plus basse améliore la sensation et augmente le contrôle de la tête de bâton au cours de l'élan.

Le seul cas où une prise plus basse constitue une mauvaise idée est quand la balle se situe bien au-dessous du niveau de vos pieds. Dans cette situation, vous avez besoin de toute la longueur du cocheur de sable pour atteindre la balle au moment de l'impact (voir l'exercice 18, pages 216-217).

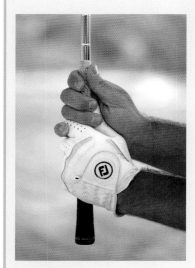

MAINS BASSES *Descendre la prise améliore le toucher sur les courtes distances et les sorties de fosse de sable ne font pas exception à cette règle.*

NIVEAU **2**· EXERCICE **12**

TROUVEZ LA BONNE TECHNIQUE POUR LES SORTIES DE FOSSE DE SABLE MOYENNES

Cet exercice répond à l'une des questions les plus fréquemment posées à propos des sorties de fosse de sable : faut-il frapper les sorties de fosse de sable de longueur moyenne – entre 40 et 50 m – nettement ou avec un peu de sable à l'impact ? Ces fosses de sable n'étant vraiment ni des fosses de sable de vert ni des fosses de sable d'allée, la plupart des joueurs hésitent et ratent leur coup. L'exercice suivant met fin à cette confusion.

1 Trouvez une fosse de sable éloignée de 40 à 50 m d'un drapeau. Choisissez une bonne position dans le sable.

2 Prenez votre cocheur d'allée plutôt que le cocheur de sable. Imaginez que le drapeau est à 12 heures sur le cadran d'une horloge (voir l'exercice 1, page 188) et prenez une position légèrement ouverte, avec les pieds, les hanches et les épaules alignés à 11 heures (à gauche du drapeau). Ouvrez la face de bâton de façon qu'elle soit orientée entre 12 heures et 1 heure (à droite du drapeau).

3 Prenez moins de sable que vous ne le feriez d'une fosse de sable de vert et cherchez à frapper le sable environ 1 cm derrière la balle. Rappelez-vous que, pour la majorité des frappes des fosses de sables de vert, vous devez frapper le sable environ 5 cm derrière la balle (voir l'exercice 5, pages 194-195) et que pour les fosses de sables d'allée, vous devez frapper la balle puis le sable (voir l'exercice 11, pages 204-205).

4 Imaginez maintenant que votre tête est à 12 heures et que la balle est à 6 heures (voir exercice 24, dans la section «Le coup d'approche lobé», pages 142-143). Montez les mains à 10 heures et cherchez à frapper le sable à l'endroit repéré à l'étape 3. Votre position ouverte produira une trajectoire de l'élan extérieur/intérieur (voir pages 26-27) à l'impact qui, associée à une face de bâton ouverte, produit un tir avec un soupçon d'effet latéral. Vous pouvez, par conséquent, prévoir un mouvement de gauche à droite dans l'air et un rebond vers la droite quand la balle tombe sur le vert.

＊ Une autre façon de gérer les sorties de fosse de sable de longueur moyenne consiste à raccourcir l'élan et à frapper un coup net avec un cocheur d'allée; cette technique sera abordée à la fin du niveau 3 (voir l'exercice 25, page 226). Pour le moment, l'exercice actuel vous fournit une méthode plus facile d'emploi et simple à répéter.

NIVEAU **2** · EXERCICE **13**

S'ENTRAÎNER AVEC UN COCHEUR D'ALLÉE SUR SABLE COMPACT

Le rebond sur votre cocheur de sable (voir le conseil d'expert, page 191) est ce qui vous permet de jouer de bonnes sorties de fosse de sable de vert : la tête de bâton glisse librement à travers le sable sous la balle au lieu de creuser trop profondément. Quand le sable est très compact (après une période pluvieuse prolongée), le rebond est la dernière chose que vous souhaitez,

car le cocheur de sable aura tendance à déraper sur la surface et à frapper le milieu de la balle ; celle-ci finira contre la lèvre de la fosse de sable ou au-delà du vert. La prochaine fois que vous serez dans du sable humide ou compact, essayez cet exercice pour vous sortir d'affaire.

Coup difficile
Quand la balle est sur du sable compact, utilisez plutôt votre cocheur d'allée qui coupera plus facilement à travers le sable.

*En vous entraînant à ce coup, vous remarquerez des différences nettes entre celui-ci et une sortie de fosse de sable de vert normale. Puisque vous prenez un bâton moins ouvert et ouvrez moins la face de bâton que vous ne le feriez habituellement, la balle aura une trajectoire plus basse et par conséquent plus de roule. Gardez cela à l'esprit quand vous choisissez un point d'atterrissage sur le vert.

Marque superficielle
Prenez un peu moins de sable que vous ne le feriez pour une sortie de fosse de sable normale ; vous laisserez donc une marque moins profonde dans le sable.

1 Plutôt que le cocheur de sable, prenez votre cocheur d'allée, qui a un bord d'attaque plus aigu. Cette caractéristique permet à la tête de bâton de pénétrer dans la surface compacte du sable, de glisser sous la balle et de créer l'« explosion » essentielle qui fait une bonne sortie de fosse de sable.

2 Prenez une position un peu plus perpendiculaire à l'objectif que pour un coup de fosse de sable normal (au lieu d'ouvrir votre position) et n'ouvrez que légèrement la face de bâton.

3 Pendant l'élan, armez vos poignets un peu plus tôt dans la montée pour créer un angle légèrement plus aigu. Cherchez à frapper un point dans le sable à 2,5 cm environ derrière la balle. Comme toujours, accélérez la tête de bâton dans la descente et la traversée.

NIVEAU 2 · EXERCICE 14

ÉCHELONNEZ LES OBJECTIFS POUR AMÉLIORER LA PORTÉE

Plusieurs exercices du niveau 1 se concentrent sur un sujet important : l'évaluation de la distance hors du sable. L'exercice suivant prolonge ce thème et aborde l'étape suivante, qui consiste à vous aider à améliorer vos différentes longueurs de sortie de fosse de sable.

* Il est important de trouver une bonne position pour chaque balle afin de garantir la continuité. Quand vous aurez gagné en habileté, essayez de faire atterrir les balles à 1 m seulement les unes des autres, par exemple. Ce type de défi que vous vous lancerez en permanence vous aidera à développer votre assurance et votre compétence.

1 Munissez-vous d'une douzaine de balles. Installez-vous dans une fosse de sable de vert. Plus le vert sera grand, plus vous tirerez profit de l'exercice.

2 Frappez votre première balle vers le vert en ayant pour but de la faire atterrir le plus près possible de vous, à 6 ou 7 m seulement.

3 Cherchez à envoyer la seconde balle un peu plus loin, à 2 ou 3 m au-delà de la première.

4 Essayez d'envoyer la troisième balle encore 2 ou 3 m plus loin, et ainsi de suite jusqu'à atteindre la limite du vert. Plus vous arriverez à aligner de balles jusqu'à la limite du vert, meilleurs seront votre jeu de fosse de sable et votre estimation des distances.

CONSEIL D'EXPERT

Soulevez la tête de bâton pour respecter les règles

Bien qu'une section soit consacrée uniquement aux règles de golf (voir pages 338 à 345), il est bon d'étudier maintenant la règle qui représente la plus grande différence entre le jeu de fosse de sable et les autres secteurs du jeu. Les avantages du soulèvement de la tête de bâton au départ ont été abordés dans les sections « Le coup d'approche lobé » (voir l'exercice 20, page 137) et « Le coup d'approche roulé » (voir le conseil d'expert, page 183). Toutefois, dans une fosse de sable, c'est impératif : vous devez soulever la tête de bâton au départ. Si vous laissez la tête de bâton toucher le sable, au départ ou au cours de la montée, vous encourez une pénalité d'un coup. Ne l'oubliez pas quand vous jouez des sorties de fosse de sable. Soyez particulièrement vigilant si votre balle repose sur une pente en descente car la tête de bâton n'a que trop tendance à toucher le sable au cours de l'amorce. La bonne façon de jouer les sorties de fosse de sable d'une pente descendante est traitée dans l'exercice 16 (voir pages 212-213).

SOYEZ VIGILANT DANS LE SABLE *Règle impérative dans les fosses de sable : soulevez la tête de bâton au départ de façon qu'elle ne touche pas le sable. Le contact du bâton avec le sable coûte une pénalité d'un coup.*

DE L'AUDACE SUR UNE PENTE MONTANTE

Votre balle se pose la plupart du temps sur une position assez à plat dans les fosses de sable. Mais il arrive, notamment sur les parcours qui emploient un sable meuble et poudreux, que la balle s'accroche le long d'une pente. Votre technique normale de fosse de sable ne suffira pas toujours : vous devrez alors être créatif dans votre prise de position initiale et adapter votre élan pour contrer les effets de la pente. Cet exercice vous explique comment vous y prendre.

1 Placez une balle sur la pente montante de la lèvre d'une fosse de sable de vert. Prenez votre cocheur de sable et votre position initiale. Bien que votre premier réflexe soit de vous pencher vers la pente, absorbez la majorité de votre poids sur votre pied inférieur, le pied droit dans ce cas. Fléchissez les genoux pour ancrer votre poids ; vous obtiendrez ainsi une base stable pour votre élan. Une fois que vous avez modifié la répartition de votre poids, vos épaules doivent être plus parallèles à la pente, comme elles le seraient sur une position à plat dans le sable. Cette position vous permet d'élancer la tête de bâton à travers le sable selon un angle d'attaque idéal.

40%

Équilibre
Placez environ 60 % de votre poids sur le pied droit.

60%

2 Dans la montée, il est important de vous concentrer sur le fléchissement des genoux et la stabilité de la tête. Ne vous penchez pas en arrière ni en avant car cela perturberait votre équilibre et rendrait très difficile une frappe au bon endroit dans le sable.

3 Lorsque vous passez de la montée à la descente, conservez votre poids sur le pied droit et appliquez-vous à remonter le bâton le long de la pente à l'impact. Si vous laissez votre poids se déplacer vers l'objectif dans la descente, vous enterrerez la tête de bâton trop profondément dans la lèvre de la fosse de sable et la balle ne recevra pas assez d'énergie.

Montée
Conservez votre répartition de poids d'origine pendant votre montée.

60% **40%**

Impact
Vous remontez la tête de bâton le long de la pente à travers la zone de frappe.

✳ Une pente montante ajoutant de l'ouverture à la face de bâton (voir l'exercice 14 dans la section « Coup d'approche roulé », page 165), la balle peut sauter avec trop d'impulsion vers le haut et avoir une portée trop courte pour atteindre le drapeau. Pour éviter cela, soyez beaucoup plus positif. Cherchez à faire atterrir la balle en haut du drapeau. Vous serez conforté par la certitude que la balle atterrira en douceur et ne roulera pas très loin. Dernier détail concernant le jeu d'une pente montante : si la balle se trouve juste au pied de la lèvre de la fosse de sable, vous pouvez envisager de la faire simplement sortir au lieu de viser le drapeau.

NIVEAU DEUX

Simplifiez les positions en pente

Voici une règle utile qui lève le mystère sur le jeu à partir des positions en pente dans le sable : jouez toujours la balle vers votre pied le plus haut, cela pour une raison de mécanique fondamentale de l'impact. Sur une pente descendante, la tête de bâton entre en contact avec le sol plus tôt dans la descente, ce qui signifie que vous devez reculer la balle dans votre position pour obtenir le contact correct. Sur une pente montante, la tête de bâton entre en contact avec le sol beaucoup plus tard dans la descente, ce qui signifie que vous devez avancer la balle dans votre position pour assurer une bonne frappe.

PIED SUPÉRIEUR *Attaquez toujours la balle vers votre pied supérieur : le pied droit sur une pente descendante (en haut), le gauche sur une pente montante (en bas).*

NIVEAU **2**·16 EXERCICE

POURSUIVEZ LA BALLE SUR UNE PENTE DESCENDANTE

L'exercice précédent (voir pages 210-211) abordait l'un des coups en pente les moins astreignants. Celui-ci aborde un cas plus difficile lorsque la balle repose sur une pente descendante. Vous ne pouvez pas vous permettre de négliger l'entraînement à ces coups, aussi difficiles semblent-ils. Sinon, vous prenez le risque de vivre un cauchemar sur le parcours…

40%

60%

1 Prenez votre cocheur de sable et placez une balle sur une pente descendante.

2 Prenez votre position initiale, en plaçant la majorité de votre poids sur votre pied inférieur (pied gauche). Fléchissez bien les genoux pour stabiliser votre équilibre, reculez la balle dans votre position et gardez les mains bien en avant. Comme sur une pente montante, vos épaules doivent être parallèles à la pente, ce qui vous permet de faire pénétrer le bâton dans le sable selon un angle d'attaque descendant.

Alors que la balle s'envole sur une trajectoire haute au départ d'une pente montante, elle est beaucoup plus basse sur une pente descendante, avec beaucoup de roulé à l'atterrissage. Il est donc important de bien choisir la zone d'atterrissage. Il peut être préférable de viser le centre du vert plutôt que le drapeau, pour assurer que votre prochain coup sera un coup roulé. C'est déjà un bon résultat à partir d'une position en pente descendante dans une fosse de sable.

3 Armez vos poignets tôt de façon à monter le bâton sur un arc vertical. Cela vous permet d'entrer droit dans le sable derrière la balle. Ne déplacez pas votre poids.

4 Gardez les mains en avant de la tête de bâton et frappez dans le sable derrière la balle. Vous devez sentir que la tête de bâton poursuit la balle en descendant la pente, de façon qu'elle reste au ras de la surface pendant une bonne partie de la traversée.

NIVEAU EXERCICE
2·17 VISEZ À DROITE POUR JOUER UNE BALLE AU-DESSUS DE VOS PIEDS

Outre les pentes traitées dans les exercices 15 et 16 (voir pages 210 à 213), vous risquez également de rencontrer des positions transversales dans les fosses de sable. Ces coups sont intimidants pour les profanes mais faciles à gérer si vous adaptez votre position et votre élan en fonction de la pente. Cet exercice étudie le cas où la balle repose bien au-dessus du niveau de vos pieds.

* Juger la distance et la direction n'est pas chose aisée quand la balle est au-dessus de vos pieds, car non seulement elle sort de la fosse de sable à la gauche de l'endroit visé, mais elle est aussi encline à rouler un peu plus loin que lors d'une sortie de fosse de sable normale. Du moins n'y a-t-il pas de difficulté à conserver son équilibre, ce que l'on ne peut pas dire à propos du coup plus délicat traité dans l'exercice suivant (voir l'exercice 18, pages 216-217).

Ligne de jeu

Alignement de la face de bâton

Position

1 Placez une balle sur le côté droit d'une fosse de sable de vert, de façon qu'elle soit au-dessus de vos pieds, puis prenez votre cocheur de sable.

2 Adoptez une position parallèle, la face de bâton orientée légèrement vers la droite de l'objectif. Ces modifications par rapport à votre prise de position initiale normale de fosse de sable de vert compensent le fait que, dans cette situation, la balle volera vers la gauche de votre objectif.

3 Descendez votre prise de façon que la main droite touche pratiquement le métal (ou le graphite) du manche du bâton. Vous pourrez ainsi avoir une position normale, bien que la balle soit en réalité plus haute que d'habitude.

4 | Exécutez un élan arrondi, en prenant une trajectoire intérieure dirigée plus en arrière que verticalement.

5 | Descendez sur la même trajectoire que la montée, en faisant passer la tête de bâton de l'intérieur de la ligne de jeu à la droite de cette ligne à l'impact. C'est ce qu'on appelle une trajectoire d'élan intérieur/extérieur (voir pages 26-27). Comme toujours dans les sorties de fosse de sable de vert, repérez un point derrière la balle et faites exploser le sable à cet endroit avec la tête de bâton (voir l'exercice 5, pages 194-195).

NIVEAU EXERCICE
2·18
STABILISEZ-VOUS QUAND LA BALLE EST AU-DESSOUS DE VOS PIEDS

La sortie de fosse de sable la plus ardue est celle où la balle est au-dessous de vos pieds – si la balle est proche d'une lèvre, vous ne pourrez même pas vous tenir dans le sable (cette situation exige de sérieuses innovations, car vous pouvez être obligé de jouer sur les genoux). Même en supposant que vous arriviez à tenir debout dans le sable, il vous sera néanmoins difficile de conserver l'équilibre. L'exercice suivant vous aidera à jouer ce coup délicat.

✳ Il s'agit probablement de la plus difficile des sorties de fosse de sable de vert, essentiellement parce que votre position initiale est si inconfortable que vous vous demandez comment faire un élan sans tomber, sans même envisager de contrôler la direction du vol de la balle. Comme tous les coups en pente, pourtant, vous devez vous y entraîner pour ne pas être embarrassé quand le cas se présentera sur le parcours. Si vous vous trouvez dans une situation où la balle est en dessous de vos pieds dans une fosse de sable, rappelez-vous la formule «équilibre et élan des bras». Vous devez élancer davantage vos mains et vos bras et moins utiliser votre buste. Cela vous aidera à garder votre équilibre.

1 | Prenez un cocheur de sable et placez une balle dans le bord gauche d'une fosse de sable, de façon qu'elle soit sous le niveau de vos pieds quand vous prenez votre position.

2 | Étant donné que vous devez vous baisser pour atteindre la balle, tenez le bâton de façon que votre main gauche soit en haut de la prise.

3 | L'équilibre étant un problème majeur pour jouer ce coup, écartez davantage vos pieds que pour une sortie de fosse de sable normale. Vous stabilisez ainsi votre poids et baissez votre buste; vous êtes donc un peu plus près de la balle et avez moins à vous baisser. Inclinez-vous un peu à partir de la taille si nécessaire. De plus, si vous placez votre poids sur vos talons, vous contrebalancerez la tendance à basculer en avant pendant l'élan.

4 | Ouvrez votre position de façon à déplacer votre prise de position initiale plus à gauche que pour un coup de fosse de sable de vert classique. Cette position vous permettra de frapper à l'endroit visé et ainsi de faire voler la balle lorsque celle-ci se trouve au-dessous de vos pieds.

5 Montez vos mains et vos bras en arrière et utilisez vos poignets pour armer le bâton à la verticale. Maintenez votre tête au même niveau tout au long de l'élan car cela vous permettra de conserver votre hauteur en descendant la tête de bâton à travers le sable.

Testez-vous à nouveau

Avant de passer au niveau 3, répétez le test des pages 186-187. Si vous n'avez pas progressé, il est bon de revoir les exercices du niveau 2. Si la note d'évaluation indique que votre jeu de fosse de sable s'est amélioré, vous êtes prêt pour les exercices du niveau 3.

TOUT PARALLÈLE QUAND LA BALLE EST ENTERRÉE

Les exercices 24 et 27 (voir pages 225 et 228-229) soulignent le fait que vous devez être préparé à jouer les sorties de fosse de sable avec d'autres bâtons que le cocheur de sable si les circonstances l'exigent. L'exercice suivant, qui vous montrera comment jouer une balle dans une position enfouie, se concentre sur un autre démarrage de sortie de fosse de sable classique. Cependant, la modification porte cette fois sur votre technique plutôt que sur un choix de bâton.

1   Recréez une position dans le sable où la balle est enfoncée (enfouie dans sa propre marque d'impact). Cela se produit souvent quand la balle atterrit dans le sable d'une grande hauteur, par exemple quand un tir avec un fer ouvert aboutit dans une fosse de sable.

2   Prenez votre cocheur de sable et, au lieu d'ouvrir votre position et la face de bâton, tenez-vous perpendiculairement à l'objectif, la face de bâton visant le drapeau. Placez la balle au milieu de votre position et gardez vos mains bien en avant de la tête de bâton.

3   Armez les poignets pratiquement dès le début de l'amorce pour favoriser un élan plus vertical et un angle d'attaque aigu à l'impact, ce qui est essentiel à partir d'une position enfouie. Faites également un élan plus long que celui d'une bonne position dans le sable, de façon à accumuler de la vitesse dans la tête de bâton au cours de la descente.

4   Concentrez-vous maintenant sur un point situé de 5 à 7,5 cm derrière la balle et enfouissez la tête de bâton dans le sable à cet endroit. Abaissez le bâton et frappez avec agressivité pour essayer de faire pénétrer puissamment le bord d'attaque de la tête de bâton dans le sable. La résistance du sable est telle que vous pouvez y mettre plus de force que vous ne l'imaginez. Dans le cas d'une position très enfouie, vous devrez peut-être échanger votre cocheur de sable pour un cocheur d'allée afin de vous assurer que la tête de bâton s'enfonce suffisamment dans le sol. La balle sortira de la fosse de sable selon une trajectoire plus basse que lors d'une sortie de fosse de sable classique. Elle roulera également plus loin ; veillez donc à disposer d'une bonne étendue de vert à l'atterrissage si vous tentez de jouer ce coup pendant un tour.

✳   Une balle enfoncée est assez courante, et pourtant peu de golfeurs savent la gérer correctement. C'est donc l'un des coups les plus mal joués du jeu. Même si vous savez jouer une balle enfoncée, une précision absolue est impossible car vous frappez le sol avec une force considérable. Mais entraînez-vous 30 minutes au moins et vous serez alors capable de sortir la balle de la fosse de sable et d'atteindre le vert presque à tous les coups.

NIVEAU   EXERCICE

3·20

BAISSEZ VOS MAINS POUR AMÉLIORER LE TOUCHER

Toute sortie de fosse de sable inférieure à 5 m demande une grande délicatesse de toucher. Paradoxalement, bien que la balle en soit peu éloignée, il est extrêmement difficile de la faire atterrir près du drapeau. Cet exercice vous enseignera la finesse nécessaire à ces sorties de fosse de sable très courtes.

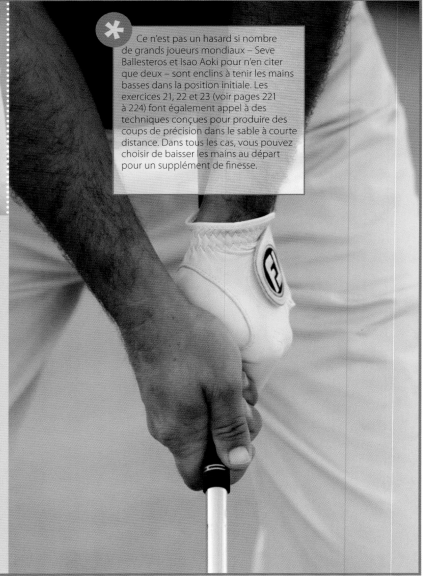

* Ce n'est pas un hasard si nombre de grands joueurs mondiaux – Seve Ballesteros et Isao Aoki pour n'en citer que deux – sont enclins à tenir les mains basses dans la position initiale. Les exercices 21, 22 et 23 (voir pages 221 à 224) font également appel à des techniques conçues pour produire des coups de précision dans le sable à courte distance. Dans tous les cas, vous pouvez choisir de baisser les mains au départ pour un supplément de finesse.

1   Prenez votre cocheur de sable et adoptez votre position initiale normale dans une fosse de sable de vert.

2   Baissez votre prise de façon que votre main droite touche presque le métal du manche, puis abaissez vos mains de 7,5 cm environ. Cette prise de position initiale a deux effets qui vous aideront à jouer de bonnes sorties de fosse de sable. D'abord, la pointe du bâton est poussée vers le haut : cela conduit mécaniquement le talon à entrer en contact avec le sable en premier, permettant à la tête de bâton de glisser à travers le sable plus aisément. Ensuite, les mains plus basses au départ favorisent un élan plus axé sur les poignets, ce qui place le bâton sur un plan plus vertical dans la montée.

3   À partir de la position initiale définie aux étapes 1 et 2, faites accélérer la tête de bâton à travers le sable pour que la balle prenne vite de la hauteur et atterrisse en douceur.

NIVEAU EXERCICE

3·21

OUVREZ LARGEMENT POUR UNE EXPLOSION COURTE

Les sorties de fosse de sable longues et moyennes sont délicates, mais les coups les plus ardus sont ceux où vous devez porter la balle entre 3 et 5 m. Cet exercice vous propose une technique plus efficace que celle consistant à faire une montée de longueur normale et à décélérer à l'impact pour éviter que la balle ne s'envole trop loin.

✱ Vous verrez qu'il est possible de faire un élan long et d'accélérer la tête de bâton à travers le sable, tout en obtenant que la balle ne parcoure qu'une courte distance. Cette technique très utile améliorera vos sorties de fosse de sable courtes.

1 Ouvrez votre position au point que votre poitrine soit pratiquement face à l'objectif et écartez vos pieds de 30 cm de plus que pour une sortie de fosse de sable normale. Cette prise de position initiale vous paraîtra probablement bizarre, mais elle est nécessaire.

Ouvrez davantage la face de bâton que pour n'importe quel autre coup. En fait, la face de bâton doit être ouverte au point que vous pourriez poser un verre d'eau dessus. Montez le bâton dans l'alignement de votre corps. Votre montée sera largement à l'extérieur de la trajectoire de l'élan normale mais totalement appropriée à ce type de coup.

2 Accélérez la descente de la tête de bâton sur la même trajectoire que celle de la montée, de façon que la tête de bâton parcoure une trajectoire nettement infléchie de l'extérieur vers l'intérieur (voir pages 26-27). Cette trajectoire d'élan, associée à la face de bâton largement ouverte, permet au bâton de glisser à travers le sable et la balle devrait alors s'élever franchement, avec plus d'impulsion vers le haut que vers l'avant.

NIVEAU TROIS

NIVEAU **3** · EXERCICE 22

COUPEZ SUPERFICIELLEMENT POUR PLUS D'EFFET À LA SORTIE DU SABLE

Cet exercice présente une autre méthode conçue pour une sortie de fosse de sable délicate à très courte distance. Ce coup est difficile mais la récompense est directement proportionnelle à la difficulté. Jouée correctement, cette technique génère un taux impressionnant d'effet rétro, essentiel pour les sorties de fosse de sable courtes.

1 Ouvrez votre position et la face de bâton un peu plus que pour une sortie de fosse de sable classique.

2 Concentrez-vous sur un point situé à 2 cm seulement derrière la balle. La clé du succès de ce coup est de prendre à l'impact moins de sable que la normale (voir l'exercice 5, pages 194-195).

3 Exécutez maintenant votre élan et essayez de frapper le point repéré à l'étape 2. Coupez superficiellement le sable sous la balle : plus la coupe sera superficielle, plus la balle aura d'effet (une fine couche de sable prise entre la face de bâton et la balle agit comme du papier de verre). Gardez votre poids réparti également tout au long du coup pour favoriser l'angle d'attaque désiré (assez plat).

Vous frapperez probablement les premières balles trop loin, en raison du fait que moins de sable égale moins de résistance et que, par conséquent, plus de force est imprimée à la balle. Expérimentez des positions de face de bâton et les rapports entre la longueur de l'élan et l'accélération à l'impact pour voir quelle quantité d'effet vous pouvez appliquer à la balle. Ce coup particulier exige beaucoup d'entraînement.

NIVEAU TROIS

3·23 CREUSEZ VOTRE POIGNET GAUCHE POUR OUVRIR LA FACE DE BÂTON

Quand vous jouez des sorties de fosse de sable, le rebord de la semelle du cocheur de sable peut rebondir et glisser à travers le sable, assurant un vol haut et un atterrissage amorti. Les exercices 20, 21 et 22 (voir pages 220 à 223) suggéraient des méthodes pour augmenter la hauteur et l'effet d'une sortie de fosse de sable. Voici une solution plus sophistiquée qui consiste à «creuser» le poignet gauche dans la montée.

1 Prenez votre cocheur de sable et frappez la balle comme pour une sortie de fosse de sable de vert classique.

2 Alors que vous écartez le bâton de la balle, pivotez les avant-bras vers la droite pour ouvrir davantage la face de bâton. Armez également les poignets de façon que, quand vous atteignez le sommet de votre montée (les mains à 9 heures environ), votre main gauche se retourne presque sur elle-même – vous devriez voir des rides à l'endroit où le pouce prolonge le poignet. Faites une pause à ce stade et regardez vos mains et la face de bâton, qui sera largement ouverte. Répétez plusieurs fois cette montée pour vous familiariser avec le mouvement et les sensations.

3 Maintenant, frappez des balles. Après avoir été amenée dans une position très ouverte dans la montée, la face de bâton y restera à l'impact.

✳ Si la face de bâton est grande ouverte à l'impact, elle glissera facilement à travers le sable et provoquera un envol vertical de la balle. Vous constaterez rapidement que vous pouvez faire un élan très agressif et générer beaucoup de hauteur pour peu de distance.

ESSAYEZ LE COUP ROULÉ À PARTIR DU SABLE

Vous pensez peut-être que le coup roulé à partir d'une fosse de sable est un dernier recours assez lâche pour les joueurs terrifiés par le «véritable» jeu de fosse de sable. Cependant, s'il n'y a pas de lèvre à proprement parler et si la position est bonne, un coup roulé peut être une option raisonnable. N'ayez jamais peur de jouer un coup peu conventionnel s'il convient à la situation.

Il est clair que cette technique est peu orthodoxe. Mais si vous n'avez jamais tenté ce coup auparavant, vous serez surpris par sa facilité et son efficacité. Si le sable est compact, un coup roulé est encore plus approprié car la balle roulera sur la surface avec moins de résistance. Cependant, il est essentiel que la lèvre de la fosse de sable soit assez basse pour servir de rampe de lancement. Si elle n'est pas assez basse, n'envisagez même pas ce coup.

1 | Prenez votre fer droit et trouvez une fosse de sable peu profonde avec une lèvre basse. Placez une balle dans le sable, sur une bonne assiette. Positionnez la balle au milieu de votre position et alignez vos pieds et vos épaules parallèlement à la ligne de jeu, comme vous le feriez pour un coup de fer normal sur l'allée. N'oubliez pas de soulever la tête de bâton au-dessus de la surface du sable, sous peine d'encourir une pénalité d'un coup (voir le conseil d'expert, page 209).

2 | Jouez un coup contrôlé par vos épaules et vos bras, en autorisant un peu de mollesse dans les bras et les poignets. Jouez un coup positif et cherchez à frapper le milieu de la balle. La face du fer droit doit frapper la balle proprement, d'un coup légèrement descendant. Si vous frappez la balle correctement, il doit y avoir un creux superficiel dans le sable après l'impact. La balle doit alors ricocher sur la surface du sable, sauter au-dessus de la lèvre à peine marquée, continuer sa course vers le vert puis rouler comme un coup roulé normal.

(voir pages 204-205)

CONSEIL D'EXPERT

«Fermez» en sortant d'une fosse de sable de l'allée

Quand la balle atterrit dans une fosse de sable d'allée, choisissez un bâton légèrement moins ouvert que pour la même distance sur l'allée. Si, par exemple, la balle devait atterrir à 150 m du drapeau, vous utiliseriez probablement un fer 6 si vous étiez sur l'allée. Mais d'une distance équivalente dans le sable, «montez» à un fer 5 (en supposant évidemment que la position est bonne). La raison essentielle de ce choix concerne l'arc de l'élan dans la sortie de fosse de sable.

L'exercice 11 (voir pages 204-205) expliquait que vous deviez, pour une sortie de fosse de sable longue, descendre la prise de 2,5 cm environ pour compenser le fait que vos pieds s'enfoncent dans le sable et abaissent effectivement la base de votre élan. Par conséquent, si vous ne descendez pas votre prise, vous risquez de frapper le sol avant la balle. Cependant, si vous le descendez, ne serait-ce que de 2,5 cm, vous réduisez votre arc d'élan, ce qui contribue à raccourcir la portée de la balle. De plus, avec vos pieds enfoncés dans le sable, votre mouvement de jambes sera légèrement restreint, ce qui diminue la puissance de l'élan. Cela réduit encore la portée du coup.

Cependant, avant de vous décider à jouer ce coup, vous devez être certain d'avoir une ouverture de bâton suffisante pour passer la lèvre de la fosse de sable. Si le moindre doute subsiste dans votre esprit, rappelez-vous que votre priorité est de sortir du sable et de vous retrouver dans l'herbe en un coup. Il n'y a rien de pire que de planter la balle dans la lèvre de la fosse de sable pour avoir voulu parcourir une trop longue distance sans avoir prévu assez d'ouverture. Dans ce cas, la balle reste généralement dans le sable et vous y impose un coup supplémentaire. Rappelez-vous cette maxime: «Dans le doute, jouer la sécurité.»

CONSEIL D'EXPERT

Accordez le rebond à la texture du sable

Le conseil d'expert en page 191 décrit la façon dont Gene Sarazen réinventa le cocheur de sable en introduisant le rebond dans la semelle du bâton. Les choses ont considérablement évolué depuis les années 1930 et vous pouvez maintenant acheter des cocheurs de sable avec divers degrés de rebond. Vous devez en tenir compte lors de l'achat d'un cocheur de sable, car votre demande dépendra du type de sable utilisé sur le parcours que vous fréquentez le plus souvent. En règle générale, plus le sable est mou, plus vous avez besoin de rebond sur la semelle du cocheur de sable ; sur du sable plus lourd, vous avez besoin de moins de rebond. Les choix d'équipement sont examinés plus en détail au chapitre 5 (voir pages 326 à 331), mais il est bon de souligner ce point avant de quitter la fosse de sable et de passer au vert.

PLUS OU MOINS DE REBOND *Le rebond sur votre cocheur de sable doit correspondre au sable des fosses de sable de votre parcours habituel : un rebond moindre correspond à un sable lourd (à gauche) ; un rebond plus accentué est plus indiqué pour du sable meuble (à droite).*

TENTEZ DE FRAPPER LE COUP PUNCHÉ

L'exercice suivant est l'un des derniers consacrés au fosse de sable parce que compétence et assurance sont nécessaires à proportion égale pour réussir ce coup. Cette sortie de fosse de sable de longueur moyenne (voir l'exercice 12, pages 206-207) consiste à frapper la balle d'abord plutôt que le sable.

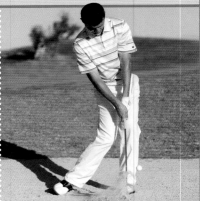

1 Trouvez une bonne position dans une fosse de sable de 40 à 50 m du drapeau. Prenez votre cocheur d'allée au lieu du cocheur de sable.

2 Placez la balle au milieu de votre position et non en face de votre pied gauche. Puis placez vos mains bien en avant de la balle, de façon que le manche du bâton soit incliné vers l'objectif. Maintenant dirigez la face de bâton droit vers le drapeau au lieu de l'ouvrir.

3 Faites un élan des bras et des épaules, en limitant le plus possible le mouvement des jambes. Vous devez aussi porter légèrement le poids du corps sur le côté gauche tout au long de l'élan pour favoriser une frappe de la balle en premier. Gardez les mains en avant de la tête de bâton jusqu'à l'impact et visez l'arrière de la balle. Le but de ce coup est de frapper la balle nettement, d'un coup descendant, et de laisser un léger creux dans le sable après le point d'impact. Si vous jouez ce coup correctement, la balle volera à mi-hauteur d'une sortie de fosse de sable normale, puis rebondira une ou deux fois sur le vert avant que l'effet rétro ne freine sa progression.

✱ Il est amusant de tenter ce coup au cours d'une séance d'entraînement. Toutefois, au cours d'un tour, vous devez être sûr que les conditions sont réunies : la lèvre de la fosse de sable doit être assez négligeable (car les balles ont une trajectoire basse) et vous devez disposer d'une belle étendue de vert à l'atterrissage.

ENVISAGEZ LES SITUATIONS LES PLUS DIFFICILES

Les exercices de cette section ont abordé les compétences requises pour améliorer votre jeu de sortie de fosse de sable. Ce dernier exercice va maintenant vous permettre d'appliquer votre imagination et votre technique à des situations délicates afin d'appréhender divers types de coups.

* L'objet de cet exercice est de faire atterrir 10 balles, ou le maximum possible, dans un rayon de 2 m autour du trou, une distance qui garantit un coup roulé facile à entrer dans le trou. Vous pouvez aussi vous fixer divers objectifs pour varier les plaisirs de l'exercice.

NIVEAU TROIS

1 Prenez 10 balles et placez-les dans une fosse de sable. Posez la première balle sur le côté gauche de la fosse de sable, au-dessous du niveau de vos pieds et la dixième balle sur le côté droit de la fosse de sable, au-dessus du niveau de vos pieds. Choisissez une position différente pour chacune des autres balles. Veillez à ce que certaines aient une bonne position et que d'autres soient partiellement enterrées, ou complètement enfoncées ou calées sur des pentes montantes ou descendantes.

2 Jouez toutes les balles, l'une après l'autre. Vous constaterez que le cocheur de sable est idéal pour la plupart des coups, mais gardez d'autres bâtons sous la main, comme un cocheur d'allée et un fer 9, au cas où vous souhaiteriez faire des tests en chemin.

3 Jaugez chaque assiette, visualisez la sortie du sable de la balle et essayez d'adapter votre technique et le bâton à chaque coup.

3·27 TESTEZ DIFFÉRENTS BÂTONS POUR FRAPPER UNE SORTIE DE FOSSE DE SABLE

Le cocheur de sable ne porte pas son nom par hasard : il est conçu pour faciliter le jeu de fosse de sable au maximum. Mais il n'est pas le seul bâton utilisable autour du vert. Avec un peu de savoir-faire, d'autre bâtons vous offrent plus de souplesse et de nouvelles options dans les fosses de sable. La pratique de cet exercice étoffera votre répertoire de coups et complétera votre petit jeu.

1   Rendez-vous dans une fosse de sable avec un fer 9, un cocheur d'allée, un cocheur de sable et une douzaine de balles.

2   Commencez avec le cocheur de sable. Frappez quelques sorties de fosse de sable normales. Observez la façon dont la balle vole et la distance qu'elle parcourt.

3   Prenez le cocheur d'allée. Rappelez-vous que tous les bâtons en dehors du cocheur de sable ont une semelle assez mince, ce qui n'est pas forcément ce que vous souhaitez. Par conséquent, veillez à utiliser la même technique qu'avec le cocheur de sable. Ouvrez la face de bâton, ce qui lui permettra de glisser à travers le sable, et exécutez un élan positif pour empêcher la tête de bâton de s'enterrer. Vous constaterez que la balle sort de la fosse de sable selon une trajectoire plus basse qu'avec un cocheur de sable et roule aussi plus loin.

4   Terminez avec le fer 9. Ouvrez votre position et la face de bâton. Vous constaterez que le même élan produit une trajectoire encore plus basse avec encore plus de roule à l'atterrissage.

✱   Les coups à trajectoire basse ne fonctionnent pas quand la lèvre de la fosse de sable est haute. Mais un fer 9 ou un cocheur d'allée sont des outils utiles quand vous devez jouer une sortie de fosse de sable avec roule à travers un vert long – une situation où un cocheur de sable à vol haut produit souvent une balle courte.

NIVEAU TROIS

LA SORTIE DE FOSSE DE SABLE PARFAITE

Il fut un temps où quelques noms sortaient du lot en matière de jeu de fosse de sable, mais cette époque est révolue. Actuellement, tous les grands professionnels du circuit déploient des compétences exceptionnelles dans le sable. Le Suédois Freddie Jacobson ne fait pas exception. Pour lui, une sortie de fosse de sable de vert n'est pas plus éprouvante qu'un coup d'approche roulé de bord de vert. D'une bonne position de la balle tel que ci-dessous, il chercherait même à entrer sa balle directement dans le trou. À regarder Freddie, cela semble facile et en fait, ça l'est, pourvu que vous respectiez quelques règles fondamentales.

*

GARY PLAYER, le plus grand joueur de fosse de sable qui n'a jamais posé le pied dans le sable, a toujours soutenu que la règle fondamentale à une sortie de fosse de sable réussie est de veiller à accélérer à travers le sable et dans une position de traversée complète et équilibrée.

1 DÉPART

Freddie a adopté l'alignement parfait pour une sortie de fosse de sable de vert : ses pieds, hanches et épaules sont alignés légèrement sur la gauche du drapeau, alors que la face de bâton vise la droite du drapeau. Cette position génère la trajectoire extérieur/intérieur de l'élan souhaitée, alors que la face de bâton ouverte aide le large rebord sur la semelle du cocheur de sable à glisser à travers le sable. Ces éléments se combinent pour produire un tir rectiligne.

2 DEMI-MONTÉE

Freddie a une façon assez peu orthodoxe d'écarter le bâton de la balle, mais il y a néanmoins beaucoup à observer et à admirer dans cette image. Le point capital est que, pendant que les mains et les bras de Freddie montent le bâton, son buste continue à pivoter – une combinaison essentielle, même sur les petits coups comme celui-ci.

3 SOMMET DE LA MONTÉE

Bien que peut-être anticonformiste à mi-montée, la technique de Freddie est parfaite au sommet de la montée. La face de bâton est toujours grande ouverte, condition primordiale d'une bonne sortie de fosse de sable. Le manche du bâton pointe vers la gauche du drapeau, en travers de la ligne, ce qui facilite la descente du bâton selon la trajectoire et le plan corrects pour un contact optimal avec le sable.

Les secrets d'un meilleur jeu de fosse de sable

Un bon jeu de fosse de sable crée une différence importante dans votre potentiel de résultat. Les indications suivantes forment le cœur d'une bonne technique de fosse de sable.

Ouvrez votre position de façon que vos pieds, hanches et épaules soient orientés à 10 m au moins à gauche de l'objectif. Ouvrez la face de bâton de façon qu'elle vise à 10 m au moins à droite de l'objectif.

Placez la balle en face de votre talon gauche de façon à pouvoir descendre la tête de bâton dans le sable selon un angle d'attaque assez plat.

Montez la tête de bâton parallèlement à l'alignement de vos pieds pour établir une trajectoire d'élan extérieur/intérieur. Élancez-vous à gauche à l'impact, avec la face de bâton ouverte (visant à droite).

Exécutez toujours votre traversée dans le sable pour assurer l'accélération appropriée dans la zone de frappe (et non pas quand la balle est enfoncée).

OBSERVEZ LE PRO

4 **IMPACT**
Notez la façon dont Freddie lance librement le bâton à travers le sable sous la balle. Cette image souligne l'importance d'une bonne position initiale. La position ouverte facilite la trajectoire de bâton extérieur/intérieur, alors que la face de bâton ouverte garantit la traversée de la tête de bâton dans le sable et l'« explosion » de la balle hors de la fosse de sable, vers le drapeau.

5 **TRAVERSÉE**
En dépit de la sensation inhérente à ce type de coup – la balle plane vers le haut et l'avant selon une trajectoire « molle » – l'élan positif et en accélération est manifeste dans la traversée de Freddie. Le mouvement est agressif bien que contrôlé ; cet élan n'a certainement rien d'hésitant et c'est une bonne leçon à prendre dans le sable.

LE COUP ROULÉ

B IEN QUE LE COUP DE COUP ROULÉ **soit très court** en comparaison d'un plein élan, il se prête à davantage d'interprétation que tout autre coup. Il vous suffit d'observer le jeu sur le vert au cours d'une compétition professionnelle pour apprécier la diversité des styles utilisés. Une caractéristique commune à tous les grands «putteurs» est cependant un coup régulier, reproductible, dans lequel toutes les parties mobiles se complètent parfaitement. Dans ce type de coup, la balle roule le long de la ligne choisie à la vitesse voulue, en fonction de la longueur du coup.

Le coup roulé représentant environ 40 % du total des coups joués dans un tour, ce serait une grave erreur de négliger cette partie du jeu. La section suivante vous procurera une compréhension totale de la mécanique du coup roulé, ce qui vous permettra d'intégrer les ingrédients essentiels d'un coup efficace dans votre style personnel. Vous développerez également deux qualités vitales : le toucher et l'assurance.

TESTEZ VOS COMPÉTENCES

LE TEST DE COUP ROULÉ

Pour évaluer parfaitement votre habileté au coup roulé, ce test est divisé en deux parties : les balles entrées dans le trou à courte distance (étapes 1 à 3) et le coup roulé de longue distance (étapes 4 et 5).

1 Trouvez un vert qui ne présente pas de pentes significatives : plus il est plat, mieux c'est. Plantez sept tés dans le sol pour former un cercle autour du trou. Chaque té doit être à une longueur de fer droit du trou – un mètre environ.

2 Placez une balle à côté de chaque té, puis essayez de les mettre dans le trou l'une après l'autre (voir l'illustration ci-dessus). Videz le trou quand c'est nécessaire pour laisser la place à d'autres balles.

4 Écartez-vous maintenant de 10 m environ du trou. Posez huit balles sur le sol.

5 Frappez le plus de balles possible dans le cercle de tés (voir l'illustration ci-contre). S'il en tombe dans le trou, tant mieux, mais, pour le but de cet exercice, une balle entrée dans le trou vaut autant qu'un loup qui finit dans le cercle.

Additionnez vos résultats de coups roulés courts et longs pour obtenir un résultat sur 15. Répétez deux fois les étapes 2 à 5 et calculez un résultat moyen sur 15.

*

LA RÉUSSITE D'UN COUP ROULÉ RÉSIDE dans l'équilibre entre deux ingrédients cruciaux : le rythme et l'alignement. L'un sans l'autre n'est d'aucune utilité sur un vert.

3 Notez votre résultat sur sept et laissez les tés en place, car ils font aussi partie intégrante du test de coup roulé de longue distance.

NOTE D'ÉVALUATION

1 1–5 = NIVEAU UN (pages 234 à 247)

2 6–10 = NIVEAU DEUX (pages 248 à 269)

3 11–15 = NIVEAU TROIS (pages 270 à 277)

NIVEAU EXERCICE
1·01

FORMEZ VOTRE PRISE DE COUP ROULÉ

S'il y a trois grands types de prise recommandées pour le plein élan (voir «Contrôler les fondamentaux : la prise», pages 18-19,), le coup roulé, en revanche, ne vous laisse pas le choix. Cela dit, la sagesse populaire suggère que la meilleure façon de contrôler le fer droit serait d'utiliser la prise appelée «superposition inversée».

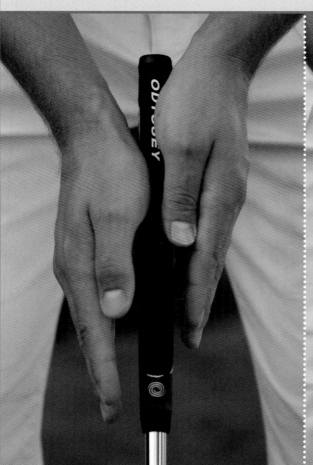

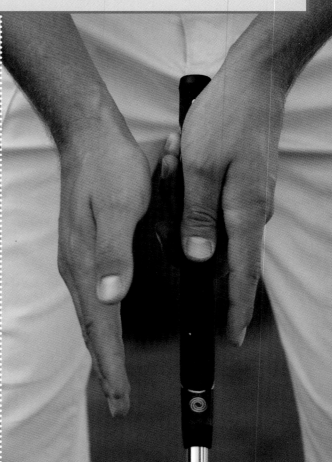

1 | Placez vos mains de chaque côté de la prise du bâton, les paumes face à face et chaque main perpendiculaire à l'objectif.

2 | Posez votre main gauche sur le bâton, le pouce droit, dirigé vers le bas, au milieu de la prise. Gardez pour l'instant l'index écarté de la prise.

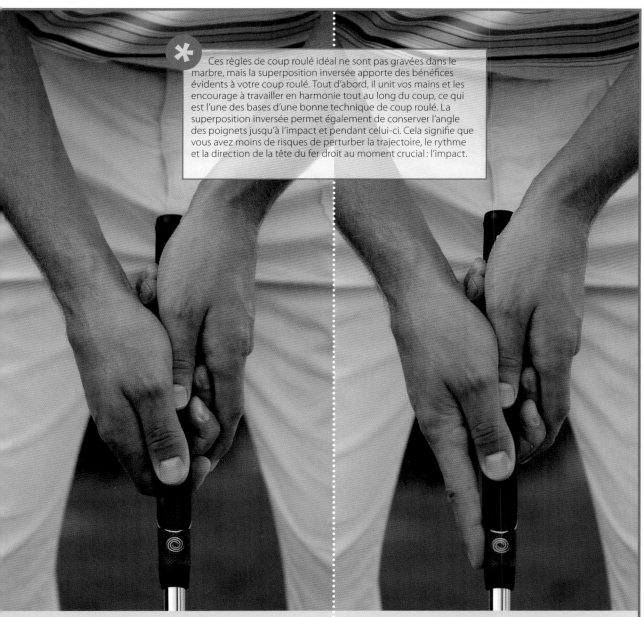

Ces règles de coup roulé idéal ne sont pas gravées dans le marbre, mais la superposition inversée apporte des bénéfices évidents à votre coup roulé. Tout d'abord, il unit vos mains et les encourage à travailler en harmonie tout au long du coup, ce qui est l'une des bases d'une bonne technique de coup roulé. La superposition inversée permet également de conserver l'angle des poignets jusqu'à l'impact et pendant celui-ci. Cela signifie que vous avez moins de risques de perturber la trajectoire, le rythme et la direction de la tête du fer droit au moment crucial : l'impact.

NIVEAU UN

3 Posez votre main droite sur le bâton, le pouce également dirigé vers le bas au milieu de la prise. Enveloppez la prise des doigts de votre main droite et posez votre index gauche sur eux. C'est la superposition inversée. (Selon votre préférence, l'index gauche peut soit être étendu droit le long de la prise, comme ci-dessus, soit être légèrement rentré derrière, comme dans l'image illustrant l'étape 4.)

4 Enfin, allongez votre index droit vers le bas de la prise pour améliorer votre contrôle du fer droit. La distance à laquelle ce doigt descend sur la prise est aussi une question de préférence personnelle. Tenez le bâton avec autant de délicatesse que dans un plein élan. Le coup roulé repose sur la délicatesse du toucher – la douceur est la clé d'une pression optimale sur la prise.

NIVEAU · EXERCICE
1·02

PRENEZ LA POSTURE IDÉALE DE COUP ROULÉ

Une bonne posture est très importante quand vous vous préparez à exécuter un plein élan, mais elle est également cruciale pour la réussite de votre coup roulé. Idéalement, vous devriez adopter une posture de départ qui permet à vos bras de pendre – pas totalement droits, mais libérés de toute tension pour permettre un mouvement fluide de va-et-vient. Cette routine simple vous aide à instaurer une bonne posture de coup roulé.

✳ Cet exercice vous montre comment prendre une excellente posture pour le coup roulé. Par ailleurs, votre alignement est plutôt une question de goût personnel. Cependant, la plupart des experts recommandent d'avoir les épaules parallèles à la ligne de jeu, alors que vos pieds peuvent être légèrement ouverts vers l'objectif.

1 Tenez-vous droit, le fer droit reposant contre votre jambe gauche. Fléchissez légèrement les genoux et penchez-vous à partir des hanches de façon que vos épaules soient souples et vos bras pendants. Secouez un peu vos mains pour détendre vos bras. Formez normalement votre prise (voir l'exercice 1, pages 234-235).

CONSEIL D'EXPERT

Géométrie d'un bon coup roulé

Vu par un ver de terre, un coup roulé prend la forme d'une soucoupe. La tête du bâton s'écarte de la balle dans un mouvement balayant courbe vers le haut, très progressif, et redescend selon le même angle. Au bas de son arc, la tête du fer droit a un trajet horizontal avant de suivre une courbe vers le haut en traversant la balle à l'impact. L'un des secrets d'un bon coup roulé est de veiller à ce que le contact avec la balle se produise juste après que le bâton a atteint le bas de son arc d'élan (utilisez un miroir pour repérer la position exacte de la zone plane au bas de votre coup roulé). Cela signifie que le bâton monte légèrement quand il frappe la balle, ce qui permet d'imprimer une roule sans à-coups à la balle. La traversée qui reflète la forme de la montée doit être légèrement plus longue que celui-ci. C'est ainsi qu'on obtient le bon taux d'accélération à l'impact.

En ce qui concerne la trajectoire du fer droit, elle doit être rectiligne à la montée et à l'impact pour les coups roulés de courte distance, soit jusqu'à 2 m. Au fur et à mesure que le coup s'allonge, la tête du bâton doit suivre cette trajectoire : intérieure à la montée, position parallèle à l'impact et à nouveau intérieure dans la traversée. Cette trajectoire d'élan est exactement la même que pour un plein élan (voir pages 26-27), mais à beaucoup plus petite échelle.

L'élan parfait *Dans tous les coups roulés excellents, le fer droit fonctionne comme un pendule et se balance librement dans un mouvement de va-et-vient. La balle doit simplement se trouver sur le chemin du bâton quand il passe.*

2 | Prenez maintenant une ou deux minutes pour noter les éléments essentiels de cette posture. Vos bras doivent être légèrement pliés, les coudes pointant vers la cage thoracique. Imaginer vos bras et vos épaules comme un triangle vous aidera à produire un coup correct (voir l'exercice 5, pages 240-241). Vous devez vous sentir à l'aise et détendu, le poids réparti également sur les deux pieds.

NIVEAU EXERCICE
1·03 VÉRIFIEZ LA POSITION DE LA BALLE

Le coup roulé est le secteur de jeu qui laisse le plus d'espace à votre personnalité. Mais quelle que soit la méthode choisie, vous devez toujours veiller à garder les yeux au-dessus de la balle quand vous êtes en position initiale. L'exercice suivant vous permet de remplir cette condition essentielle.

En ayant les yeux directement au-dessus de la balle, vous obtenez la meilleure vision sur la ligne de jeu. Si vos yeux sont d'un côté ou de l'autre de cette ligne, votre vision est déformée, ce qui risque de perturber votre visée. Essayez de consacrer régulièrement du temps au contrôle de la position de la balle. Il est bon de pratiquer cette routine au début de chaque séance d'entraînement au coup roulé, que ce soit ou non avant un parcours. Si vous jouez la balle dans la position correcte, vous éviterez de prendre de mauvaises habitudes.

1 | Prenez votre position initiale (voir l'exercice 2, pages 236-237) mais ne posez pas de balle. Retirez votre main droite du bâton et tenez une balle de golf contre le haut de votre nez, exactement entre les yeux.

2 | Laissez tomber la balle (vous devrez peut-être déplacer légèrement le bâton). Notez soigneusement l'endroit où la balle frappe le sol en premier. C'est le point où vous devrez placer la balle dans votre position de coup roulé.

NIVEAU EXERCICE
1·04

VÉRIFIEZ L'ALIGNEMENT DE LA FACE DU FER DROIT AU DÉPART

L'exercice 5 (pages 240-241) aborde la bonne orientation du fer droit, qui n'est pas chose aisée, comme vous pouvez l'imaginer. Un test réalisé lors d'une compétition du circuit a produit des résultats surprenants : d'une distance de 3 m, plus de la moitié des professionnels n'ont pas réussi à pointer la face du fer droit à moins de 2,5 cm d'un côté du trou ou de l'autre. Cet exercice vous garantit de toujours viser l'objectif.

✳ Essayez de répéter cet exercice avant chaque tour. Une orientation correcte du fer droit est l'un des secrets de la mise au point d'une frappe régulière, sans compensation (qui n'exige pas que vous déviez la face de fer droit pendant le coup pour une trajectoire droite de la balle).

1 Accroupissez-vous sur le vert, à 3 ou 4 m du trou. Alignez la face du fer droit de telle sorte qu'elle soit perpendiculaire au trou.

2 Relevez-vous très lentement et prenez votre position de départ. Soyez très attentif à ce que le bâton ne dévie absolument pas.

Étudiez la position de la face du bâton par rapport au trou. Promenez votre regard du bâton au trou à plusieurs reprises. Essayez de mémoriser la position du fer droit par rapport au trou.

3 Frappez un coup roulé. Si la balle ne se dirige pas directement vers le trou, vous savez que vous avez un problème de visée et qu'il doit être provoqué, par conséquent, par une frappe en biais. Si c'est le cas, reportez-vous à l'exercice 5 (voir pages 240-241) pour remettre votre frappe sur le droit chemin.

NIVEAU UN

NIVEAU EXERCICE
1·05 TROUVEZ L'ALIGNEMENT CORRECT POUR UNE BONNE RÉPÉTITION DU COUP

Dans un tournoi professionnel, les joueurs en tête du classement semblent frapper tous les coups roulés à 2 m du trou. De même, au niveau de votre bâton, dans vos meilleurs tours, vous avez probablement entré vos coups roulés comme un professionnel. L'exercice suivant concentre votre attention sur les trois éléments essentiels de votre coup roulé court : l'alignement de la face du fer droit au départ, la trajectoire de l'élan et l'alignement de la face du bâton à l'impact.

1 Trouvez un coup roulé rectiligne sur le vert, à moins de 2 m du trou. Posez deux bâtons sur le vert dirigés en ligne droite vers le trou, avec 2,5 cm environ d'espace libre de chaque côté du talon et de la pointe de la tête du fer droit. Ces deux bâtons vous fourniront un précieux point de repère visuel pour orienter la face du bâton perpendiculairement au trou et vous aideront à contrôler la trajectoire de l'élan du fer droit.

2 Placez la balle entre les deux bâtons et prenez votre position initiale. Si la face du fer droit fait un angle droit avec les deux bâtons parallèles, comme il se doit, vous viserez directement le trou. Veillez à ce que le fer droit suive une trajectoire nette entre les rails dans la montée.

*Répétez cet exercice le plus souvent possible : il vous permet de visualiser le bon alignement du fer droit et vous entraîne à produire la trajectoire de l'élan idéal. Chez vous, posez deux bâtons sur le sol, tous deux dirigés vers un objectif éloigné de 60 cm. Puis, pendant une dizaine de minutes, frappez des coups roulés entre les rails pour mettre au point une frappe affûtée et reproductible.

3 Écartez le bâton de l'arrière de la balle en veillant à ce qu'il reste dans les rails. Si la face du fer droit est parallèle à l'impact, la balle entrera dans le trou. Vos épaules, vos bras, vos mains et le bâton doivent se déplacer dans un même mouvement. Essayez de conserver le triangle formé par vos bras et vos épaules au départ et exercez une pression légère sur la prise. Essayez également de sentir un «retard» (souplesse dans les poignets) quand vous basculez de la montée à la descente.

NIVEAU UN

CONSEIL D'EXPERT
L'art de lire les verts

La lecture experte d'un vert exige de prendre en compte un certain nombre de facteurs. Étudiez le vert en vous en approchant pour repérer la pente dominante : cela vous donnera une idée de la cassure que prendra la trajectoire de la balle. Une fois sur le vert, observez la ligne de jeu de derrière la balle. Si vous vous accroupissez, vous distinguerez mieux les pentes subtiles.

Vous obtiendrez une autre lecture du côté bas du trou. Éloignez-vous de quelques pas, à mi-chemin entre la balle et le trou. De cette position, vous pouvez évaluer quelle cassure prendra la roule de la balle en descendant la pente. Examinez également les irrégularités du terrain à proximité du trou. La balle sera plus sensible aux ondulations quand elle roulera à sa vitesse la plus lente (en arrivant près du trou).

Enfin, gardez à l'esprit que la balle prendra plus de cassure sur un vert rapide que sur un vert lent : vous devez généralement prévoir plus de cassure dans vos coups roulés, en été, quand les verts sont tondus au plus près.

LIRE LA PENTE *Il y a beaucoup d'endroits sur le vert d'où vous pouvez lire un coup roulé. L'une des positions les plus efficaces est de s'accroupir derrière la balle.*

NIVEAU **1**·EXERCICE 06

ADAPTEZ VOTRE MONTÉE EN FONCTION DE LA DISTANCE

Quand on observe des pros du coup roulé en action, on constate qu'il n'y a pas de «frappe» à proprement parler : la balle se trouve simplement sur la route de la tête du fer droit. C'est une bonne façon d'envisager un coup roulé, mais vous ne réussirez cette frappe tout en douceur que si la longueur de votre montée correspond à la longueur du coup roulé. Cet exercice vous aidera à adapter la longueur de votre montée à tous les types de coups roulés que vous rencontrerez.

1 | Placez-vous à 6 m environ d'un trou, laissez tomber trois balles et positionnez la première. Exécutez une montée très courte : pas plus de 10 cm derrière la balle. Pour mettre la balle dans le trou de cette position, vous devrez planter le fer droit dans la balle avec un mouvement abrupt.

2 | Pour la deuxième balle, faites une montée exagérée de 50 cm approximativement. Pour envoyer la balle à la bonne distance, vous constaterez que vous devez ralentir dans la zone de frappe.

*Les longueurs de montées suggérées ici ne s'appliquent qu'à un coup roulé de 6 m. Tentez cet exercice de distances variées autour du vert en exécutant une montée trop longue, une autre trop courte, puis la descente parfaite. Vous apprendrez ainsi à identifier la longueur correcte.

Montée trop longue

Montée trop courte

3 Avec la dernière balle, coupez la poire en deux entre les longueurs de montée des étapes 1 et 2. Vous constaterez que vous pouvez accélérer le fer droit en douceur à travers la zone de frappe et envoyer la balle à la distance voulue. Ce mouvement doit ressembler davantage à un élan qu'à une frappe.

CONSEIL D'EXPERT

Dites-vous : « C'est le coup roulé qui gagne l'Open. »

Pour rester concentré lorsqu'on s'entraîne au coup roulé, la meilleure méthode est d'essayer de créer de la pression en simulant une situation de jeu décisive. Par exemple, dites-vous que le prochain coup roulé est celui qui gagnera la compétition. Les plus grands professionnels du circuit ont raconté des anecdotes de jeunesse dans lesquelles ils rêvaient de « rentrer un coup roulé pour l'*Open Championship (tournoi ouvert)* ». Quelques-uns d'entre eux, comme Nick Faldo (en 1987, 1990 et 1992), réalisèrent leur rêve.

Lorsque vous vous entraînez, imaginez-vous en train de jouer un coup roulé dans un tournoi majeur ; la pression sera plus forte et le plaisir plus grand quand vous rentrez la balle. Et si, dans une compétition, vous êtes sur le dernier trou avec un coup roulé pour la victoire, vous aurez plus de chances de le réussir, car vous aurez répété mentalement ce type de coup.

LE COUP ROULÉ DE LA VICTOIRE
Nick Faldo avait coutume de s'entraîner en se disant : « Ce coup roulé gagne l'Open. » Il mit la théorie en pratique avec succès à trois reprises.

NIVEAU UN

NIVEAU   EXERCICE
1·07 APPRENEZ À FRAPPER RÉGULIÈREMENT LA SURFACE DE FRAPPE

Cet exercice étudie l'importance de frapper régulière-ment la balle de la surface de frappe sur la face de votre fer droit (comme l'exercice 8, page ci-contre). La théorie est, par exemple, exactement la même au tennis : si vous ne frappez pas la balle avec le centre de la raquette, le résultat est faussé.

Plus votre coup s'allonge, plus il est difficile d'éviter de frapper les tés. Cependant, si vous frappez régulièrement la surface de frappe, l'impact sera spectaculaire sur votre évaluation de la distance, car vous pourrez prévoir avec précision l'allure à laquelle la balle quittera la face du fer droit.

1 Fixez deux tés verticalement sur la face du fer droit avec du ruban adhésif de façon qu'ils soient à 2 cm environ de part et d'autre de la surface de frappe. Ce point est clairement désigné sur presque tous les fers droits modernes par un point ou par une ligne sur le bord supérieur de la tête du bâton.

2 Frappez quelques coups roulés à 2 m au maximum en essayant de frapper la balle sans toucher les tés. Si vous y arrivez, vous avez frappé avec la surface de frappe. Mais si l'un des tés est coincé entre la balle et la face du fer droit, la balle partira avec un angle bizarre (vous devriez également sentir et entendre que quelque chose ne va pas). Ces indices signifient que vous avez frappé la balle de la pointe ou du talon de la tête du fer droit.

3 Au fur et à mesure que vous pro-gressez dans le coup roulé court, augmentez la longueur du coup en cher-chant uniquement à frapper la balle avec la surface de frappe – juste entre les tés.

NIVEAU EXERCICE
1·08

GARDEZ LES YEUX BAISSÉS POUR UNE FRAPPE PARFAITE

Le vieil adage « gardez la tête baissée » a provoqué plus de défauts dans le plein élan des golfeurs que n'importe quel autre conseil, car il empêche un bon pivot du corps et un élan libre des bras à l'impact. Mais c'est une excellente idée en matière de coup roulé. Il garantit que votre corps est immobile, ce qui aide à maintenir le fer droit sur une vraie trajectoire de va-et-vient et favorise, par conséquent, une frappe contrôlée et assurée. L'exercice suivant vous aidera à garder la tête baissée au cours des coups.

* Cet exercice est parfait au terrain d'entraînement ; il est bien sûr interdit de placer une pièce de monnaie sous la balle lors d'un tournoi. Mais cela ne signifie pas que vous ne tirerez pas profit du principe acquis. Sur le parcours, pensez à garder la tête baissée quand vous traversez la balle avec le fer droit. Si vous pouvez vous astreindre à cette discipline à chaque coup roulé, vous frapperez plus souvent vos balles avec la surface de frappe et les enverrez sur la bonne ligne de jeu plus régulièrement. L'exercice 12 du niveau 2 (voir page 249) vous propose une autre méthode pour garder la tête baissée au cours d'un coup roulé.

1 Placez une pièce de monnaie sous la balle et prenez votre position initiale. Exécutez un élan d'une longueur où vous êtes à l'aise (la longueur du coup roulé que vous frappez n'a pas d'importance), en gardant les yeux fermement fixés sur le haut de la balle.

2 Pendant que vous frappez la balle, continuez à vous concentrer sur la pièce. Cette astuce vous assure de garder la tête immobile jusqu'à ce que la balle ait commencé son trajet vers le trou.

NIVEAU EXERCICE
1·09

APPUYEZ-VOUS CONTRE UN MUR POUR TRAVAILLER VOTRE COUP

Si vos parcours sont espacés dans le temps, votre jeu risque de se rouiller. C'est souvent le petit jeu, notamment le coup roulé, qui est le plus perturbé. Ce n'est toutefois pas une fatalité. Entre les parties, exécutez cet exercice simple fondé sur les sujets essentiels traités jusqu'ici dans cette section : cinq minutes par jour vous seront d'un profit énorme. Vous remarquerez bientôt la différence sur les verts.

Tête
L'exercice contre un mur vous entraîne à garder la tête immobile pendant le coup.

*En répétant régulièrement cet exercice entre les parcours, vos yeux s'accoutumeront à voir un coup aligné et vos muscles se rappelleront comment produire un tel coup. Quand vous retournerez sur le parcours, vous ne passerez pas les dix premiers trous à vous battre pour retrouver votre coup roulé.

Trajectoire de la balle
La balle doit avoir une trajectoire parallèle au mur.

1 Prenez votre fer droit et adoptez votre position de départ normale, la tête appuyée délicatement contre l'un des murs intérieurs de votre domicile. Laissez tomber une balle de l'arête de votre nez. L'endroit où elle atterrit est le point où vous devez placer la balle dans votre position (voir l'exercice 3, page 238).

2 Maintenant frappez des coups roulés de longueur moyenne – 4 m environ – le long du mur. Gardez un œil sur la trajectoire du fer droit par rapport à la ligne droite du mur ou de la plinthe. La tête du bâton doit tout d'abord s'écarter de façon rectiligne, puis s'arquer progressivement vers l'intérieur quand la montée s'allonge. Puis elle doit revenir en position parallèle à l'impact, avant de prendre à nouveau une trajectoire intérieure pendant la traversée. Si la trajectoire de la tête du bâton est correcte et si la face du fer droit est perpendiculaire à l'impact, la balle doit partir selon une ligne parallèle au mur. Si ce n'est pas le cas, vous savez que quelque chose cloches, soit dans la trajectoire du coup, soit dans l'alignement de la face du fer droit.

NIVEAU EXERCICE
1·10 FRAPPEZ DANS LE MILLE À L'ARRIÈRE DU TROU

Faire rouler et entrer la balle dans le trou très lentement, de près, est une affaire délicate, car la plus légère imperfection ou une pente imperceptible déviera sa course. Pour les coups roulés jusqu'à 1 m, un coup ferme envoyant la balle contre l'arrière du trou est souvent la meilleure option. Cela contribue à éviter une trajectoire de balle incurvée vers la droite ou vers la gauche et vous permet de traiter la majorité des coups roulés courts comme des coups roulés rectilignes, éliminant bien des soucis. L'exercice suivant vous donnera la confiance nécessaire pour entrer les coups roulés courts avec autorité.

Sur le parcours, quand vous êtes confronté à un coup roulé court délicat, imaginez un té planté à l'arrière du trou. Concentrez-vous sur cette image et essayez de frapper le té imaginaire. Sur toutes les pentes, sauf les descentes escarpées, ce coup d'approche positif fonctionne généralement beaucoup mieux que d'essayer de pousser délicatement la balle dans le trou. Une frappe énergique est presque toujours plus productive.

1 | Trouvez un coup roulé court relativement rectiligne sur le vert. Plantez un té dans la paroi arrière du trou. Inclinez-le légèrement vers le haut de façon que la tête soit dirigée vers vous, comme une cible miniature, quand vous frappez la balle.

2 | Essayez de frapper la balle avec une force suffisante pour qu'elle heurte le té avant de tomber dans le trou. Imaginez que vous utilisez la balle pour enfoncer davantage le té. Répétez ce coup avec 10 balles de façon à vous habituer à frapper des coups roulés courts avec fermeté. Si, auparavant, vous «poussiez» les coups roulés courts dans le trou, vous devriez maintenant frapper la balle plus fermement.

CONSEIL D'EXPERT
Le trou est plus large que vous ne le pensez

Quand la confiance baisse sur le vert, le trou semble moitié plus petit que sa taille réelle. Vous avez peut-être la sensation qu'aucun coup roulé ne pourra entrer. Dans les situations délicates, essayez de voir les choses sous un autre angle. En observant un trou de taille standard (ci-dessous), vous constaterez que son diamètre est quasiment équivalent à la largeur de trois balles côte-à-côte. Si vous visualisez le trou ainsi, savoir qu'il y a une marge d'erreur vous aidera à alléger la pression.

LA TAILLE DU TROU *Lors d'un coup roulé, il est bon de se rappeler que le trou est beaucoup plus large que vous ne le pensez – en réalité, presque la largeur de trois balles.*

Testez-vous à nouveau

Avant de passer au niveau 2, répétez le test des pages 232-233. Si vous n'avez pas progressé, il est bon de revoir les exercices du niveau 1. Si la note d'évaluation indique que votre coup roulé s'est amélioré, vous êtes prêt pour les exercices du niveau 2.

NIVEAU EXERCICE 2·11
METTEZ-VOUS EN CONFIANCE EN VOUS HABITUANT À RENTRER DES COUPS ROULÉS

Si votre coup roulé est un peu hésitant à partir de 1,50 ou 2 m, la pire façon de commencer votre entraînement est d'essayer de rentrer des coups roulés de cette distance. En effet, vous en raterez probablement plus que vous n'en réussirez, ce qui ne servira qu'à miner votre confiance. Par conséquent, avant votre prochaine compétition, veillez à vous entraîner à rentrer vos coups roulés. L'exercice suivant vous aidera à atteindre cet objectif.

✱ Cet exercice peut sembler excessivement facile au départ, mais c'est sa nature progressive qui est le secret de son efficacité. En commençant par une distance courte et en voyant la balle heurter l'arrière du trou, au lieu de frapper de plus loin et de vous habituer à voir la balle déraper au-delà du trou, vous prendrez rapidement confiance dans vos capacités de « putteur ».

1 Commencez d'une distance à laquelle vous vous sentez assuré de rentrer tous les coups roulés. Bien que cette distance varie d'un joueur à l'autre, vous commencerez probablement à 30 cm environ du trou.

2 Frappez cinq ou six balles contre l'arrière du trou (voir l'exercice 10, page 247). Créez-vous une forte image mentale de la balle se dirigeant vers le centre du trou et laissez votre confiance s'accroître.

Reculez de 15 cm. Répétez un coup positif avec le même nombre de balles. Répétez l'opération en vous éloignant progressivement, jusqu'à 1 m du trou. Au-delà de cette distance, vous courez le risque de trop nombreux échecs.

ÉCOUTEZ, MAIS NE REGARDEZ PAS

L'exercice 8 (voir page 245) propose une méthode pour conserver la tête baissée pendant le coup roulé. C'est très facile à l'entraînement mais devient psychologiquement très différent au cours d'une compétition. L'anxiété liée à un coup roulé court (état d'esprit qui ne se présente pas au terrain d'entraînement) incite à relever la tête trop tôt pour observer la trajectoire. Mais ce mouvement risque de perturber votre coup et, par conséquent, de provoquer un coup roulé raté. Voici une méthode garantie pour cesser de relever la tête trop tôt.

Vous pouvez employer cette technique de coup roulé au cours d'une compétition, du premier au dernier vert. En écoutant au lieu de regarder, votre tête et votre corps resteront immobiles pendant l'élan et la trajectoire de votre coup s'avérera correcte. Vous serez peut-être surpris de la différence apportée par ce petit réglage. Quand vous finirez par relever la tête, il y a davantage de chances que la balle ait disparu dans le trou.

1 Prenez votre position pour un coup roulé court, rectiligne, de 2 m environ. Frappez un coup et veillez à ne pas lever la tête tant que vous n'avez pas entendu le son de la balle tombant dans le trou (ou le silence laissant présager l'échec).

2 Frappez autant de balles que vous en avez le temps. Si vous frappez bien, vous constaterez que vous devez vider le trou régulièrement pour faire de la place.

NIVEAU 2 · EXERCICE 13

EXERCEZ-VOUS AVEC UN MIROIR POUR AMÉLIOREZ VOS RÉSULTATS

Le fait d'avoir les yeux directement au-dessus de la balle au départ est l'un des aspects essentiels d'un bon geste de coup roulé (voir l'exercice 3, page 238). De cette position, vous pouvez pivoter la tête pour avoir une vision parfaite de la ligne du coup roulé voulue. Si vous pouvez regarder cette ligne, vous la suivrez plus facilement en frappant. Cet exercice vous assure non seulement que vos yeux sont directement au-dessus de la balle, mais vous fournit également une information visuelle sur l'alignement du fer droit et la trajectoire de votre élan.

Position de l'œil
Quand vous regardez la balle, vous ne devez pas voir vos yeux dans le miroir.

1 À l'aide d'un marqueur noir épais (ou de bande adhésive), tracez deux lignes sur un petit miroir : l'une verticale et l'autre horizontale, dessinant une croix au centre du miroir.

Disposez le miroir à plat sur le vert. La ligne horizontale doit pointer en direction du trou. Placez la balle au centre du miroir, à l'intersection des deux lignes.

2 Prenez votre position initiale et vérifiez votre reflet dans le miroir. Vos yeux doivent être cachés par la balle.

* Gardez ce miroir dans un endroit facilement accessible quand vous vous entraînez, par exemple dans votre placard, au club, ou dans le coffre de votre voiture. Comme toutes les autres formes d'entraînement, la répétition est la clé de la perfection. Si vous frappez avec un miroir pendant vos moments de liberté, les résultats s'en ressentiront sur le parcours.

NIVEAU DEUX

3 Alignez la face du fer droit avec la ligne verticale qui sera perpendiculaire à l'objectif. Guidez le va-et-vient du bâton sur la trajectoire correcte le long de la ligne horizontale. Veillez à ce que votre tête reste parfaitement immobile tout au long de l'élan.

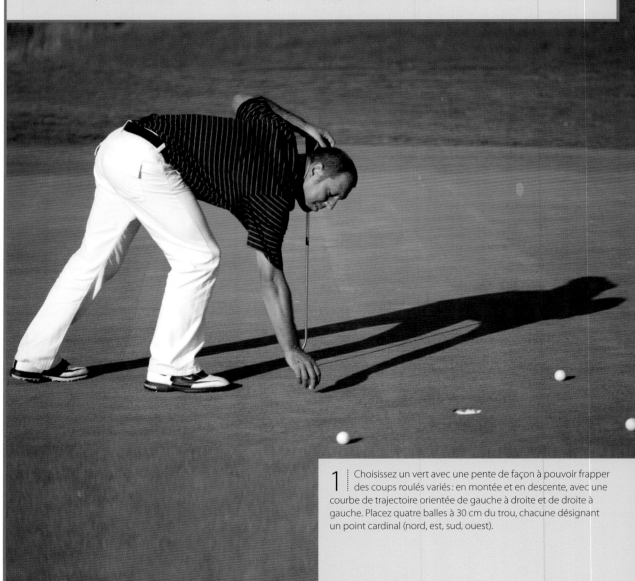

NIVEAU
EXERCICE

2·14 RENTREZ VOS COUPS ROULÉS EN SUIVANT LES POINTS CARDINAUX

Voici une version plus avancée de l'exercice 11 (voir page 248), également conçue pour améliorer votre capacité à rentrer vos coups roulés dans le trou. Étant donné que cet exercice inclut différentes courbes de trajectoire, il est l'une des meilleures méthodes pour améliorer votre jeu de petits coups roulés.

1 | Choisissez un vert avec une pente de façon à pouvoir frapper des coups roulés variés : en montée et en descente, avec une courbe de trajectoire orientée de gauche à droite et de droite à gauche. Placez quatre balles à 30 cm du trou, chacune désignant un point cardinal (nord, est, sud, ouest).

NIVEAU DEUX

✱ Vous pouvez insuffler un esprit de compétition dans cet exercice en notant le nombre de coups roulés réussis consécutivement et en essayant de battre votre record. Si vous atteignez la quinzaine sans échec, vous avez un bon niveau. Un résultat avoisinant vingt est exceptionnel.

2 Rentrez les quatre coups roulés dans le trou. Démarrer de cette courte distance vous donnera immédiatement la confiance qui vient quand on rentre la balle dans le trou à tous les coups. Frappez maintenant quatre balles éloignées de 15 cm de plus aux quatre points cardinaux et essayez à nouveau de les rentrer dans le trou. Si vous y arrivez, reculez encore les balles de 15 cm et répétez l'opération.

NIVEAU **2**·15 EXERCICE

CHOISISSEZ LA BONNE COURBE
SUR LES VERTS EN PENTE

Le problème le plus courant posé par les coups roulés en pente n'est pas tant de lire l'accentuation de la courbe, un talent qui est à la portée de tous (voir le conseil d'expert, page 241), que de se fier vraiment à ce que l'on voit et de bien frapper la balle selon la ligne choisie. L'exercice suivant aborde ces deux problèmes et accroîtra votre confiance quand vous aborderez des coups roulés à trajectoire courbe.

1 Prenez huit ou neuf balles et votre fer droit et rendez-vous sur un vert avec une pente. Placez les balles à intervalles réguliers en arc autour du trou. Commencez à 2 m environ du trou et reculez jusqu'à la limite du vert.

2 En commençant par la balle la plus proche du trou, lisez soigneusement chaque coup avant de frapper la balle. Pendant que chaque balle roule vers le trou, notez le degré de cassure que prend le coup roulé. Puisque vous suivez un prolongement de la même ligne, vous lirez mentalement la cassure avec plus de clarté au fur et à mesure que vous frapperez les balles.

✱ Cet exercice améliore votre capacité à évaluer le rythme et la ligne de jeu d'un coup roulé à trajectoire courbe, en vous aidant à vous représenter une image nette de la pente et de son effet sur la balle. Ainsi, votre assurance augmentera et vous vous habituerez à exécuter une frappe volontaire le long de la ligne choisie. Même si vous ne rentrez pas directement tous les coups visualisés, si vous vous fiez davantage à votre jugement, vous réaliserez au moins une frappe positive. En soi, cela améliorera sensiblement vos performances sur les verts.

NIVEAU DEUX

TRAITEZ CHAQUE COUP ROULÉ
COMME UN COUP ROULÉ RECTILIGNE

L'exercice 15 explique que l'échec d'un coup roulé en ligne courbe est souvent dû au fait que vous ne respectez pas la ligne que vous avez définie. Le doute le plus léger se traduit souvent par un coup hésitant. Cet exercice vous permettra d'éviter cette tendance. Le principe est simple : traiter chaque coup roulé comme un coup roulé rectiligne.

* Au cours de cet exercice, vous abordez chaque coup roulé comme s'il s'agissait d'un coup roulé rectiligne, en laissant les contours du vert guider la balle vers le trou. Cela simplifie le problème de la cassure.

1 Munissez-vous de votre fer droit et trouvez un vert avec des pentes claires. Prenez votre position initiale pour un coup roulé d'une longueur de 5 m environ. Lisez le vert pour évaluer la cassure de la trajectoire (voir le conseil d'expert, page 241).

Définissez la ligne selon laquelle vous voulez que la balle démarre. Visualisez un objectif secondaire sur un prolongement de cette ligne. Par conséquent, pour un coup roulé que vous voyez sur une courbe de droite à gauche, imaginez qu'il y a un objectif à 30 cm à la droite du trou.

2 Faites quelques coups roulés d'essai en vous concentrant sur l'objectif imaginaire. Frappez le coup roulé vers cet objectif : le trou devient d'importance secondaire.

UN COUP BROSSÉ VERS L'AVANT POUR VÉRIFIER L'OBJECTIF ET LA FRAPPE

L'exercice suivant vous livrera deux informations essentielles concernant votre coup roulé : vous saurez si la face du fer droit est orientée correctement et si la trajectoire du coup est sur la bonne ligne. On sait que nombre de grands professionnels du circuit pratiquent cet exercice ; Nick Faldo alla jusqu'à lui attribuer sa victoire dans l'*Open Championship (tournoi ouvert)* de 1992, l'une des plus belles semaines de coup roulé d'une longue carrière couronnée de succès.

*
La trajectoire de la balle quand vous la brossez vers l'avant vous en dira long sur votre geste de coup roulé. Si la balle se dirige vers le milieu du trou, vous savez que la face du fer droit était en position parallèle au départ et que votre frappe était en ligne tout au long de l'élan – deux éléments essentiels d'un coup roulé réussi. Si la balle se dirige vers la gauche du trou, soit la face du fer droit était fermée au départ, soit vous avez fait un coup intérieur en faisant un élan vers la gauche. Si la balle termine à droite du trou, soit la face du fer droit était ouverte, soit vous avez fait un élan vers la droite.

1 Exécutez un coup roulé rectiligne à 1 m environ du trou. Prenez votre position initiale normale, la face du fer droit derrière la balle, perpendiculaire au trou.

2 Maintenant, brossez la balle vers le trou d'un mouvement en avant, sans à-coups. N'exécutez pas de montée.

NIVEAU **2** EXERCICE **·18**

CHAQUE COUP ROULÉ AU-DELÀ DU PRÉCÉDENT

La majorité des golfeurs ont tendance à incriminer leur coup roulé court quand ils répètent les triples coups roulés, mais le problème vient souvent de leur coup roulé d'approche long, qui n'arrive pas assez près du trou. Cet exercice vous aidera à résoudre ce problème irritant, en vous entraînant à mieux juger la vitesse de roule de la balle à travers le vert.

1 Prenez une douzaine de balles et frappez la première à une distance de 5 m environ.

✱ Même les meilleurs joueurs tireront profit de cet exercice. Pour relever le défi, il suffit de réduire l'espace entre les balles. Une variante de l'exercice consiste à inverser le processus : essayez d'envoyer la première balle à l'extrémité du vert, puis d'envoyer chaque balle un peu plus près que la précédente. Une bonne évaluation de la distance a deux avantages : elle retire la pression sur les petits coups roulés et davantage de coups roulés longs rentreront dans le trou.

2 │ Frappez la seconde balle à 1 m au-delà de la première. Essayez d'envoyer chacune des balles suivantes à la même distance, au-delà de la précédente.

NIVEAU | EXERCICE

2·19 TENTEZ UNE « RÉPÉTITION GÉNÉRALE » DU COUP IDÉAL

Pour de trop nombreux joueurs, le coup roulé d'essai n'est rien de plus qu'un va-et-vient décontracté du fer droit, presque sans but. Il ne ressemble souvent en rien au coup réel. Rendez sa vraie valeur à votre coup roulé d'essai en répétant l'exercice suivant et en l'intégrant systématiquement à votre rituel de coup roulé.

1 | Laissez tomber une balle n'importe où sur le vert et livrez-vous à votre lecture habituelle de la cassure du terrain (voir le conseil d'expert, page 241). Une fois que vous avez défini une ligne, prenez votre posture normale, mais pas encore votre position de départ.

2 | Exécutez quelques élans d'essai sans cesser de regarder le trou. Essayez d'accorder ce que vous sentez être la longueur idéale du coup avec le message visuel de votre vision du trou. Votre montée doit être d'une longueur qui vous permet d'accélérer le fer droit en douceur à travers la zone de frappe (voir l'exercice 6, pages 242-243).

* Grâce à cet exercice, vous devriez acquérir une meilleure sensation de la distance. Si vous pensez à vos élans d'essai comme à des «répétitions générales» du vrai coup, vous avez plus de chances de bien frapper le coup roulé au moment important.

3 Quand vous serez satisfait de votre élan d'essai, prenez votre position de départ, reproduisez le coup que vous avez répété, puis laissez la balle se trouver sur la route du fer droit en mouvement (vous devez être en train de regarder la balle et non le trou).

4 Répétez ces mouvements à plusieurs reprises, mais, pour chaque coup roulé, laissez tomber la balle à une distance différente du trou.

NIVEAU **2** · EXERCICE **20**

DES MONTÉES ET DES DESCENTES POUR AMÉLIORER VOTRE VITESSE

Un coup roulé d'approche long dont la distance est mal évaluée est la principale raison du triple coup roulé, comme indiqué dans l'exercice 18 (pages 258-259). Ce phénomène est amplifié sur les verts en pente, car les joueurs peinent à régler leur coup en conséquence. Cet exercice est conçu pour améliorer votre évaluation de la vitesse, mais, à la différence de l'exercice 18, il y ajoute la difficulté des coups roulés en montée et en descente.

1 Trouvez un vert offrant une pente prononcée. Vous avez seulement besoin de trois balles, de votre fer droit et de deux tés. Plantez l'un des tés au plus haut de la pente, au bord du vert, et le deuxième au plus bas de la pente. Pour que cet exercice soit vraiment efficace, il doit y avoir au moins 12 m entre les deux tés (sans quoi il serait trop facile).

2 Placez trois balles près de l'un des deux tés et frappez vers le té planté à l'extrémité opposée du vert. Prenez votre temps sur chaque coup, et essayez d'amener les balles le plus près possible de l'objectif.

※ En pratiquant cet exercice, vous constaterez que votre évaluation de la vitesse s'améliore rapidement. Cela prouve que vous ajustez vos coups de façon à gérer les pentes. Si vous souhaitez corser le défi, tentez cet exercice avec une seule balle. Il est beaucoup plus ardu d'atteindre la bonne vitesse en une seule tentative. Cet exercice recrée le genre de cas délicats que vous rencontrerez dans une compétition.

3 Placez-vous maintenant de l'autre côté de la pente, et frappez vers le té planté à l'extrémité opposée du vert.

4 Faites des allers et retours et frappez en montée et en descente, aussi longtemps que possible.

CONSEIL D'EXPERT

La vitesse fait tout

Des études ont démontré que, quelle que soit la distance de coup roulé, pour donner à la balle la meilleure chance de tomber dans le trou, elle doit rouler assez vite afin de dépasser le trou de 46 à 60 cm. Cette «vitesse de roule» idéale garantit que la balle conservera sa trajectoire à l'approche du trou, quand des courbes imperceptibles peuvent facilement faire dévier sa ligne. Gardez cela à l'esprit quand vous jaugez un coup roulé. Il est astucieux de visualiser un trou imaginaire au-delà du trou réel. Cette technique vous aide à imprimer la vitesse de roule parfaite à la balle.

VITESSE DE ROULE *La vitesse idéale pour entrer un coup roulé est celle qui permettrait à la balle de rouler encore de 45 à 60 cm plus loin, si elle manquait le trou.*

NIVEAU EXERCICE
2·21 ÉVITEZ LES MOUVEMENTS DE POIGNETS EXCESSIFS EN COURS DE COUP ROULÉ

La méthode classique de coup roulé est fondée sur une frappe contrôlée essentiellement par les épaules et les bras, avec une faible action des poignets appelée « retard » (voir l'exercice 5, pages 240-241). Ce mouvement des poignets est souhaitable parce qu'il procure un bon rythme et une accélération en douceur du fer droit à travers la zone de frappe. Toutefois, un mouvement excessif des poignets est parfois la cause d'un coup roulé capricieux, car il peut perturber l'alignement de la face du fer droit et votre capacité à contrôler la longueur du coup roulé. Cet exercice vous aidera à cantonner votre mouvement de poignets dans des limites raisonnables.

1 Prenez votre position initiale normale et calez une autre balle entre votre poignet droit et le haut de la prise du fer droit.

2 Frappez des coups roulés de 8 m environ en veillant à ce que la balle reste en place au cours de la frappe. Vous éviterez ainsi un mouvement excessif des poignets, ce qui favorisera un coup fluide et aligné. Si la balle tombe sur le sol, l'action des poignets est trop importante.

Rappelez-vous que le coup roulé est ouvert à une interprétation personnelle : le conseil donné dans cet exercice est une forte recommandation, mais ce n'est toutefois qu'une recommandation. Même s'il y a eu de merveilleux «putteurs de poignets» dans l'histoire du golf, à l'instar de multiples vainqueurs de tournois majeurs, comme Gary Player et Arnold Palmer, cette méthode est beaucoup moins fiable que la technique conventionnelle prônée dans cette section. Une action des poignets est plus difficile à reproduire, et accroît la probabilité de coups irréguliers et de mauvaise évaluation de la vitesse, notamment dans les situations de pression.

NIVEAU **2·22** EXERCICE

TESTEZ VOTRE COUP ROULÉ DE LONGUE DISTANCE

Cette section a déjà proposé deux exercices destinés à améliorer votre coup roulé de longue distance : l'exercice 18 (voir pages 258-259) et l'exercice 20 (voir pages 262-263). Cette partie du jeu est assez importante pour en mériter

un de plus sous forme de minitest. Les résultats vous fourniront une évaluation honnête de vos compétences dans le coup roulé de longue distance.

* Cet exercice vous entraîne à imprimer la bonne vitesse à la balle, ce qui vous donne les meilleures chances d'éviter un triple coup roulé – votre priorité absolue quand vous êtes loin du trou. Vous aurez également plus de chances d'entrer directement un coup roulé long dans le trou, à l'occasion.

1 Posez un bâton à 60 cm du trou et reculez jusqu'à une distance à partir de laquelle vous êtes convaincu de ne pas faire un triple coup roulé. Frappez cinq balles vers le trou depuis ce point.

2 Attribuez-vous des points pour chaque coup roulé selon le système de
calcul suivant:

- dans le trou: 3 points;
- trop court: moins 3 points;
- au-delà du trou mais avant le manche
  du bâton: 1 point;
- contact avec le bâton: moins 2 points.

L'entraînement consiste à jouer une série
de balles en terminant avec un résultat
positif. Lorsque vous y parvenez, reculez
de quelques pas et répétez l'exercice.
Rappelez-vous cette consigne: vous ne
pouvez reculer qu'après avoir obtenu un
résultat positif.

NIVEAU 2 · EXERCICE 23

VISEZ UN OBJECTIF PLUS PETIT POUR RELATIVISER LE TROU

La représentation mentale peut avoir un effet très bénéfique sur votre jeu, comme l'illustre l'exercice suivant. Celui-ci vous permet, en effet, d'aborder l'entrée dans le trou selon une perspective nouvelle, dont le profit est maximal quand il est pratiqué juste avant le départ d'un parcours.

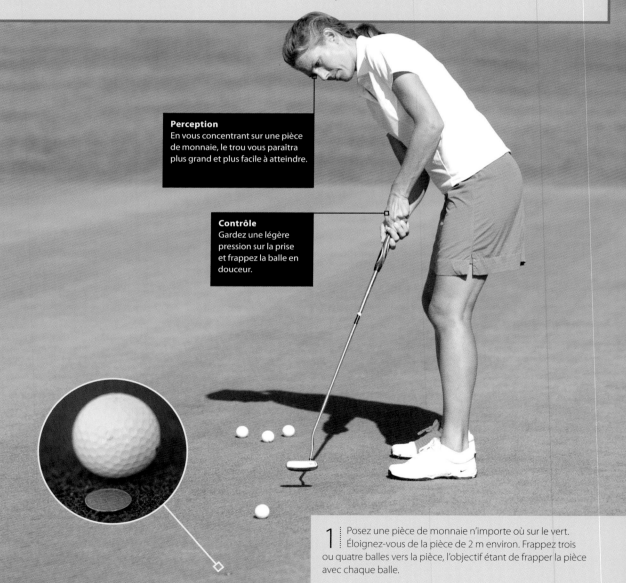

Perception
En vous concentrant sur une pièce de monnaie, le trou vous paraîtra plus grand et plus facile à atteindre.

Contrôle
Gardez une légère pression sur la prise et frappez la balle en douceur.

1 Posez une pièce de monnaie n'importe où sur le vert. Éloignez-vous de la pièce de 2 m environ. Frappez trois ou quatre balles vers la pièce, l'objectif étant de frapper la pièce avec chaque balle.

* Cet exercice met l'accent sur votre frappe et concentre votre temps d'entraînement. Quand vous affronterez votre premier coup roulé, le trou vous semblera plus grand et beaucoup plus facile à atteindre. Un avertissement cependant : si vous tentez cet exercice d'une distance supérieure à 3 m, vous risquez de manquer la pièce si souvent que votre confiance s'émoussera et vous finirez par vous faire plus de mal que de bien. Par conséquent, restez à une distance raisonnable.

2 | Lorsque vous vous sentez en confiance, reculez à une distance de 3 m ou plus et répétez l'exercice.

NIVEAU DEUX

CONSEIL D'EXPERT

Mieux se concentrer pour lire un coup roulé

Votre vision périphérique peut vous distraire quand vous essayez de vous concentrer sur la lecture d'une ligne de coup roulé – moment où vous avez besoin de toute votre attention. Pour éliminer ce problème, protégez vos yeux en plaçant vos mains autour de votre visage afin de créer une vision «en tunnel». Cela vous aidera à lire le vert et diminuera le risque de distraction. Si vous constatez que votre attention se disperse, essayez de rétrécir votre champ de vision : nombre de professionnels le font.

CONCENTRATION *Le simple fait de plisser les yeux pour lire un coup roulé vous aidera à ignorer les éventuelles distractions pour mieux vous concentrer.*

Testez-vous à nouveau

Avant de passer au niveau 3, répétez le test des pages 232-233. Si vous n'avez pas progressé, il est bon de revoir les exercices du niveau 2. Si la note d'évaluation indique que votre coup roulé s'est amélioré, vous êtes prêt pour les exercices du niveau 3.

NIVEAU 3 · EXERCICE 24

UN COUP FLUIDE

Voici l'une des meilleures méthodes pour libérer l'élan du fer droit, qui est un préalable essentiel à une bonne évaluation de la distance. Bien que cet exercice se rapporte à l'un des problèmes fondamentaux du coup roulé et qu'il soit pratiqué d'une seule main, il exige un assez bon niveau.

* Au bout de quelques tentatives, vous serez surpris de la qualité de votre frappe et de votre évaluation de la distance, tout cela en n'utilisant que votre main droite. Quand vous frapperez avec les deux mains, vous constaterez que votre frappe est moins inhibée et qu'elle n'est pas entravée par une tendance à guider le fer droit dans un mouvement de va-et-vient (un défaut très néfaste).

1 | Prenez le fer droit de la main droite et laissez votre main gauche pendre à votre côté (ou mettez-la dans votre poche).

2 | Frappez des balles à travers le vert. Maintenez une pression légère sur la prise, exécutez un élan libre de la main droite et laissez votre poignet s'armer légèrement en réaction à l'élan du fer droit quand il change de direction de la montée à la traversée. Cette souplesse du poignet favorise le mouvement de va-et-vient fluide du bâton, alors qu'un poignet rigide manque de fluidité et complique le contrôle du rythme.

3 | Concentrez-vous sur le rythme plutôt que sur un objectif précis. Gardez à l'esprit une distance approximative et essayez de grouper quatre ou cinq balles le plus près possible les unes des autres.

POUR LES COUPS ROULÉS COURTS, SOYEZ TRÈS PRÉCIS

L'exercice 11 de la section «Le coup d'approche lobé» (voir page 123) insistait sur la nécessité de coups d'approche précis. Le même principe s'applique aux coups roulés courts. Comme pour les coups d'approche, pour lesquels il est bon de viser le drapeau plutôt que le vert, il peut être utile pour les petits coups roulés de se concentrer sur un point unique et pas seulement sur le trou. Cet exercice vous apprendra à rétrécir votre champ de vision sur une cible précise.

✱ Le conseil d'expert en page 247 montrait qu'il existe une marge d'erreur en matière de coup roulé, mais les golfeurs accomplis voudront viser une cible plus précise. L'objectif peut être à l'intérieur du trou, mais sachez qu'il sera affecté par la cassure de la trajectoire. Si celle-ci est prononcée, l'objectif peut également être sur la surface du vert d'un côté ou de l'autre du trou.

1 Placez-vous à moins de 2 m du trou pour un coup roulé rectiligne. Prenez votre position initiale, mais au lieu de vous concentrer simplement sur le trou, portez votre regard sur un petit détail à l'intérieur du trou, par exemple une légère imperfection sur le bord de la gaine.

2 La cible précise repérée à l'étape 1, encore fraîche dans votre esprit, reportez votre attention sur la balle et frappez un coup sans attendre. Ne relevez pas la tête pour observer le trajet de la balle. Fiez-vous à votre frappe et ne levez les yeux que pour vérifier que la balle a atteint la cible que vous aviez repérée.

NIVEAU

3·26 EXERCICE

SOULEVEZ VOTRE FER DROIT POUR UNE FRAPPE FLUIDE

Lorsque vous êtes sous pression ou que vous êtes nerveux, vous pouvez vite perdre la fluidité et le rythme de votre coup roulé, ce qui peut s'avérer désastreux.

Testez l'exercice suivant sur le vert, puis utilisez-le sur le parcours, chaque fois que vous ressentez que vous avez besoin d'une main ferme et d'une frappe sûre.

1 Sans poser de balle au sol, prenez votre posture de coup roulé. Soulevez le fer droit du sol de façon qu'il plane très légèrement au-dessus de la surface de coup roulé. Concentrez-vous sur le maintien d'une pression douce sur la prise.

2 Exécutez quelques coups d'essai. Ne laissez à aucun moment le fer droit entrer en contact avec le sol.

Vous remarquerez que le fait de soulever le fer droit au-dessus du vert favorise un premier mouvement d'écartement de la balle en douceur, dans lequel vos mains, vos bras, vos épaules et le bâton travaillent en harmonie. Il n'y a ni saccades ni soudain mouvement indépendant. En frappant ensuite la balle et en soulevant à nouveau le fer droit au-dessus du sol, vous tirerez les mêmes profits dans votre coup réel.

3 Sans modifier votre pression sur la prise, écartez le fer droit soulevé de la balle et frappez un coup de cette position. Répétez cette procédure à plusieurs reprises : soulèvement du bâton, coup d'essai, soulèvement et coup réel.

CONSEIL D'EXPERT

Comment gérer les coups roulés rapides

Sur les verts rapides ou dans les coups roulés en descente, vous ne pouvez pas vous permettre un coup abrupt ou saccadé. Tous les mouvements doivent être fluides pour augmenter votre contrôle et améliorer vos chances d'amener doucement la balle dans le trou ou à proximité. (Pour les coups roulés rapides en descente, il est déconseillé d'imprimer à la balle une force suffisante pour qu'elle dépasse le trou comme pour un coup roulé normal.)

Bien qu'il soit imprudent de refaçonner votre coup pour un seul type de coup roulé, vous pouvez introduire dans votre technique une modification qui vous aidera dans les coups roulés rapides sans vous laisser une impression étrange. Cette rectification consiste à frapper la balle davantage de la pointe du fer droit que du centre. Vous pouvez ainsi frapper votre coup normal (comme si le vert était plat) mais la balle, n'étant pas frappée par la surface de frappe, recevra moins d'énergie à l'impact et quittera la face du bâton à une vitesse moindre. Si vous essayez de frapper la balle vers la pointe, vous serez mieux à même d'affronter les coups roulés rapides.

MOINS DE VITESSE *Sur les coups roulés très rapides, le fait de frapper davantage de la pointe du fer droit amortit le coup. Ainsi, la balle ne s'emballe pas au-delà du trou.*

NIVEAU EXERCICE
3·27

REGARDEZ VOS MAINS PLUTÔT QUE LA BALLE

Voici un exercice formidable qui sera d'une grande aide si vous avez tendance à vous retrouver paralysé face aux coups roulés courts. Il s'agit souvent d'une faiblesse provoquée par l'anxiété, qui ruine alors toute chance d'exécuter un coup fluide et bien aligné. Essayez cet exercice pour retrouver confiance et sang-froid.

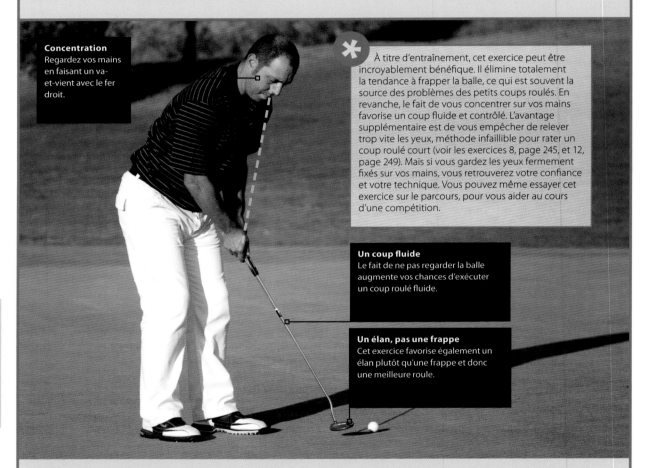

Concentration
Regardez vos mains en faisant un va-et-vient avec le fer droit.

*
À titre d'entraînement, cet exercice peut être incroyablement bénéfique. Il élimine totalement la tendance à frapper la balle, ce qui est souvent la source des problèmes des petits coups roulés. En revanche, le fait de vous concentrer sur vos mains favorise un coup fluide et contrôlé. L'avantage supplémentaire est de vous empêcher de relever trop vite les yeux, méthode infaillible pour rater un coup roulé court (voir les exercices 8, page 245, et 12, page 249). Mais si vous gardez les yeux fermement fixés sur vos mains, vous retrouverez votre confiance et votre technique. Vous pouvez même essayer cet exercice sur le parcours, pour vous aider au cours d'une compétition.

Un coup fluide
Le fait de ne pas regarder la balle augmente vos chances d'exécuter un coup roulé fluide.

Un élan, pas une frappe
Cet exercice favorise également un élan plutôt qu'une frappe et donc une meilleure roule.

1 Placez-vous sur un vert à 3 ou 4 m du trou. Exécutez des coups roulés d'essai avant de prendre votre position initiale et regardez vos mains dans le mouvement de va-et-vient (au lieu de regarder la tête du fer droit ou le sol comme vous le feriez d'ordinaire).

2 Prenez maintenant votre position initiale et, quand vous serez satisfait de votre visée, de votre posture et de votre alignement, reportez votre attention sur vos mains. De même qu'à l'étape 1, gardez l'œil sur celles-ci lors du mouvement de va-et-vient.

3 Répétez plusieurs fois l'étape 2. Concentrez-vous uniquement sur la qualité de votre élan, plutôt que de penser à la balle (entrer le coup roulé dans le trou n'est pas le principal objectif de cet exercice). En ne regardant pas la balle, il est plus facile de contrôler le niveau de force et d'accélération de votre coup.

ENTRAÎNEZ-VOUS À FRAPPER CENT COUPS À LA SUITE

Colin Montgomerie avait coutume de pratiquer sans faute tous les jours une série d'exercices lorsqu'il était à l'université, dans les années 1980. L'exercice suivant est l'un de ceux-là. Il exige application, motivation et concentration, mais la récompense est fabuleuse.

* Les 10 premiers coups roulés sembleront faciles car il n'y a pas de pression, peut-être aussi les 10 suivants. Mais la raison d'être de cet exercice est la dernière vingtaine de balles. Elles sont difficiles parce que vous savez que si vous en ratez une, vous devez recommencer. Cette pression vous oblige à vous concentrer autant que si vous étiez sur le parcours. La prochaine fois que vous affronterez un coup roulé court dans une compétition, vous le frapperez avec plus de confiance. Après tout, vous pourrez vous dire : « J'ai déjà fait cela des centaines de fois. »

1 Placez-vous à une distance où vous vous sentez en confiance pour entrer le coup roulé ; un peu moins d'une longueur de bâton est une bonne distance pour un joueur accompli. Si vous manquez de confiance sur les verts, placez la balle un peu plus près du trou.

2 Frappez un coup roulé après l'autre du même endroit (videz le trou quand c'est nécessaire). Comptez au fur et à mesure et essayez de frapper 100 coups consécutifs. L'originalité de l'exercice est que, si vous manquez un coup, vous devez recommencer du début. La pression augmente sérieusement quand vous approchez du chiffre 100.

CONSEIL D'EXPERT

Le manche long n'est pas seulement un gadget

Si vous décidez d'essayer un fer droit à manche long – un bâton qui souleva des protestations parmi les traditionalistes lorsqu'il apparut à la fin des années 1980 – votre taux de réussite dépendra de votre position initiale. D'abord, calez l'extrémité du manche sous votre menton ou contre votre poitrine. Puis tenez le bâton avec légèreté entre le pouce et l'index de la main droite qui joue le rôle de main directrice. Nombre de professionnels partent du principe que la position de la paume droite doit refléter celle de la face du bâton. Il est ainsi plus facile de maintenir la ligne pendant le coup et le rapport entre la main et le bâton est ainsi établi – là où va votre main droite, le fer droit suit. Votre main gauche doit former une prise relâchée, en forme de poing, en haut de la prise du bâton. Pensez à une horloge ancienne et imaginez votre main gauche comme la charnière et le manche comme le balancier.

UN ÉLAN LIBRE *Quand vous utilisez un fer droit à manche long, votre main droite doit guider le bâton en va-et-vient comme le balancier d'une horloge ancienne.*

NIVEAU EXERCICE 3·29 CROISEZ VOS MAINS SI VOTRE COUP ROULÉ NE FONCTIONNE PAS

Si vous n'êtes pas satisfait de vos performances de coup roulé, n'hésitez pas à expérimenter un coup moins conventionnel. L'exercice suivant aborde l'une des méthodes de coup roulé « alternatives » les plus répandues. De nombreux professionnels, comme l'Irlandais Padraig Harrington et l'Américain Jim Furyk, frappent ainsi depuis leur jeunesse et beaucoup d'autres joueurs ont trouvé le succès sur le vert grâce à cette méthode.

1 Placez votre main droite au-dessus de la main gauche sur la prise du fer droit. Les paumes doivent se faire face, chaque pouce pointant vers le centre du manche. On retrouve la superposition inversée (voir exercice 1, pages 234-235), à la différence que l'index de la main droite repose sur les doigts de la main gauche (et non l'inverse).

2 Commencez par un coup roulé de longueur moyenne, de 6 à 7 m environ. Balancez vos épaules pour imprimer un va-et-vient au bâton. Un prise légère est essentielle car, lorsque vous monterez le bâton puis changerez de direction pour la descente, vous ressentirez ce « retard » si capital (voir l'exercice 5, pages 240-241). Cette mollesse dans les poignets augmente la sensation d'accélération en douceur dans la balle et aide à maintenir la bonne relation entre vos mains et le fer droit quand le bâton traverse la zone de frappe.

3 Continuez à frapper. Vous allez bientôt commencer à remarquer que votre poignet gauche est plus enclin à conserver son angle d'origine dans la zone de frappe, ce qui, à son tour, aide à maintenir l'alignement de la face du bâton. Le fer droit a, par conséquent, moins de chances de s'ouvrir ou de se fermer à l'impact, ce qui signifie que davantage de coups roulés démarreront sur la ligne voulue.

✱ Dans un sens, cette technique remplace le mouvement de « l'élan à travers » d'un coup classique par un mouvement de « traction à travers ». Même si cette prise vous paraît étrange au début (vos mains sont dans la position inverse par rapport à tous vos autres coups), elle ne devrait pas avoir d'effet négatif sur la qualité de votre coup. En fait, de nombreux partisans de cette méthode affirment qu'il est plus facile de balancer naturellement les épaules, ce qui participe à la régularité du coup. De plus, le fait que cette technique soit très axée sur les bras et les épaules, les poignets bougeant à peine, la rend très facile à répéter. Bien que cette technique ne soit pas du goût de tout le monde, si vous avez des difficultés sur le vert, vous constaterez peut-être qu'avec un peu d'entraînement, elle fonctionne mieux pour vous que la méthode classique. Elle mérite sans aucun doute d'être testée.

Mains
La main gauche est au-dessus de la droite.

Mains
La main gauche est au-dessous de la droite.

Méthode classique

Méthode mains croisées

NIVEAU EXERCICE

3·30

FAITES DES TESTS DE RYTHME ET DE LIGNE

L'évaluation de la cassure d'un coup roulé n'est pas une science exacte (comme le suggèrent les exercices 15 et 16, pages 254 à 256, et le conseil d'expert, page 241). Il y a toujours plusieurs lignes de jeu vers le trou, et la route que vous choisissez dépend entièrement de la vitesse que vous imprimez à la balle (un coup roulé frappé doucement prend plus de courbe qu'un coup frappé fermement). Voici un exercice utile qui vous révélera la relation entre le rythme et la ligne, en améliorant votre visualisation et votre toucher sur les coups roulés en ligne courbe.

* Cet exercice vous enseignera ce que vous pouvez et ne pouvez pas faire sur les coups roulés en courbe et vous mettra en confiance pour gérer ces coups en cours de compétition. Confronté à un coup roulé à trajectoire courbe, faites appel à votre imagination pour choisir la ligne avec laquelle vous vous sentez le plus à l'aise, et alliez le bon rythme à cette ligne.

1 Trouvez un coup roulé de 4 m qui présente une cassure évidente de gauche à droite ou de droite à gauche.

2 Essayez d'entrer 3 ou 4 coups du même endroit en frappant la balle selon des lignes différentes et en variant la vitesse des coups. Par exemple, essayez avec la première balle de « redresser » le coup roulé en le frappant avec fermeté de façon qu'il y ait une très faible cassure. Avec la balle suivante, frappez-la de façon à la laisser « couler » vers le trou avec beaucoup plus de cassure que précédemment.

3 Continuez ainsi aussi longtemps que possible. Tout en vous entraînant, tentez d'entrer les coups roulés en expérimentant différents rythmes et lignes.

NIVEAU TROIS

LE COUP ROULÉ PARFAIT

Il n'existe pas véritablement de «putteurs» médiocres dans les plus hauts échelons du jeu professionnel, mais pour gagner l'ordre du Mérite européen et jouer la Ryder Cup, à l'instar du Suédois Robert Karlsson, il faut être un «putteur» exceptionnel. Son coup roulé est simple et réunit les trois ingrédients du succès : la face du bâton est en position parallèle à l'impact, avec une trajectoire de l'élan qui correspond à la ligne de jeu voulue et une vitesse absolument parfaite. En outre, Robert lit très bien les verts, comme tous les grands joueurs, ce qui signifie qu'il produit un coup superbe et fait invariablement démarrer la balle sur la ligne correcte. Cette combinaison remarquable explique son taux de réussite.

✳ CE QUE CES IMAGES ne peuvent transmettre est le rythme merveilleux d'un bon coup roulé. Le fer droit se déplace vivement, mais sans à-coups, en arrière et dans la traversée. Il n'y a pas de frappe, en tant que telle, seulement une accélération douce et la présence de la balle sur le chemin du fer droit : une magnifique intention finale.

1 | DÉPART
Robert est exceptionnellement grand pour un golfeur (1,96 m), mais sa position de départ est parfaitement orthodoxe. La prise est neutre et les paumes se font face pour former une prise très confortable et correct. La position est assez étroite, mais ceci est typique de la majorité des grands joueurs. L'essentiel est que Robert place ses yeux directement au-dessus de la balle. Enfin, remarquez à quel point il semble à l'aise : aucun signe de tension, la sensation ultime du coup.

2 | AMORCE
Les épaules, les bras, les mains et le fer droit de Robert se déplacent toujours ensemble pour produire un début de l'amorce fluide et bien synchronisée. La tête du bâton reste très proche du sol – parfait ! Une méthode efficace pour garder la moitié inférieure du corps stable consiste à garder les genoux immobiles comme Robert le fait.

3 | TRANSITION
Notez que les poignets ne s'arment pas de façon indépendante et que les mains restent détendues. Cela signifie que lors de la transition de la montée à la descente, la souplesse des poignets provoque un retard momentané du fer droit derrière les mains, un peu comme un minicoup d'approche roulé joué par Ian Poulter. C'est la garantie que le bâton ne dépasse pas les mains à l'impact, ce qui fermerait la face du bâton et enverrait la balle vers la gauche.

Les secrets d'un meilleur coup roulé

Comme nous l'avons dit précédemment dans cette section, le coup roulé est une question de personnalité. Cependant, ces recommandations vous aideront quel que soit votre style.

Veillez à ce que vos yeux soient dirigés sur la balle quand vous êtes au départ ou qu'ils offrent la vision la plus pure vers le bas de la ligne de coup.

Avancez suffisamment la balle dans votre position pour que la tête du bâton l'atteigne selon une trajectoire légèrement incurvée vers le haut qui lui imprimera une roule sans à-coups.

Limitez au maximum un mouvement indépendant des poignets et sentez que votre coup est principalement contrôlé par un mouvement synchronisé des épaules et des bras.

Essayez toujours de produire une longueur de montée qui autorise une accélération naturelle et en douceur du fer droit à travers la zone de frappe. Ne frappez pas la balle.

Gardez la tête immobile et résistez à la tentation de la relever avant que la balle ne soit bien engagée sur sa route vers le trou.

OBSERVEZ LE PRO

4 | **IMPACT**
En matière de coup roulé, la position à l'impact doit être identique à la prise de position initiale. Étudiez cette image et vous aurez certainement du mal à discerner des différences sensibles, hormis le mouvement de la balle qui quitte la face du bâton. Notez que le fer droit a juste dépassé le bas de son arc d'élan au moment de l'impact ; cela produit une frappe dirigée légèrement vers le haut qui contribue à imprimer une bonne roule à la balle. La tête de Robert, immobile comme un roc, garantit qu'aucun mouvement du buste ne perturbera la trajectoire parfaite du fer droit vers et à l'impact.

5 | **TRAVERSÉE**
Vous pouvez constater que la tête du bâton finit plus haut dans la traversée qu'elle n'est montée dans la montée, résultat d'une accélération en douceur et d'une frappe verticale. Robert ne relève la tête qu'à ce moment pour voir la balle se diriger inexorablement vers le trou.

CHAPITRE DEUX

LES DÉFAUTS ET LES REMÈDES

LE CHAPITRE PRÉCÉDENT couvrait à peu près tous les aspects possibles de la mise au point d'un élan efficace et reproductible, et d'un petit jeu déterminé. Cependant, quel que soit votre acharnement à travailler votre technique, des défauts se glisseront par moments dans votre jeu et provoqueront des coups capricieux. Telle est la nature du golf à tous les niveaux, des premiers pas au sommet de l'échelle. Ce chapitre propose donc des conseils de « dépannage », qui fourniront des solutions utiles à ces problèmes irritants. Nous mettrons en lumière les anomalies les plus fréquemment rencontrées et nous analyserons les défauts qui en sont à l'origine. Cela vous aidera à comprendre comment et pourquoi de tels défauts apparaissent et, surtout, à trouver des remèdes rapides et efficaces pour les corriger.

LE CROCHET EXTÉRIEUR

Voici le défaut le plus répandu, la bête noire de milliers de golfeurs à travers le monde. Un crochet extérieur est un coup où la balle démarre sur une trajectoire orientée vers la gauche de l'objectif et se déporte en l'air, souvent de façon spectaculaire, de la gauche vers la droite. Le problème étant accentué par un manque d'angle d'ouverture, les pires crochets extérieurs sont frappés avec des bâtons à face droite comme le bois n° 1, le fer 3 et les fers longs.

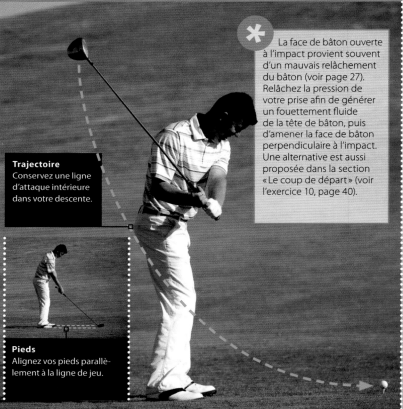

✳ La face de bâton ouverte à l'impact provient souvent d'un mauvais relâchement du bâton (voir page 27). Relâchez la pression de votre prise afin de générer un fouettement fluide de la tête de bâton, puis d'amener la face de bâton perpendiculaire à l'impact. Une alternative est aussi proposée dans la section « Le coup de départ » (voir l'exercice 10, page 40).

Trajectoire
Conservez une ligne d'attaque intérieure dans votre descente.

Pieds
Alignez vos pieds parallèlement à la ligne de jeu.

REMÈDE : ENTRAÎNEZ-VOUS À UNE ATTAQUE ALIGNÉE
Pour corriger un crochet extérieur, la première chose que vous devez faire est de redresser votre position de départ. Tenez-vous perpendiculairement à la ligne de jeu, les épaules et les pieds parfaitement alignés. Vous obtiendrez ainsi une trajectoire plus correcte dans la montée.

Tentez ensuite de frapper la balle de façon qu'elle démarre sur une route orientée vers la droite de la ligne de jeu, ce qui favorisera une trajectoire d'attaque intérieure à l'impact. Sentez aussi que vous pivotez les avant-bras dans l'impact pour générer un relâchement agressif du bâton. L'association de ces deux mesures permettra d'éliminer un crochet extérieur.

DÉFAUT : UNE PRISE DE POSITION INITIALE MAL ALIGNÉE
Il est difficile de dire quel défaut vient en premier : la face de bâton ouverte ou la trajectoire de l'élan extérieur/intérieur. Mais il est certain que la cause en est une mauvaise position initiale. Le « crochet extérieur » typique est aligné vers la gauche de l'objectif et la trajectoire de l'élan suit simplement la ligne établie au départ.

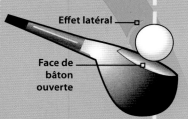

Trajectoire de l'élan extérieur/ intérieur

Effet latéral

Face de bâton ouverte

Ligne de jeu

QUELLE EST LA CAUSE D'UN CROCHET EXTÉRIEUR ?
Un crochet extérieur est provoqué par une face de bâton ouverte, associée à une trajectoire de l'élan extérieur/intérieur selon laquelle le bâton traverse la ligne de jeu à travers la zone de frappe (voir pages 26-27). Cette trajectoire de l'élan entraîne un départ de la balle vers la gauche et la face de bâton ouverte délivre un coup oblique qui imprime un effet latéral ; celui-ci provoque la déviation du vol de la balle vers la droite.

LE CROCHET INTÉRIEUR

Le crochet intérieur est parfois décrit comme « le mauvais coup d'un bon joueur », car les mains sont très actives dans la zone de frappe – ce qui est généralement souhaitable. Mais si la trajectoire de l'élan est incorrecte et que la face de bâton est fermée, la balle volera hors de la ligne. Lors d'un crochet intérieur, la balle démarre sur une trajectoire orientée vers la droite de l'objectif et, une fois en l'air, se déporte vers la gauche. Comme dans le crochet extérieur, le problème est exagéré par un manque d'ouverture de la face de bâton ; les pires crochets intérieurs sont donc frappés avec le bois n° 1.

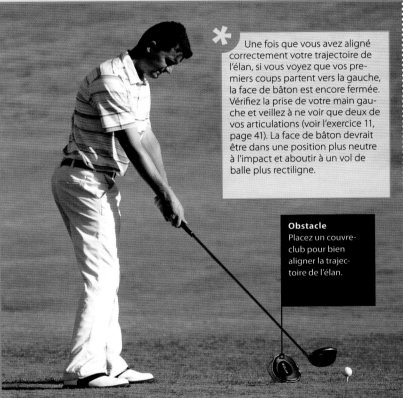

* Une fois que vous avez aligné correctement votre trajectoire de l'élan, si vous voyez que vos premiers coups partent vers la gauche, la face de bâton est encore fermée. Vérifiez la prise de votre main gauche et veillez à ne voir que deux de vos articulations (voir l'exercice 11, page 41). La face de bâton devrait être dans une position plus neutre à l'impact et aboutir à un vol de balle plus rectiligne.

Obstacle
Placez un couvre-club pour bien aligner la trajectoire de l'élan.

DÉFAUT : ENFERMÉ SUR L'INTÉRIEUR

Dans un crochet intérieur, la tendance est de glisser (au lieu de dérouler) les hanches vers l'objectif lors de la descente. Les mains, les bras et le bâton sont donc trop enfermés sur l'intérieur. D'instinct, on a l'impression que la trajectoire de l'élan va entraîner le vol de la balle vers la droite ; dans une tentative de redresser la situation, les mains deviennent hyperactives, entraînant la fermeture de la face de bâton et le crochet intérieur.

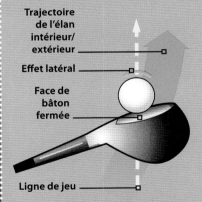

Trajectoire de l'élan intérieur/ extérieur ——

Effet latéral ——

Face de bâton fermée ——

Ligne de jeu ——

QUELLE EST LA CAUSE D'UN CROCHET INTÉRIEUR ?

Le vol de la balle en crochet intérieur est l'inverse du vol en crochet extérieur – de même pour les conditions d'impact. Le bâton approche la balle de trop loin à l'intérieur de la ligne de jeu, ce qui produit une trajectoire de l'élan intérieur/extérieur associée à une face de bâton fermée. La balle frappée en crochet intérieur a tendance à avoir un vol plus bas que la normale et une longue roule.

REMÈDE : CORRIGEZ VOTRE TRAJECTOIRE D'ÉLAN

Pour éliminer le défaut d'une ligne d'attaque trop intérieure et pour vous forcer à aligner la trajectoire d'élan à l'impact, entraînez-vous avec un obstacle, comme un couvre-club, posé derrière la balle, 15 cm à l'intérieur de la ligne de jeu. L'obstacle bloque la trajectoire sur laquelle la tête de bâton descend vers l'impact et vous oblige à frapper la balle selon la trajectoire correcte. Tout en mettant au point une meilleure trajectoire d'élan, essayez de vous concentrer sur le mouvement de vos hanches : elles doivent se dérouler en s'effaçant de la trajectoire dans la descente, au lieu de glisser vers l'objectif.

LA GRATTE DANS LE COUP D'APPROCHE ROULÉ

Il ne se trouve à peu près rien dans le golf pour égaler l'ignominie d'un coup d'approche raté et de la gratte, c'est-à-dire lorsque le bâton frappe le sol avant la balle. Cet à-coup vous accablera certainement de honte… D'une certaine manière, faire une gratte est pire que manquer un petit coup roulé, et apparemment beaucoup plus difficile à corriger. Cependant, les modifications requises pour éliminer ce défaut sont simples à appliquer.

✱ Veillez à ce que la balle ne soit pas trop avancée dans votre position, ce qui est souvent la cause d'une frappe médiocre. La balle doit être en face de votre pied droit, et vos mains en avant. Votre bras gauche et le manche du bâton doivent former une ligne droite (voir l'exercice 1, page 150).

Poignets
Veillez à ce que vos mains conduisent et restent en avant de la tête de bâton à travers la zone de frappe.

DÉFAUT : LE BÂTON FRAPPE LE SOL AVANT LA BALLE

La gratte est le résultat d'une tentative de lever la balle au lieu de laisser l'angle d'ouverture de la face de bâton faire son travail. Le mouvement de cueillir la balle fait passer la tête de bâton devant les mains avant l'impact et frapper le sol avant la balle, d'où la gratte. Généralement, une motte de gazon est emportée derrière la balle, mais ce ne sera pas le cas si le sol est très dur.

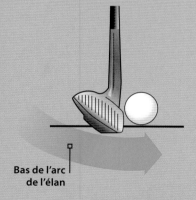

Bas de l'arc de l'élan

REMÈDE : GARDEZ LES MAINS EN AVANT DU BÂTON

Le contact souhaité «balle puis gazon» (voir l'exercice 5, page 154) ne peut être réussi que si vous gardez les mains en face de la tête de bâton, vers l'impact et à travers l'impact. Pour cela, quand vous commencez votre descente, maintenez l'angle de votre poignet droit, qui doit rester constant à travers la zone de frappe. Le bas de l'arc de l'élan doit maintenant coïncider avec la balle (voir l'exercice 4, page 153), afin de produire une frappe nette et une motte de gazon minimale après l'impact (et pas avant).

QUELLE EST LA CAUSE D'UNE GRATTE ?

La cause réside dans l'angle d'attaque de la tête de bâton à l'impact. L'essentiel du problème est que le bas de l'arc de l'élan est atteint avant la balle. Par conséquent, la tête de bâton s'enterre dans le sol, ce qui absorbe la majorité de la puissance du coup, et quasiment aucune énergie n'est transmise à la balle.

LE COUP DÉROUTÉ AVEC UN FER

Le coup dérouté est probablement le coup le plus ravageur que vous pouvez frapper. La balle quitte le bâton à un angle de 45 degrés au moins par rapport à l'objectif et, souvent, on ne la revoit jamais. Vous pouvez frapper un coup dérouté avec n'importe quel fer mais, quel que soit le bâton, une fois que le mal est fait, il n'est pas facile d'y remédier.

✱ Paradoxalement, monter le bâton trop loin vers l'intérieur provoque une boucle du bâton à l'extérieur de la ligne de jeu, dans la descente. Répétez lentement votre montée et veillez à ce que le bâton monte à l'intérieur mais aussi verticalement, ce qui génère la bonne trajectoire de la descente (voir l'exercice 15, page 129).

Face de bâton
Quand le bâton est sur la trajectoire correcte, il y a un contact ferme entre le centre de la face de bâton et la balle.

Obstacle
Placez une boîte à l'extérieur de la ligne de jeu pour éviter un élan extérieur/intérieur.

REMÈDE : FERMEZ LA ROUTE AU COUP DÉROUTÉ

La solution consiste à éviter la trajectoire d'attaque nuisible à l'impact. Placez un couvre-bâton ou une boîte de balles vide juste derrière la balle, à 8 cm à l'extérieur de la ligne de jeu. Frappez maintenant un coup avec un fer court. L'obstacle vous obligera à corriger la trajectoire de l'élan vers la balle, ce qui aboutira à un contact ferme entre le centre de la face de bâton et la balle. Si votre défaillance d'élan réapparaît, le bâton frappera l'obstacle avant d'atteindre la balle.

DÉFAUT : UNE MAUVAISE LIGNE D'ATTAQUE

Dans le cas d'un coup dérouté, la balle est frappée avec le col au lieu du milieu de la face de bâton. Cela se produit quand la tête de bâton est plus éloignée de votre corps à l'impact qu'au départ, car vous « lancez » la tête de bâton et l'écartez de votre corps au début de la descente, et qu'elle descend donc à travers la zone de frappe sur une trajectoire extérieur/intérieur.

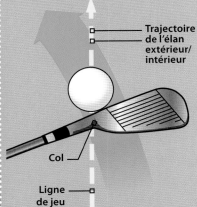

Trajectoire de l'élan extérieur/ intérieur

Col

Ligne de jeu

QUELLE EST LA CAUSE D'UN COUP DÉROUTÉ ?

Il y a coup dérouté quand le col du bâton (le point où le manche rejoint la tête de bâton), et non la face de bâton, frappe la balle. Cela se produit quand la tête de bâton arrive à l'impact en venant de l'extérieur de la trajectoire de l'élan idéale. Étant donné la forme du col, la balle s'envole presque à l'oblique par rapport à la ligne de jeu. C'est un défaut entraînant de gros dégâts.

LA CHANDELLE

La chandelle n'est pas le coup le plus dévastateur ; en fait, le vol de la balle reste assez rectiligne, et vous l'égarez donc rarement. Vous perdez toutefois jusqu'à 70 % de la distance normale pour un bâton donné. Une chandelle se produit quand la tête de bâton s'abat à angle aigu sous la balle sur té (le té étant souvent trop haut). Le résultat est un vol de balle qui rappelle davantage un coup d'approche lobé qu'un coup de départ franc.

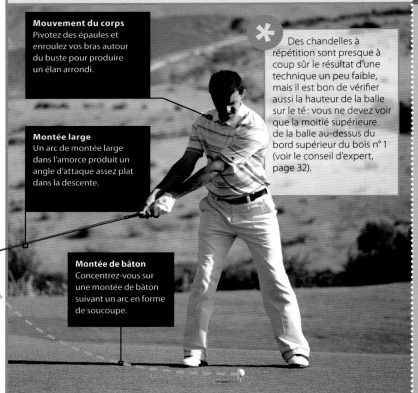

Mouvement du corps
Pivotez des épaules et enroulez vos bras autour du buste pour produire un élan arrondi.

Montée large
Un arc de montée large dans l'amorce produit un angle d'attaque assez plat dans la descente.

Montée de bâton
Concentrez-vous sur une montée de bâton suivant un arc en forme de soucoupe.

✱ Des chandelles à répétition sont presque à coup sûr le résultat d'une technique un peu faible, mais il est bon de vérifier aussi la hauteur de la balle sur le té : vous ne devez voir que la moitié supérieure de la balle au-dessus du bord supérieur du bois n° 1 (voir le conseil d'expert, page 32).

DÉFAUT : UNE ATTAQUE DE LA DESCENTE À ANGLE AIGU

Une chandelle est généralement provoquée par une montée trop verticale – lorsque le bâton est monté selon un angle trop aigu dans l'amorce – et, par définition, par trop de levée et pas assez d'ampleur. Cela aboutit à un arc de l'élan étroit, votre descente étant le résultat de votre montée médiocre.

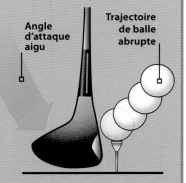

Angle d'attaque aigu

Trajectoire de balle abrupte

QUELLE EST LA CAUSE D'UNE CHANDELLE ?

Une chandelle se produit quand le bord supérieur de la tête de bâton entre en contact avec la partie inférieure de la balle. La balle se lève alors rapidement mais avec très peu d'impulsion vers l'avant. Le coup est le résultat d'un angle d'attaque très aigu à l'impact associé au fait que la balle est sur un té (parfois trop haut) ; la tête de bâton entre alors en contact avec le dessous de la balle. Cette défaillance se produit le plus souvent avec le bois n° 1 et le bois 3.

REMÈDE : COMMENCEZ VOTRE AMORCE BASSE ET LENTEMENT

Pour obtenir un angle d'attaque plus plat, élargissez votre arc de montée. Concentrez-vous sur un mouvement d'écartement du bâton balayant, « bas et lent », en tournant le dos à l'objectif (voir l'exercice 18, page 49), et enroulez davantage vos bras et le bâton autour de votre buste (voir l'exercice 16, pages 46-47). Vous produirez ainsi une montée pleine et ample. Dans votre descente, essayez de vous appliquer à balayer la balle plutôt qu'à la frapper. Produisez une zone plate plus longue au bas de l'élan (l'arc doit évoquer la forme d'une soucoupe, et non celle d'une tasse !).

LE COUP CALOTTÉ

Le coup calotté est souvent considéré comme une faute de débutant, mais il touche également les joueurs expérimentés et on a même vu des professionnels faire des coups calottés – un fait rare, il faut l'admettre, mais attesté. Ce coup est embarrassant quel que soit votre niveau, car le résultat est pathétique. La tête de bâton coupe le haut de la balle et envoie celle-ci raser le sol. Le coup calotté est surtout un problème de coup de départ ou de coup joué avec un bois sur l'allée.

Impact
Si vous conservez votre hauteur de départ dans l'élan, vous avez plus de chance de produire un contact franc.

Posture
Conservez votre angle de colonne vertébrale de départ à l'impact.

✳ Si vous êtes enclin à calotter des balles avec vos bois sur l'allée, vérifiez que la balle n'est pas trop en arrière dans votre position (voir pages 22-23). C'est parfois la cause d'une balle calottée. Placez-vous de façon que la balle soit en face de votre talon gauche. Cette prise de position initiale vous permet de balayer la balle dans votre descente et votre traversée.

DÉFAUT : VOUS REDRESSER PENDANT L'ÉLAN

Si vous calottez une balle, c'est que vous relevez votre posture dans l'élan : cela remonte alors le bas de l'arc de l'élan, au point que la tête de bâton est près de manquer complètement la balle. La cause en est que vous n'avez pas conservé la posture prise au départ : soit vous avez tendu vos jambes, soit vous avez redressé votre buste au cours de la descente.

Bas de l'arc de l'élan

QUELLE EST LA CAUSE D'UN COUP CALOTTÉ ?

Dans le cas d'un coup calotté, le comportement de la balle révèle douloureusement ce qu'il se passe à l'impact. Le bord inférieur de la tête de bâton frappe le tiers supérieur de la balle. Cela signifie que la balle roule en rebondissant sur le sol. Même s'il est rare de perdre une balle calottée, elle ne vous fera pas progresser très loin sur l'allée.

REMÈDE : CONTRÔLEZ VOTRE POSTURE INITIALE À L'IMPACT

Quel que soit le défaut qui provoque le coup calotté, la conclusion est la même. Vous devez conserver une bonne posture initiale jusqu'au point d'impact. Adoptez une bonne posture (voir pages 24-25) et positionnez un té avec votre bois n° 1. Exécutez des élans d'essai en essayant d'arracher le té du sol ; conservez l'angle de votre colonne vertébrale pendant tout la montée, puis à travers la zone de frappe. Placez ensuite une balle sur le té et frappez maintenant des coups de départ en appliquant ces principes. Concentrez-vous sur un contact franc plutôt que sur la distance.

LA PERTE DE PUISSANCE

Un coup de départ imposant est presque sûrement le coup le plus admiré dans le jeu. À moins de vous appeler Tiger Woods, vous aspirez sans aucun doute à envoyer la balle le plus loin possible. Le manque de puissance du coup de départ, qui aboutit à une portée médiocre avec le bois n° 1, est essentiellement dû au fait que la balle passe trop de temps sur le sol et pas assez en vol.

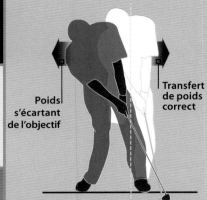

Poids s'écartant de l'objectif

Transfert de poids correct

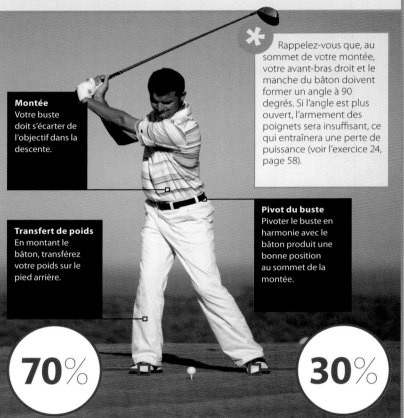

Montée
Votre buste doit s'écarter de l'objectif dans la descente.

* Rappelez-vous que, au sommet de votre montée, votre avant-bras droit et le manche du bâton doivent former un angle à 90 degrés. Si l'angle est plus ouvert, l'armement des poignets sera insuffisant, ce qui entraînera une perte de puissance (voir l'exercice 24, page 58).

Transfert de poids
En montant le bâton, transférez votre poids sur le pied arrière.

Pivot du buste
Pivoter le buste en harmonie avec le bâton produit une bonne position au sommet de la montée.

70%   **30**%

DÉFAUT : UN PIVOT INVERSÉ GÂCHE VOTRE ÉLAN

L'explication la plus vraisemblable d'une perte de puissance est un transfert de poids incorrect pendant l'élan, un mouvement souvent appelé pivot inversé. Au lieu de déplacer votre poids sur votre côté droit au cours de la montée, puis de le transférer sur votre côté gauche au cours de la descente et à l'impact, vous faites l'inverse. Votre poids se déplace vers l'objectif dans la montée (ci-dessus) et s'en écarte dans la descente.

QUELLE EST LA CAUSE D'UNE PERTE DE PUISSANCE ?

Une puissance insuffisante sur le coup de départ est due au manque de vitesse de la tête de bâton à travers la zone de frappe et elle est souvent provoquée par un pivot inversé. Dans ce cas, votre poids se déplace sur votre pied avant dans la montée et sur votre pied arrière dans la descente et la zone de frappe (ci-dessus). Par conséquent, le transfert de poids qui procure de la puissance se fait dans le mauvais sens.

REMÈDE : TRANSFÉREZ VOTRE POIDS POUR UNE FRAPPE PUISSANTE

Pour atteindre votre pleine puissance de frappe, vous devez transférer votre poids en fonction des mouvements de votre élan. Lorsque vous commencez votre élan, environ 60 % de votre poids doivent porter sur votre côté droit. Pendant votre montée, 10 % de plus se déplacent sur votre droite, soit 70 % de votre poids sur votre côté droit. Dans la descente, déplacez votre poids sur votre pied gauche afin de générer plus de puissance dans votre frappe. Pensez à un boxeur qui envoie un direct à son adversaire : son poids se déplace brièvement sur le pied arrière avant de revenir rapidement vers l'avant lorsque le coup est porté (voir l'exercice 7, page 36).

LA FRAPPE DANS L'HERBE HAUTE

Il n'est pas nécessaire de jouer un coup de départ épouvantable pour vous retrouver dans l'herbe haute ; peut-être ne vous êtes-vous écarté de l'allée que de quelques pas. La sanction est toutefois d'une sévérité disproportionnée si vous n'arrivez pas à produire une frappe puissante et un vol de balle convenable pour vous remettre en piste.

Examinez attentivement la position de la balle par rapport à vos pieds. La majorité des golfeurs qui ont du mal à frapper avec des fers petits et moyens dans l'herbe haute épais ont tendance à poser le pied avant trop près de la balle au départ, au lieu de le reculer (voir pages 22-23).

Montée verticale
Une montée verticale produit un angle d'attaque aigu.

Orientez le té
Un té enfoncé dans la prise du bâton doit être orienté vers la balle quand vos mains atteignent la hauteur de la taille.

REMÈDE : ORIENTEZ L'EXTRÉMITÉ DU BÂTON VERS LA BALLE

Pour frapper des coups de fer puissants dans l'herbe haute, vous devez créer un angle d'attaque aigu à l'impact. Utilisez un fer moyen et collez un té dans le trou situé à l'extrémité du manche du bâton. En exécutant votre montée, essayez d'orienter le té vers la balle quand vos mains atteignent la hauteur de la hanche. Ce préréglage assure un élan plus vertical qui provoque un angle d'attaque plus aigu à l'impact. Cela diminuera l'interférence de l'herbe autour de la balle et générera une frappe plus puissante.

DÉFAUT : UNE ATTAQUE PLANE PREND TROP D'HERBE

À moins que la position de la base soit épouvantable, vous devriez être capable de frapper un bon coup avec presque tous les fers longs. Si vous n'y arrivez pas, l'angle d'attaque de la tête de bâton dans la balle est sans doute trop plat, ce qui est souvent le résultat d'une amorce trop large avec un armement insuffisant des poignets (ci-dessus). Si une attaque plane est souhaitable avec le bois n° 1, un angle plus aigu est indispensable dans l'herbe dense.

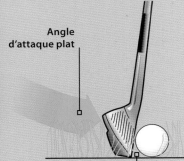

Angle d'attaque plat

Herbe coincée entre la face de bâton et la balle

QUELLE EST LA CAUSE D'UN COUP FAIBLE À PARTIR DE L'HERBE HAUTE ?

Une frappe médiocre dans l'herbe haute est souvent causée par de l'herbe coincée en trop grande quantité entre la face de bâton et la balle. Le résultat est un coup faible, amorti, qui manque de « mordant » et diminue la distance.

LE COUP EXTÉRIEUR

Le résultat final d'un coup extérieur est très proche de celui d'un crochet extérieur : la balle finit trop à droite. Mais la cause en est bien différente. Alors que le crochet extérieur démarre sur une trajectoire infléchie vers la gauche et poursuit vers la droite, le coup extérieur démarre sur une trajectoire infléchie vers la droite et poursuit sur une trajectoire rectiligne. Cela peut arriver avec n'importe quel bâton, du bois n° 1 au cocheur, et n'est pas toujours causé par une frappe médiocre. Souvent, le contact est sain.

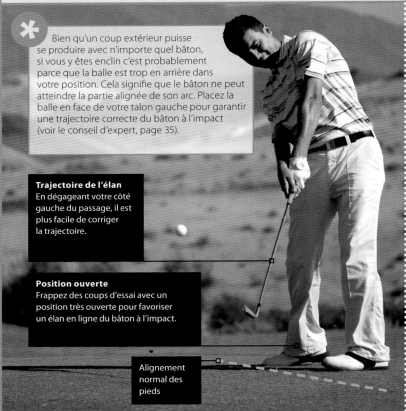

✳ Bien qu'un coup extérieur puisse se produire avec n'importe quel bâton, si vous y êtes enclin c'est probablement parce que la balle est trop en arrière dans votre position. Cela signifie que le bâton ne peut atteindre la partie alignée de son arc. Placez la balle en face de votre talon gauche pour garantir une trajectoire correcte du bâton à l'impact (voir le conseil d'expert, page 35).

Trajectoire de l'élan
En dégageant votre côté gauche du passage, il est plus facile de corriger la trajectoire.

Position ouverte
Frappez des coups d'essai avec un position très ouverte pour favoriser un élan en ligne du bâton à l'impact.

Alignement normal des pieds

DÉFAUT : UNE FRAPPE DE L'INTÉRIEUR VERS L'EXTÉRIEUR

Le défaut du coup extérieur a un point commun avec le crochet intérieur (voir page 283) : la tête de bâton approche la balle de l'intérieur d'une bonne trajectoire de l'élan, entraînant un trajet intérieur/extérieur à l'impact. Mais la position de la face de bâton est différente : elle est fermée dans une trajectoire de l'élan intérieur/extérieur dans un crochet intérieur, alors qu'elle est perpendiculaire à la même trajectoire dans un coup extérieur. D'où la différence entre les vols de balle.

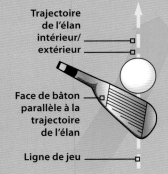

Trajectoire de l'élan intérieur/extérieur

Face de bâton parallèle à la trajectoire de l'élan

Ligne de jeu

QUELLE EST LA CAUSE D'UN COUP EXTÉRIEUR ?

Un coup extérieur est le résultat d'un élan de la tête de bâton dans la balle selon une trajectoire intérieur/extérieur exagérée, avec une face de bâton parallèle à cette trajectoire (incorrecte). Ces facteurs provoquent un vol de balle rectiligne, bien qu'hors du parcours. (Notez que si la face de bâton est ouverte par rapport à cette trajectoire, il en résulte un coup selon lequel la balle démarre vers la droite, se déporte en l'air, puis vers la droite.)

REMÈDE : ENTRAÎNEZ-VOUS À UNE ATTAQUE ALIGNÉE

Le secret pour corriger un coup extérieur est d'éliminer la trajectoire d'attaque trop intérieure. Au départ, alignez votre orteil gauche sur votre talon droit. Votre côté gauche étant déjà hors du passage (grâce à une position très ouverte), vous avez l'espace pour un élan dirigé davantage vers la gauche à l'impact. Une fois que vous aurez frappé un coup ainsi, essayez de reproduire cet élan avec une position normale. Vous devriez constater que la balle part vers l'objectif en ligne droite, signe d'une trajectoire de l'élan alignée.

LE COUP INTÉRIEUR

Un coup intérieur est l'inverse d'un coup extérieur. La balle démarre sur une trajectoire infléchie vers la gauche, résultat d'une trajectoire de l'élan extérieur/intérieur. Elle continue ensuite sur cette trajectoire parce que la face de bâton est perpendiculaire à la ligne d'attaque extérieur/intérieur. Comme pour un coup extérieur, cela peut se produire avec n'importe quel bâton, du bois n° 1 au cocheur.

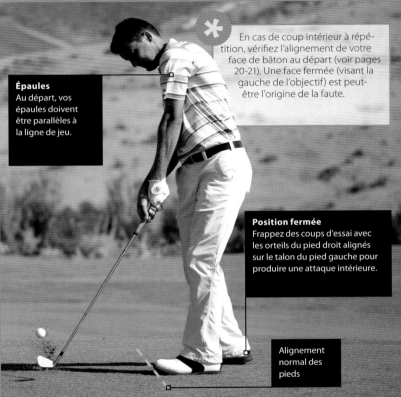

En cas de coup intérieur à répétition, vérifiez l'alignement de votre face de bâton au départ (voir pages 20-21). Une face fermée (visant la gauche de l'objectif) est peut-être l'origine de la faute.

Épaules
Au départ, vos épaules doivent être parallèles à la ligne de jeu.

Position fermée
Frappez des coups d'essai avec les orteils du pied droit alignés sur le talon du pied gauche pour produire une attaque intérieure.

Alignement normal des pieds

DÉFAUT : « LANCER » LA TÊTE DE BÂTON À L'EXTÉRIEUR DE LA TRAJECTOIRE CORRECTE

Un coup intérieur est le signe que vos mains et vos bras se déplacent trop loin de votre corps au début de la descente. Vous « lancez » le bâton à l'extérieur de la trajectoire de l'élan idéale et il atteint donc la balle selon une trajectoire extérieur/intérieur à l'impact. Un autre indice est un trou de motte de gazon (du moins avec un fer), orienté vers la gauche de l'objectif (voir l'exercice 9, pages 118 à 121).

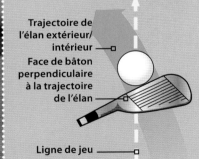

Trajectoire de l'élan extérieur/intérieur
Face de bâton perpendiculaire à la trajectoire de l'élan
Ligne de jeu

QUELLE EST LA CAUSE D'UN COUP INTÉRIEUR ?

Comme le crochet extérieur, le coup intérieur est le produit d'une trajectoire de l'élan extérieur/intérieur. Mais alors que le crochet extérieur se produit si la face de bâton est ouverte, un coup intérieur se produit si elle est en position parallèle à la trajectoire extérieur/intérieur. (Notez que si la face de bâton est fermée par rapport à cette trajectoire, il en résulte un crochet intérieur. La balle démarre vers la gauche de l'objectif et incurve encore plus sa trajectoire vers la gauche – un coup parfaitement fantaisiste.)

REMÈDE : METTEZ AU POINT UNE ATTAQUE INTÉRIEURE

Pour corriger un coup intérieur, il est important d'apprécier la sensation de la tête de bâton approchant la balle de l'intérieur de la ligne de jeu. Reculez votre pied droit par rapport à cette ligne de façon que votre orteil droit soit au niveau de votre talon gauche (veillez cependant à ce que vos épaules restent en position parallèle).

Cette position permet un pivotement du buste plus complet et, très important, crée l'espace pour le passage du bâton sur une trajectoire intérieure au cours de la descente. Essayez de recréer la sensation de ce coup avec une position normale. Cela devrait produire une trajectoire de l'élan alignée.

CHAPITRE TROIS

LES COUPS SPÉCIAUX

LES COUPS SPÉCIAUX COMPRENNENT deux secteurs de jeu distincts. Il y a d'abord le coup joué par nécessité, résultant d'un coup précédent médiocre ou malchanceux. La première partie de ce chapitre (pages 294 à 301) couvre diverses façons de gérer ces coups problématiques (notamment les positions difficiles). Il y a ensuite le coup joué par choix, où vous faites appel à votre connaissance du jeu, votre imagination et votre sens de l'improvisation pour vous adapter au trou que vous jouez. La seconde partie du chapitre (pages 304 à 307) vous enseigne comment exécuter ces coups, en modifiant soit la trajectoire de la balle, soit sa direction. Entre les coups difficiles et les coups plus créatifs, une section est consacrée au jeu soumis au vent (voir pages 302-303), une partie du jeu qui associe les deux aspects des coups spéciaux.

LES POSITIONS EN PENTE

LE SEUL ENDROIT d'un parcours où vous êtes sûr de trouver une position totalement horizontale est le tertre de départ. Une fois que vous avez quitté ce gazon impeccable, vous devez accepter que la balle puisse reposer sur une position en pente, que ce soit en descente, en montée ou en travers de la pente (dans une position malcommode, au-dessus ou au-dessous de vos pieds). Une position en montée ajoute de l'angle d'ouverture et augmente la hauteur de la balle, ce qui le rend relativement facile à gérer. La position en

descente, à l'inverse, réduit l'angle d'ouverture et exige toute votre capacité à frapper la balle nettement. C'est un coup plus délicat, tant psychologiquement que techniquement. Les montées et les descentes produisent des trajectoires de vol différentes. D'une montée, la balle a tendance à voler de droite à gauche, alors que la descente provoque l'effet inverse, avec un vol de balle orienté de gauche à droite.

JOUER D'UNE POSITION EN DESCENTE

C'est un coup très difficile, car la descente réduit l'angle d'ouverture normal du bâton (voir page ci-contre). De plus, le sol étant plus haut derrière la balle que sur une position à plat, vous avez vite fait de frapper le gazon avant la balle (gratte). Votre première préoccupation doit être le choix du bâton. Même sur les pentes les plus faibles, vous devez choisir un bâton plus ouvert, qui va réduire la distance et fournir une trajectoire plus élevée. Passez par exemple d'un fer 6 à un fer 7 pour compenser le manque d'angle d'ouverture dû à la pente (sur une pente abrupte, envisagez de prendre encore un bâton en dessous). La balle est encline à voler bas au départ d'une descente et à rouler davantage que la normale à l'atterrissage. Optez alors pour un coup d'approche levé, qui placera la balle devant l'objectif pour éviter un tir trop long.

Côté gauche
Mettez plus de poids sur votre côté gauche.

Impact
Le coup doit avoir un angle descendant vers l'impact.

55%

45%

Position
Placez-vous de façon que la balle soit en avant dans votre position.

BALLE EN ARRIÈRE

Placez-vous de façon que la balle soit de 5 à 10 cm plus en arrière dans votre position qu'elle ne le serait sur une position à plat, pour diminuer les risques de gratte. Mettez un peu plus de poids sur votre pied avant et essayez de sentir que votre épaule gauche est légèrement plus basse que pour un coup normal. Cette posture favorise un élan à angle plus aigu qui vous aidera à frapper la balle nettement.

POURSUIVEZ LA BALLE LE LONG DE LA DESCENTE

Quand la balle est dans une descente, la tendance naturelle est de se pencher en arrière pour lever la balle. Résistez à cette tentation. Au cours de la montée, conservez la même répartition de poids qu'au départ. Puis descendez le bâton le long de la pente comme si la tête de bâton poursuivait la balle à l'impact. Laissez votre poids accompagner le mouvement de la tête de bâton. Ces facteurs favorisent un angle d'attaque plus aigu qui permet de frapper la balle nettement (au lieu de vous pencher en arrière et d'emporter une motte de gazon importante).

Ne vous laissez pas troubler par ces difficultés apparentes. Une fois que vous aurez assimilé les techniques présentées ici, vous saurez choisir le bâton adéquat et tenir compte des différentes trajectoires de balle. Les coups en pente montante ou descendante ne vous effraieront plus.

Dans le cas d'une position en travers de la pente (voir pages 296-297), la balle se trouve au-dessus ou au-dessous de vos pieds et chaque situation impose des contraintes techniques particulières. À moins que la pente ne soit abrupte, la balle au-dessus de vos pieds n'est pas un problème grave. En réalité, votre position initiale devrait être assez confortable. Toutefois, quand la balle est au-dessous de vos pieds, vous serez probablement beaucoup moins à l'aise au départ, encore moins au cours de l'élan, et conserver une position équilibrée devient un vrai souci.

La gestion des positions en pente repose sur une stratégie en deux temps. D'abord, vous devez identifier ce qu'il faut faire pour frapper la balle correctement, ensuite vous devez comprendre et tenir compte de la réaction de la balle après l'impact.

JOUER D'UNE POSITION EN MONTÉE

Elle est considérée comme la plus facile de ces deux positions en pente. Vous pouvez frapper la balle nettement sans difficulté et le bâton prend l'angle d'ouverture (ci-dessous à droite), ce qui signifie que la balle volera plus haut et moins loin que d'une position à plat. Là aussi, le choix du bâton est important : vous devez prendre un bâton plus fermé. Par exemple, si le coup demande un fer 6 d'une position à plat, vous choisirez un fer 5 pour récupérer la distance perdue d'une montée. L'expérience vous apprendra à associer le bon bâton au degré de la pente.

60%

40%

Impact
Le coup doit être balayant à l'impact.

Angle d'ouverture sur les pentes

Quand vous jouez d'une montée, la face de bâton est réellement plus ouverte que si vous jouiez le même coup d'une position à plat. Une descente réduit réellement l'angle d'ouverture de la face de bâton par rapport à une position horizontale.

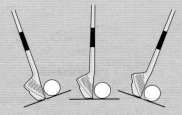

Montée   Position à plat   Descente

PRÉPAREZ-VOUS AU LANCER

La balle doit être en avant dans votre position (la distance exacte dépend du degré de la pente). Placez votre poids sur votre pied le plus bas et fléchissez un peu plus la jambe gauche que la normale pour aligner vos hanches avec le sol – comme à partir d'une position à plat. La balle aura tendance à voler de droite à gauche d'une montée ; visez légèrement sur la droite pour compenser.

RESTEZ IMMOBILE

Comme pour un coup en descente, tout déplacement latéral de votre corps dans la montée rendra plus difficile une frappe correcte. Par conséquent, gardez votre poids solidement planté sur votre genou droit pendant la montée – ne basculez pas vers le bas de la pente. Votre tête doit rester immobile dans la descente et vous devez sentir que vous élancez le bâton vers le haut de la pente, presque en balayant la balle.

Orientez la face de bâton

Lorsque la balle est au-dessus ou au-dessous de vos pieds, elle a tendance à dévier en vol vers la droite ou vers la gauche. Vous pouvez y remédier en modifiant votre alignement, mais une alternative consiste à changer l'orientation de la face de bâton. Quand la balle est au-dessus de vos pieds, ouvrez la face de bâton pour éviter une trajectoire de la balle de droite à gauche. Quand elle est au-dessous de vos pieds, fermez la face de bâton pour éviter une trajectoire de gauche à droite.

LA BALLE AU-DESSOUS DE VOS PIEDS

C'est le plus difficile des positions en pente car l'élan doit être exécuté d'une position initiale très inconfortable. Les clés de la réussite sont d'équilibrer la position, puis de conserver votre hauteur à travers la zone de frappe. Si vous arrivez à réunir ces deux facteurs, vous devriez frapper la balle avec fermeté. Cependant, vous ne pourrez pas exécuter un élan aussi puissant que d'une position à plat; choisissez donc un bâton moins ouvert pour récupérer de la longueur.

Bras
Laissez vos bras faire la majorité du travail dans l'élan.

Jambes
Fléchissez les jambes et tenez-vous plus près de la balle pour ne pas trop vous redresser.

GARDEZ VOTRE POIDS SUR VOS TALONS

Quand la balle est au-dessous de vos pieds, réglez votre posture pour faciliter une frappe solide. «Asseyez-vous» un peu au départ en fléchissant les genoux et élargissez votre position pour améliorer encore votre équilibre. La balle étant plus basse qu'à l'accoutumée, rapprochez-vous un petit peu d'elle pour éviter de vous redresser. Et puisque de ce type de position la balle volera de gauche à droite, visez vers la gauche de l'objectif pour compenser.

UN ÉLAN EN DOUCEUR POUR UN BON ÉQUILIBRE

À partir des positions en pente, il est important d'exécuter un élan sans à-coups et de ne pas vous redresser – ce qui est évidemment le cas quand la balle est au-dessous de vos pieds. Gardez les genoux fléchis et exécutez un élan «contrôlé par les bras», qui vous aidera à garder votre équilibre. La pente vous incite à pencher votre poids vers le bas, ce qui aboutit à un coup dérouté (voir page 285). Pour éviter ce problème, gardez votre poids sur les talons au cours de l'élan.

LA BALLE AU-DESSUS DE VOS PIEDS

C'est la plus facile des positions en pente, en partie parce que la position initiale est plus confortable, mais aussi parce que la pente n'entrave pas votre frappe. Sur ce type d'assiette, vous devez vous méfier de l'envol de la balle, car celle-ci va fuser (moins d'effet rétro et beaucoup d'impulsion vers l'avant). La balle prend aussi une trajectoire nettement orientée de droite à gauche. Il est donc toujours sage de choisir un bâton plus ouvert pour réduire la portée, et de viser à droite de l'objectif.

Prise
Descendez votre prise pour réduire la longueur du bâton.

Position
Tenez-vous plus droit que pour une position à plat, votre poids davantage sur les orteils.

REDRESSEZ-VOUS ; DESCENDEZ VOTRE PRISE

Dans cette sorte de coup, la balle est effectivement soulevée. Par conséquent, sur une pente abrupte, descendez votre prise afin de raccourcir le bâton et tenez-vous plus dressé au départ. Pour conserver votre équilibre pendant l'élan, portez davantage votre poids vers vos orteils.

PRÉVOYEZ UN ÉLAN ARRONDI

À partir de ce type de prise de position initiale et de pente, votre élan sera un peu plus arrondi que d'habitude. Cela signifie que vos mains s'élèveront moins au-dessus de vos épaules que dans un élan normal. À part cela, rien ne doit vous inquiéter dans ce coup. Exécutez simplement un élan fluide en restant droit et en conservant votre équilibre pour produire une frappe nette.

LES COUPS À PROBLÈMES

DANS LES DÉBUTS DU GOLF, quand les moutons broutant sur la lande étaient les seuls entrepreneurs du parcours, pratiquement tous les coups, sauf le coup de départ et le coup roulé, pouvaient être problématiques. Aujourd'hui, les équipements d'entretien garantissent un gazon impeccable et les mauvaises positions sont moins fréquentes. Mais il en existe forcément encore et il est important de savoir gérer ces situations délicates. Le processus d'un coup réussi à partir d'un emplacement défavorable peut être décomposé en trois étapes.

Premièrement, évaluez la position de la balle et son influence sur le choix du bâton. Par exemple, certaines positions dans l'herbe haute sont si mauvaises que, pour obtenir l'angle d'ouverture nécessaire afin de sortir la balle de l'herbe épaisse, seuls les fers courts sont permis. Le coup que vous choisissez de jouer doit donc refléter les contraintes du terrain.

Deuxièmement, visualisez le coup mentalement. Si l'objectif est à votre portée, choisissez l'endroit où vous voulez faire tomber la balle et envisagez comment elle réagira à l'atterrissage. Ou, si vous jouez un coup prudent (de façon à vous trouver en position pour un simple coup d'approche qui vous amènera sur le vert), visez un endroit qui vous fournira une bonne position pour le coup suivant.

Troisièmement, investissez-vous dans le coup que vous avez choisi de jouer et fiez-vous au bâton sélectionné. Ne laissez aucun doute s'insinuer dans votre esprit.

Voici trois des mauvaises positions les plus fréquentes. Mais si vous appliquez cette stratégie en trois temps, vous devriez, avec de la pratique, constater que ces positions ne vous coûtent pas nécessairement cher.

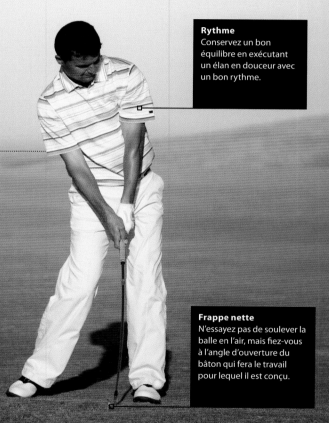

Rythme
Conservez un bon équilibre en exécutant un élan en douceur avec un bon rythme.

Frappe nette
N'essayez pas de soulever la balle en l'air, mais fiez-vous à l'angle d'ouverture du bâton qui fera le travail pour lequel il est conçu.

JOUER D'UN SOL SEC

C'est l'un des coups les plus ardus du golf et plus vous êtes près du vert, plus la tâche est compliquée. L'erreur la plus légère peut coûter cher dans ce type de terrain. Le défi est donc d'exécuter une frappe parfaitement propre, qui coince la balle entre la face de bâton et le sol.

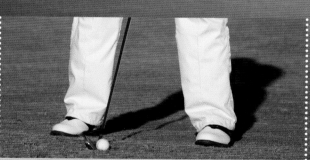

PRÉRÉGLAGES DE FRAPPE NETTE

N'utilisez jamais un cocheur de sable sur sol sec et dénudé, car la semelle arrondie a tendance à rebondir sur le sol dur et vous avez vite fait de calotter la balle. Tous les autres bâtons ont un bord d'attaque plus aigu, qui se pose au ras du sol. Et pour être encore plus certain d'obtenir une frappe propre, reculez la balle de 2,5 cm dans votre position par rapport à un coup normal sur l'allée.

IMMOBILE À L'IMPACT

En frappant votre coup, fiez-vous à votre prise de position initiale et à votre élan pour amener le bord d'attaque sur le bas de la balle. La trajectoire sera basse, mais avec beaucoup d'effet rétro, car il y aura moins d'interférence entre la face de bâton et la balle à l'impact. La balle s'arrêtera donc rapidement après l'atterrissage.

JOUER D'UN TROU DE MOTTE DE GAZON

Quand votre balle atterrit dans un ancien trou de motte de gazon, il y a des chances pour que vous ayez frappé un joli coup en plein milieu de l'allée – telle est la nature de ce jeu. Mais à moins que le trou de motte de gazon ne soit très profond, la situation n'est absolument pas désespérée. Commencez par choisir un bâton plus ouvert que si vous jouiez de la même distance avec une bonne assiette.

BALLE EN ARRIÈRE, MAINS EN AVANT

Placez votre talon droit presque en face de la balle et alignez vos mains avec votre cuisse gauche. Cela provoque un élan presque en forme de «V», qui donne un angle aigu à la tête de bâton à l'impact.

TOUT EST DANS LES POIGNETS

Pour créer l'angle d'attaque correct dans la descente, armez vos poignets sèchement dans l'amorce, pour que le bâton monte abruptement. Puis descendez avec force dans l'arrière de la balle. Imaginez que vous voulez enfoncer la balle plus profondément dans le sol. Tenez fermement le bâton, car la force de l'impact est importante (la traversée est assez courte dans ce coup). Attendez-vous à une trajectoire basse suivie de beaucoup de roule à l'atterrissage, donc méfiez-vous des zones à problèmes au-delà du vert. La balle ayant tendance à prendre une trajectoire de gauche à droite, visez un peu vers la gauche de l'objectif pour compenser cette déviation.

COUP DE FER DE LA GRANDE HERBE HAUTE

L'herbe haute clairsemée pose peu de problèmes au golfeur accompli, car il suffit de réduire l'effet rétro (impossible de frapper la balle nettement) pour obtenir un peu plus de roule à l'atterrissage. L'herbe haute dense, en revanche, limite les options. Sélectionnez le bâton le plus long possible, et tant mieux si vous pouvez atteindre le vert avec lui. Sinon, acceptez votre sort et jouez un coup prudent et bien placé. Dans les deux cas, appliquez les principes suivants pour une sortie réussie de l'herbe haute dense.

ORGANISEZ VOTRE PRISE DE POSITION INITIALE

Si votre prise de position initiale n'est pas correcte, votre force ne suffira pas à vous tirer d'affaire. Placez la balle au milieu de votre position, puis orientez la face de bâton vers l'objectif. Répartissez votre poids également, avec un peu plus de charge sur le pied gauche si la position est épouvantable. Alignez vos pieds de 15 à 20 degrés sur la gauche de l'objectif (à 11 heures si l'objectif est à 12 heures). Ce type de position contribue à prérégler une attaque de descente à angle aigu, essentielle pour un contact convenable.

COUP SEC DANS LA DESCENTE ET LA TRAVERSÉE

Pour améliorer une attaque à angle aigu, montez les mains un peu plus haut dans la montée. Puis descendez la tête de bâton abruptement sur l'arrière de la balle. Cependant, même si vous déployez une technique parfaite, vous devrez quand même ajouter un peu de force dans ce coup à l'impact. Appliquez une frappe puissante et essayez de déplacer un morceau d'herbe assez important autour de la balle.

ÉCHAPPER AUX OBSTACLES

À LA SUITE D'UN COUP qui a mis la balle en situation difficile, on a souvent tendance à opter pour un coup de récupération inapproprié, et à tenter des échappées d'une folle ambition auxquelles même un professionnel réfléchirait à deux fois. Le résultat n'est souvent qu'une franche aggravation de la situation. Dans le doute, mieux vaut généralement jouer la sécurité.

Certaines situations exigent toutefois de prendre un risque calculé et de jouer un coup d'attaque pour réussir à se tirer d'affaire. Par exemple, en compétition, vous pouvez vous trouver dans un cas où un laisser tomber avec pénalité vous coûterait probablement le trou et peut-être même le match.

Voici trois coups de récupération qui vous aideront à sortir d'une position difficile, près d'un arbre ou de buissons. Ce sont des situations fréquentes, dont la plupart des golfeurs, avec un peu de pratique, réussissent à se sortir (partant du principe que tenter un coup, par exemple, depuis un fossé ou une étendue d'eau est un défi qu'il vaut mieux laisser aux professionnels). Ces coups peuvent vous sembler d'abord très ardus, mais en vous aidant des conseils suivants, vous devriez vite réussir à les jouer avec succès.

OBSTRUCTION GÊNANTE

Ce coup est bien utile quand la balle vient se poser au pied d'un arbre, à un endroit où vous êtes dans l'incapacité de prendre votre position habituelle – l'arbre se situant précisément là où vous devriez vous tenir. Un laisser tomber avec pénalité semble la seule solution, sauf si vous savez jouer ce coup d'une main, vers l'arrière.

Impact
Veillez à l'accélération de la tête de bâton sur la balle à l'impact.

POSITION INITIALE

Choisissez l'un de vos bâtons les plus ouverts, car ils ont une surface de frappe plus large qu'un fer long. Tournez le dos à l'objectif, la balle à 15 cm à l'extérieur de votre pied droit. Tenez la prise de la seule main droite et retournez le bâton de façon qu'il repose sur sa pointe, la face de bâton toujours orientée vers l'objectif. Votre bras doit être relativement droit, pendant à votre côté.

ÉLAN BRAS TENDU

Balancez votre bras comme un pendule vers l'arrière et accélérez la tête de bâton sur l'arrière de la balle. Ce coup demande un élan avec le bras tendu et le geste du poignet doit être presque inexistant car il augmente la probabilité d'échec. Ne balancez pas votre main au-delà de la hauteur de votre taille et soyez satisfait d'une portée maximale de 35 à 45 m.

MONTÉE BLOQUÉE

Sur un parcours fortement boisé, il est assez courant qu'une balle capricieuse vienne se poser à un endroit où votre montée est limitée par des branches. Il est hors de question d'exécuter un élan normal car le bâton s'empêtrerait, ce qui aboutirait à un coup dans le vide au-dessus ou à côté de la balle. La technique suivante permet d'éviter les branchages et de générer une puissance suffisante pour envoyer la balle sur l'allée.

POSITION INITIALE BASSE

Ce coup est fondé sur le principe d'un abaissement et d'une réduction considérables de votre arc d'élan. Prenez une position très élargie, les pieds au moins deux fois plus espacés que dans une prise de position initiale normale. Puis abaissez votre prise de façon que votre main droite touche le métal du manche. Ces deux facteurs garantissent que le bâton ne pourra en aucun cas atteindre la hauteur normale au sommet de votre montée.

EXÉCUTEZ UN ÉLAN ÉTROIT

Pour réduire votre arc d'élan, utilisez au maximum l'armement des poignets. Au sommet de votre montée, vos mains doivent être approximativement à la hauteur de votre poitrine de façon que la tête de bâton ne monte pas trop haut. Cela vous permet d'exécuter une descente sans entrave. Les bâtons les plus ouverts, qui ont un manche court, sont parfaits pour ce coup.

DANS LES ARBRES

Si la balle vient se poser dans un bouquet d'arbres ou dans une clairière derrière un grand taillis, un élan normal ne pose habituellement pas de problème. La difficulté consiste à viser à travers le fouillis de branches sur votre trajectoire. En examinant les trouées, gardez à l'esprit plusieurs facteurs.

CHOISISSEZ UNE TRAJECTOIRE STANDARD

Avant tout, essayez toujours de trouver un coup d'approche autorisant un coup normal. Cherchez des trouées qui conviennent à l'angle d'ouverture naturel d'un bâton donné, plutôt que de fabriquer un coup bas vigoureux ou un coup ouvert fantastiquement haut, plus risqués.

ENCADREZ LA TROUÉE

Prenez le temps de dessiner mentalement un cadre autour de la trouée. Essayez d'éviter les ouvertures minuscules et visez une zone de l'allée ou de vert au loin qui n'exige pas de la balle un rebond et une roule excessifs. Choisissez le bâton adapté à la trajectoire voulue (voir pages 102-103). Vous avez plus de chances de réussir si vous pouvez faire un élan aussi normal que possible.

JOUER AVEC LE VENT

UN PARCOURS DE GOLF présente plus de difficultés par temps venteux, mais cela ne doit pas vous faire dévier de votre route. L'évaluation de la direction du vent devra être répétée tout au long du parcours. Vous avez de multiples indices sous les yeux : jetez un coup d'œil sur le ciel pour voir le sens de déplacement des nuages, observez de quel côté se penchent les cimes des arbres, vérifiez peut-être l'orientation du drapeau sur un trou adjacent.

Certains professionnels se munissent d'un plan miniature du parcours, comme celui qui est au dos des cartes de résultat, et dessinent une flèche indiquant la direction du vent. Ils disposent ainsi d'un repère général tout au long du tour. S'il est bien beau d'évaluer les conditions, ce qui compte est de frapper finalement les coups adaptés. C'est tout l'objet de cette double page où sont réunies quelques notions qui amélioreront vos performances par grand vent.

Position large
Quand vous frappez contre le vent, élargissez votre position pour plus de stabilité.

Un ancrage solide
L'un des principaux problèmes par vent fort est la perte d'équilibre. Une position élargie vous procure une base plus solide et donc une position plus stable.

UN ÉLAN EN DOUCEUR SUR L'AIRE DE DÉPART
Quand on frappe un coup de départ contre le vent, la tentation est grande d'exécuter un élan plus énergique que la normale. Vous risquez alors de perdre l'équilibre et votre frappe de balle sera médiocre, avec une perte de distance et de précision. Pour un bon équilibre, élargissez votre position : écartez les pieds de 12 à 15 cm de plus que la normale. Vous raccourcirez légèrement votre élan, avec un mouvement plus compact et une frappe ferme. N'enfoncez pas trop votre té car cela provoque une descente plus abrupte vers l'impact et la balle risque de monter en flèche dans le vent. Vous devrez cependant enfoncer le té un peu plus que la normale pour obtenir un vol légèrement plus bas (bien qu'il soit important que vous vous concentriez sur le balayage de la balle).

Le vent arrière, par ailleurs, allonge le vol de la balle et vous avez peut-être intérêt à choisir un bois 3 au départ car le supplément d'ouverture augmente la hauteur de la balle et, par conséquent, l'influence du vent sur elle.

UNE BALLE BASSE
Il n'y a aucun plaisir à jouer une balle haute contre un fort vent. Vous aurez du mal à évaluer la distance, la balle sera vite déviée de sa trajectoire et vous aurez peu de maîtrise du résultat de votre coup. C'est pourquoi vous devez jouer une balle basse. Il vous suffit d'opter pour un bâton moins ouvert que ne l'exigerait la normale. Si, par exemple, vous êtes à 135 m du drapeau et que cela correspond à un fer 7, montez à un fer 5 et élancez-vous en douceur. Évidemment, c'est la force du vent qui vous dicte le numéro de bâton, mais l'expérience vous enseignera la différence entre des vents à +1, +2 ou +3.

Choix de bâton
Prenez un bâton moins ouvert de façon à conserver une trajectoire de balle basse.

COMPENSER LE VENT
Quand vous jouez contre le vent, prenez un bâton plus fermé pour obtenir un vol bas et rappelez-vous l'adage «contre la brise, maîtrise de l'élan».

MODULEZ VOTRE COUP OU AJUSTEZ VOTRE CIBLE

Par vent latéral, vous avez deux options. Si vous êtes habile à moduler la trajectoire avec un effet latéral, jouez la balle contre le vent. Par vent de gauche à droite, par exemple, jouez un léger crochet intérieur (voir page 306), et par vent de droite à gauche, jouez un léger crochet extérieur (voir page 307). Vous devriez ainsi jouer un coup quasiment rectiligne, même si vous sacrifiez un peu de distance à la précision et au contrôle. Autrement, jouez un coup droit qui tiendra compte du vent latéral, car vous viserez à gauche ou à droite de l'objectif, en fonction de la direction du vent. La balle aura une portée correspondant au bâton supérieur et s'immobilisera moins rapidement que dans un coup contre le vent.

Léger crochet extérieur
Un coup frappé en léger crochet extérieur lutte contre le vent et donne un vol de balle presque rectiligne.

Visez à droite
L'alternative au léger crochet extérieur consiste à viser à droite et laisser le vent ramener la balle vers la gauche.

VENT LATÉRAL

Si, par exemple, le vent souffle de droite à gauche, vous avez deux solutions : jouer un léger crochet extérieur de façon que la balle maintienne sa trajectoire, ou viser à droite et laisser le vent ramener la balle vers l'objectif.

ÉLARGISSEZ VOTRE POSITION DE COUP ROULÉ

Le coup roulé exige une telle précision du mouvement que la plus légère rafale de vent peut perturber la trajectoire et la vitesse de votre coup. Élargissez votre position de 50 % par rapport à la normale pour avoir une base solide. Descendez votre prise de façon à être plus ramassé au-dessus de la balle. Vous abaissez ainsi votre centre de gravité et êtes moins sensible aux effets du vent. Frappez quelques coups roulés d'essai pour vous familiariser avec cette nouvelle position. La frappe restant la même, vous ne devriez pas avoir une impression trop étrange.

INFLUENCE DU VENT SUR LA COURBE ET LA VITESSE

Peu de golfeurs tiennent compte du fait qu'un vent fort affecte la trajectoire de la balle sur le vert. Un vent latéral exagère ou annule la courbe du coup roulé ; un vent arrière accélère la roule du coup roulé et un vent contraire la ralentit. Vous devez prévoir ce facteur, même à courte distance. Cela devient un tour d'adresse, mais si vous connaissez la vitesse et la direction du vent, vous pouvez prendre des mesures pour compenser ses effets.

RESTEZ IMMOBILE

La difficulté majeure du coup roulé par grand vent est de conserver la stabilité de la tête et du corps. Si vous y arrivez, vous pourrez frapper un coup en douceur et aligné. Si vous élargissez votre position et descendez votre prise, vous aurez plus de facilité à conserver une position constante.

LE VENT ET LA COURBE

Il est judicieux de prendre en compte l'influence du vent sur votre coup roulé. Sinon, vous manquerez probablement votre coup, car un vent fort modifie la courbe et la vitesse d'un coup roulé, notamment sur un vert parfaitement entretenu.

FRAPPER DES COUPS HAUTS OU BAS

APRÈS LES COUPS PROBLÉMATIQUES et le jeu par grand vent, il est temps de passer à la corde la plus avantageuse de l'arc du golfeur : les coups créatifs. Alors qu'une série complète de bâtons offre une large gamme d'angles d'ouvertures, conçus pour produire des trajectoires diverses, il est souhaitable dans certains cas de manipuler l'ouverture naturelle d'un bâton pour envoyer la balle vers le drapeau selon un vol plus ou moins élevé. Cette solution est parfois préférable au changement pour un bâton plus ou moins ouvert.

L'imagination joue un rôle important quand il s'agit d'affiner une trajectoire : un joueur inventif étudie le panorama de la balle à l'objectif, et visualise différentes routes aériennes qui offrent quantité d'options d'attaque et de défense. De plus, les golfeurs qui acceptent passivement les contraintes de l'angle d'ouverture établi par le fabricant passent à côté d'une multitude de coups aussi amusants que gratifiants. Ces coups aident à s'approcher du drapeau ou à bien placer un coup prudent quand un coup classique serait impuissant.

Tête en arrière
Votre tête doit rester derrière la balle un peu plus longtemps que d'ordinaire à travers la zone de frappe.

Finition des mains en hauteur
Une finition avec les mains en hauteur reflète l'intention d'envoyer la balle sur une trajectoire haute.

OUVRIR POUR UNE BALLE HAUTE

Savoir élever la balle en l'air vers l'objectif est un art utile dans certaines situations. Un exemple : quand vous jouez avec le vent dans le dos et voulez augmenter la distance avec un fer long. Dans un autre scénario possible, le drapeau serait placé près de l'avant du vert et gardé par une fosse de sable : vous voudrez faire tomber la balle d'une plus grande hauteur pour qu'elle s'immobilise rapidement.

AJOUTEZ DE L'ANGLE D'OUVERTURE

Dans les cas évoqués ci-dessus, un bâton plus ouvert ne vous procurera pas plus de distance. Optez donc pour le bâton normal et procédez comme suit pour augmenter l'angle d'ouverture. D'abord, avancez un peu la balle dans votre position, ce qui aura pour effet d'augmenter l'ouverture de la face de bâton de quelques degrés. De plus, tenez-vous un peu plus près de la balle dans une posture plus dressée. Votre élan sera légèrement plus vertical et le vol de la balle gagnera en hauteur.

UN ÉLAN NORMAL ET UNE FINITION EN HAUTEUR

Vous pouvez maintenant exécuter un élan d'apparence normale en vous fiant au réglage de votre prise de position initiale pour produire les effets désirés à l'impact. En cours d'élan, assurez-vous que votre tête reste derrière la balle un peu plus longtemps que la normale dans la descente et la zone de frappe. Et confirmez vos intentions dans la traversée en finissant avec les mains en hauteur.

Des joueurs comme Seve Ballesteros et Lee Trevino sont les inventeurs de coups remarquables et des golfeurs complets : ils ont commencé à jouer avec une série incomplète de bâtons. Suivez leur exemple et, à l'occasion, faites un parcours d'entraînement avec trois ou quatre fers seulement dans votre sac. Vous vous sentirez tout d'abord un peu limité par le manque de choix, mais cet exercice vous apprendra beaucoup. Il aiguisera votre imagination et votre capacité d'invention et fera de vous un joueur plus complet. Et vous vous amuserez beaucoup !

UN COUP SEC POUR UNE BALLE BASSE

Ce coup vigoureux convient à diverses situations. Comme il a été dit dans la section concernant le jeu par temps venteux (voir pages 302-303), ce type de coup est une arme utile par fort vent de face car il aide la balle à conserver sa trajectoire. Il est également utile quand vous voulez frapper une balle courte vers le vert et la laisser rouler jusqu'au drapeau.

Traversée
Maintenez une traversée basse qui reflète votre intention de générer un vol de balle bas.

Torse
Vous devez sentir que votre torse est au-dessus de la balle quand vous balayez celle-ci à travers la zone de frappe.

RÉDUISEZ L'ANGLE D'OUVERTURE

La balle doit être reculée dans la position de la valeur de trois largeurs de balle, ce qui réduit l'angle d'ouverture de la face de bâton de plusieurs degrés. Avancez également vos mains plus que la normale, de façon que le manche soit incliné vers l'objectif. Ce faisant, veillez à ce que la face de bâton ne s'ouvre pas. Tournez légèrement la pointe de la tête de bâton pour vous assurer que la face est orientée vers l'objectif. Votre poids au départ doit être réparti également entre les deux pieds.

GUIDEZ LA BALLE ET FINISSEZ BAS

Essayez d'exécuter une amorce balayant, près du sol, et une montée plus courte et plus compacte que la normale. N'oubliez pas cependant de tourner les épaules. Puis, dans la descente, conservez le torse au-dessus de la balle à l'impact et descendez le bâton près du sol dans la zone de frappe. Là aussi, votre traversée doit refléter le vol de la balle : vos mains doivent rester basses dans la finition.

DEUX FAÇONS SIMPLES D'INCURVER VOS COUPS

L'ART DES COUPS SPÉCIAUX A DE MULTIPLES FACETTES et il arrive qu'il soit utile d'incurver le vol de la balle. Vous pouvez, par exemple, vouloir incurver la trajectoire le long d'une allée en trou coudé, éviter un arbre qui bloque la route vers le drapeau ou chercher un drapeau vicieusement placé. Cependant, la majorité des golfeurs considèrent que cette modulation des coups dépasse leurs capacités, les techniques appliquées étant réservées à des experts. En fait, beaucoup voient un coup médiocre dans une balle qui part vers la droite

ou vers la gauche et ne savent pas apprécier les bénéfices potentiels d'une balle déportée.

Les lois de la physique expliquent les tenants et les aboutissants du vol d'une balle. Celui-ci est plus ou moins déterminé par la trajectoire de la tête de bâton au cours de l'élan et par l'orientation de la face de bâton par rapport à cette trajectoire. Ces deux éléments associés impriment un effet latéral à la balle ; celui-ci provoque à son tour la déviation de la balle dans un sens ou dans

---

LE LÉGER CROCHET INTÉRIEUR

Un léger crochet intérieur est le coup parfait quand le drapeau est situé dans le coin gauche du vert. Viser directement l'objectif est risqué, car cela laisse peu de marge d'erreur à gauche du drapeau. Mais si vous visez sur la droite du drapeau et « tirez » la balle vers l'objectif, le risque est moindre. Si la balle vole tout droit, vous frappez le milieu du vert – pas de désastre – et si la balle respecte vos intentions, vous êtes en position pour un petit coup roulé. Même si le coup part un peu plus à gauche que vous ne le souhaitiez, il y a des chances que vous atteigniez quand même le bord gauche du vert.

Objectif

Alignement des pieds

ALIGNEMENT À DROITE ; FACE DE BÂTON EN POSITION PARALLÈLE

La clé du succès d'un léger crochet intérieur repose en grande partie sur la modification de votre prise de position initiale. Si vous voulez que votre balle prenne une trajectoire de droite à gauche en l'air, alignez vos pieds, vos hanches et vos épaules vers la droite de l'objectif. Plus vous voulez accentuer le léger crochet intérieur, plus vous devez vous aligner vers la droite. Puis orientez la face de bâton droit vers l'objectif. Reculez également la balle dans votre position un peu plus que la normale, quel que soit le bâton utilisé.

RELÂCHEZ AGRESSIVEMENT LE BÂTON

Un léger crochet intérieur exige un relâchement agressif du bâton dans lequel la main droite tourne au-dessus de la gauche. L'alignement de votre position favorise une trajectoire intérieur/extérieur à l'impact, parallèle à la ligne de vos pieds. Et la face de bâton (qui est fermée par rapport à votre position initiale) sera fermée par rapport à cette trajectoire à l'impact et imprimera à la balle un effet de droite à gauche. La balle partira vers la droite de l'objectif et déviera en l'air de droite à gauche en fin de course.

l'autre. Le contrôle de ces facteurs vous permet de moduler vos coups.

Donc, comment exercer un contrôle sur une tête de bâton qui se déplace jusqu'à 160 km/h et parfois au-delà ? Eh bien, cela dépend largement de votre position initiale. Pourvu que vous introduisiez les modifications nécessaires, votre élan ne sera pas très différent de la normale. Il faut cependant de l'entraînement pour atteindre le stade où vous vous sentirez assez confiant pour jouer ces coups sur le parcours. En vous entraînant, gardez à l'esprit que moins le bâton est ouvert, plus il sera facile d'incurver le vol de la balle. En effet, un bâton

à face relativement droite, qui a très peu d'angle d'ouverture, imprimera toujours à la balle davantage d'effet latéral que rétro, ce qui facilite par conséquent l'incurvation du vol. Un fer ouvert, en revanche, crée plus d'effet rétro que latéral et réduit l'incurvation du vol. De plus, une bonne position est nécessaire pour moduler une trajectoire. Dans l'herbe haute, il est donc pratiquement impossible d'exécuter une frappe assez franche pour imprimer l'effet latéral voulu.

LE LÉGER CROCHET EXTÉRIEUR

Un léger crochet extérieur est utile quand les dangers menacent sur le côté droit du vert (fosse de sable ou obstacle d'eau, par exemple) ou si le drapeau est caché sur le côté droit. Si la pénalité pour avoir raté le vert du côté droit est plus sévère que pour l'avoir raté du gauche, viser sur la gauche du drapeau et jouer un léger crochet extérieur est le coup le plus intelligent. Si le coup se déroule selon vos plans, vous finirez près du trou. Si vous vous égarez un peu d'un côté ou de l'autre de la ligne parfaite, il est probable que vous toucherez quand même le vert. Même dans le pire scénario, vous atterrirez probablement sur la gauche du vert et serez obligé de faire un coup d'approche roulé droit vers le vert.

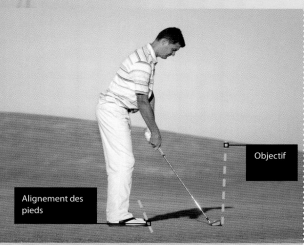

Objectif

Alignement des pieds

ALIGNEMENT À GAUCHE; FACE DE BÂTON EN POSITION PARALLÈLE

Pour que la balle suive une trajectoire de gauche à droite, la position initiale est presque l'inverse de celle requise pour un léger crochet intérieur. Vous orientez la face de bâton droit vers la cible (comme pour un léger crochet intérieur), mais vous devez aligner vos pieds, vos hanches et vos épaules légèrement vers la gauche de l'objectif (comme plus ou moins, une position ouverte). De plus, placez la balle légèrement plus en avant dans la position – une largeur de balle de plus que la normale suffit généralement.

FACE DE BÂTON OUVERTE

Exécutez un élan proche d'un élan normal. Sa trajectoire à l'impact reflète votre alignement et la tête de bâton suit donc la ligne de vos pieds sur une trajectoire extérieur/intérieur. La face de bâton retourne à sa position initiale (ouverte par rapport à cette trajectoire d'élan) et imprime un effet latéral; le vol partira vers la gauche puis s'infléchira vers la droite en fin de course. Ce coup a une portée inférieure d'une longueur de bâton à un léger crochet intérieur et la balle s'immobilise vite à l'atterrissage, ce qui est bien utile quand les verts sont fermes ou que la zone d'atterrissage est restreinte.

CHAPITRE QUATRE

JOUER SUR LE PARCOURS

CONVERTIR LE POTENTIEL que vous affichez à l'entraînement en bon résultat sur le parcours dépend de multiples facteurs qui dépassent le simple processus de frappe de la balle. Ce chapitre explore ces secteurs passionnants ; vous découvrirez les éléments clés d'une gestion de parcours couronnée de succès, c'est-à-dire l'art de déplacer la balle d'un point A à un point B avec le minimum de soucis et le maximum d'efficacité. Ce chapitre vous aidera également à avoir les idées plus claires sur le parcours, ce qui améliorera votre prise de décision et vous permettra d'affronter plus sereinement le trac et la pression. Vous apprendrez aussi une multitude d'autres méthodes, souvent négligées, pour devenir un golfeur régulier et compétitif, en améliorant, par exemple, votre coup d'approche psychologique.

L'ÉCHAUFFEMENT AVANT UN PARCOURS

TOUT COMME UN MOTEUR, les muscles, tendons et articulations doivent être échauffés pour réaliser leurs meilleures performances. Pour éviter d'endommager ces parties du corps, vous devez vous échauffer, en fonction de vos disponibilités. Voici des exercices d'étirement et trois programmes de durée différente, conçus pour correspondre au temps dont vous disposez avant de vous diriger vers le départ du premier trou. En dehors du risque de blessure, arriver sur le premier trou avec des muscles froids peut être néfaste à votre résultat, car les deux ou trois premiers trous vous serviront en fait d'aire d'entraînement.

LES EXERCICES D'ÉTIREMENT

Ces exercices détendront vos muscles, amélioreront la circulation sanguine dans tout votre corps et vous prépareront efficacement à l'effort. Incluez autant d'exercices dans votre échauffement que votre emploi du temps vous le permet, et répétez-les chacun dix fois.

L'ÉLAN AVEC DEUX BÂTONS

Si vous disposez de peu de temps, l'élan avec deux bâtons est un exercice qui prépare efficacement vos muscles et vos articulations à un geste réussi.

Hanches
Pliez-vous au niveau des hanches pour détendre votre dos et vos muscles à l'arrière des jambes.

PIVOTEMENT DU BUSTE

Prenez une bonne posture (voir pages 24-25) et tenez un bâton derrière vos épaules. Pivotez le buste vers la droite pour simuler une montée, puis revenez vers la gauche comme dans une descente et une traversée. Vous devriez sentir votre buste résister contre la partie inférieure du corps.

INCLINAISONS LATÉRALES

Tenez un bâton par les extrémités et levez-le au-dessus de votre tête. Inclinez lentement le buste à partir de la ceinture vers la gauche puis vers la droite ; dans les deux sens, tirez vers le bas avec la main inférieure et exercez une résistance avec la main supérieure. Vous étirerez ainsi les muscles du torse et ceux qui longent la colonne vertébrale. Vous détendrez également vos épaules.

TOUCHEZ VOS ORTEILS

Tenez le manche d'un bâton des deux mains et laissez pendre vos bras. Penchez-vous à partir de la taille puis descendez doucement le bâton vers le sol en gardant les jambes droites. Vous devriez sentir une tension derrière les jambes. Descendez aussi bas que possible sans sentir de gêne, puis redressez-vous lentement.

ARQUEZ LE DOS

Cet exercice complète utilement le toucher des orteils. Tenez un bâton horizontalement, des deux mains, au-dessus de la tête, et arquez votre colonne vertébrale vers l'arrière. Conservez la position quelques secondes et revenez à votre position d'origine. Une répétition lente de cet exercice étirera vos muscles dans le bas du dos.

L'échauffement en une minute

Si vous disposez de très peu de temps avant le départ d'un parcours, cet échauffement express réduira les risques de problèmes musculaires et tendineux. En une seule minute, l'essentiel est de détendre les zones du corps les plus fragiles et exposées. Tenez un bâton en travers de vos épaules et répétez quelques pivots du buste. Cela détend les muscles du dos, avec l'avantage supplémentaire de reproduire le mouvement d'un élan. Puis, faites quelques élans d'essai bien rythmés avec deux bâtons. Essayez de simuler un vrai élan plutôt qu'un va-et-vient fouetté sans conviction, et allez jusqu'au bout d'une traversée équilibrée. Si vous y arrivez avec deux bâtons, vous le ferez plus facilement avec un seul.

L'échauffement en 10 minutes

Comme vous le savez sans doute, tout peut arriver avec les premiers coups de la journée ; par conséquent, il est sage de jouer quelques coups préparatoires. Commencez par quelques étirements – pivotement du buste, inclinaisons latérales et touchers d'orteils – si possible. Puis frappez quelques coups d'approche roulés. Le grand professeur Harvey Penick les considérait comme les coups idéaux pour un échauffement court. Ils vous aident à vous affûter mentalement et à vous mettre en phase avec votre jeu. Et tout en jouant vos coups d'approche roulés, vous améliorez votre toucher de bâton.

COUP D'APPROCHE ROULÉ

Un entraînement au coup d'approche roulé est une excellente préparation à un parcours, notamment si vous disposez de peu de temps. Si les installations vous le permettent, profitez-en pour vous exercer. Veillez à varier vos objectifs et la position de la balle de façon à affiner votre toucher.

L'échauffement en 30 minutes

Peu de golfeurs s'accordent un long échauffement, mais une séance de 30 minutes peut réellement améliorer vos résultats. Là aussi, commencez par quelques étirements et répétez les quatre exercices présentés ci-contre. Puis frappez quelques coups d'approche en douceur pour régler la vitesse de votre élan, en vous concentrant uniquement sur un contact ferme et un rythme fluide.

Ne croyez pas que le degré de préparation est proportionnel au nombre de balles frappées à l'entraînement. Exécutez votre échauffement sans exigence physique mais avec une forte concentration mentale. Frappez des coups de qualité, ayant une signification ; vous installerez ainsi un bon rythme et vous vous mettrez en confiance.

Après quelques frappes, poursuivez avec une douzaine de fers intermédiaires, puis portez votre attention sur le coup de départ et exécutez des coups de 70 à 80 % de votre puissance. Comme pour les frappes, concentrez-vous sur le rythme, l'équilibre et une frappe ferme au centre de la face de bâton. Essayez d'accorder à chaque coup autant d'attention que si vous étiez sur le parcours.

Puis baissez de régime et frappez quelques coups d'approche roulés en douceur. Prenez ensuite trois balles et frappez des coups roulés vers différents points autour du vert pour développer votre sensation de vitesse. Pour finir, frappez quelques petits coups roulés pour entretenir votre confiance, avant de vous diriger vers le premier départ (voir l'exercice 10, page 247).

EXPLOITEZ AU MIEUX VOTRE TEMPS

Lors de l'échauffement, évitez de frapper un maximum de balles. Frappez-en deux fois moins avec deux fois plus de concentration et d'application.

L'INTÉRÊT D'UNE ROUTINE PRÉLIMINAIRE

JACK NICKLAUS, L'UN DES PLUS GRANDS GOLFEURS de tous les temps, résuma à la perfection l'importance capitale d'une bonne position initiale : « Si vous prenez une prise de position initiale correcte, il y a de fortes chances pour que vous frappiez un coup convenable, même si votre élan était médiocre… Si votre prise de position initiale est incorrecte, vous frapperez un coup nul même si vous avez le meilleur élan du monde. » Ce grand champion a bien sûr parfaitement raison. Et il n'y a pas de méthode plus efficace pour prendre une prise de position initiale correcte que de mettre au point une routine fiable de coups préliminaires. Quasiment tous les professionnels du circuit ont recours à cette astuce, alors que ce n'est pas toujours le cas pour les amateurs.

Apprendre et répéter une routine vous donnent les meilleures chances de frapper correctement la balle à chaque coup. Le rituel de chacun variera en contenu et en durée, mais l'essentiel est de le répéter si souvent qu'il devienne une seconde nature. Les éléments qui suivent, empruntés aux rituels préliminaires des stars du golf, peuvent sembler une masse importante à mémoriser avant de frapper un coup. Mais, si vous mettez au point et répétez une routine au terrain d'entraînement, vous serez étonné de la rapidité avec laquelle elle devient une habitude. Ce rituel, qui ne devrait pas excéder 20 à 30 secondes, vous aidera à vous appliquer de la même manière sur chaque coup : c'est l'un des secrets pour bien jouer sous la pression.

Répétition de l'élan
Votre élan d'essai doit être aussi proche que possible du coup que vous avez l'intention d'exécuter.

1 PRÉPARATION À UN COUP
La construction d'une image mentale du coup augmente considérablement vos chances de l'exécuter correctement. Tenez-vous à quatre ou cinq pas en arrière de la balle et prenez quelques secondes pour vous poser pendant que vous visualisez le vol de la balle vers l'objectif.

2 Exécutez un ou deux élans d'essai en douceur. Concentrez-vous sur votre rythme et essayez d'associer les sensations physiques de tout votre corps à votre image mentale du coup. Vous vous concentrerez ainsi sur votre coordination intuitive de la main et de l'œil.

3 Si vous êtes nerveux ou sous pression, votre rythme cardiaque va s'accélérer et l'adrénaline va commencer à affluer. Ces réactions ont pour aspect négatif d'accélérer vos mouvements. Et si votre élan devient précipité, vous risquez de perdre le rythme nécessaire à un coup convenable. Un système efficace, utilisé par nombre de bons joueurs, consiste à effectuer deux ou trois respirations profondes avant de prendre la position initiale. Cela détend les muscles et procure une sensation de calme.

Suivez l'exemple

Quand on suit un tournoi à la télévision, on est vite pris par l'excitation d'un coup spectaculaire – un coup de départ qui part en flèche, un coup d'approche roulé éblouissant ou un long coup roulé – mais il est aussi précieux de prêter attention à la façon dont les grands joueurs se préparent à frapper un coup. Il y a beaucoup à apprendre d'eux dans cette partie du jeu. Observez la manière dont les professionnels s'approchent de la balle et notez qu'ils ne semblent jamais se presser. Ils gardent leur calme et leurs mouvements restent fluides et sans précipitation. De même, si quoi que ce soit les distrait pendant leur routine préliminaire, ils recommencent. C'est la garantie d'être toujours mentalement prêt à aborder le coup.

Mains
Pour relâcher la tension de vos mains, faites un mouvement de va-et-vient avec le bâton en position initiale.

4 Pour un coup précis, il est préférable d'orienter la face de bâton vers un repère intermédiaire entre la balle et l'objectif (comme un ancien trou de motte de gazon à quelques pas), plutôt que de se concentrer uniquement sur un objectif distant. La tâche semble ainsi plus facile et cela vous aide à rester dans un état d'esprit positif (ce processus de prise de repère est abordé aux pages 20-21).

5 Prenez votre position initiale avec votre prise déjà formée sur le bâton, et fixez alternativement votre regard sur le repère intermédiaire et sur l'objectif. Orientez la face de bâton vers l'objectif et, en supposant que vous vouliez frapper un coup droit, construisez une position parallèle à l'orientation de la face de bâton. Vos pieds, vos hanches et vos épaules doivent être perpendiculaires à la ligne de jeu. Vous êtes prêt à frapper.

LA STRATÉGIE DU COUP DE DÉPART

LE GOLF EST AUTANT AFFAIRE DE STRATÉGIE que d'exécution. Chaque coup implique une décision et elle est aussi importante que votre élan. On peut affirmer que c'est l'aspect du jeu le plus sous-estimé et le moins travaillé. Il n'y a pourtant pas de moyen plus sûr de baisser votre résultat moyen sur un parcours que d'utiliser votre matière grise avant et en cours de jeu.

Les processus de prise de décision sur l'aire de départ sont vitaux en vue d'un bon coup de départ. Un joueur qui dépose sa balle sans trop tenir compte du placement, puis vise avec insouciance une direction générale au milieu de l'allée rate une bonne occasion de faciliter sa progression sur le parcours. Réfléchir, dès le départ, à une certaine stratégie à adopter vous permettra d'augmenter le nombre moyen d'allées que vous toucherez et, tout aussi important, réduira de façon spectaculaire les coups de départ désastreux qui vous entraînent vers un résultat élevé.

L'AIRE DE DÉPART

Savoir moduler vos coups (voir pages 306-307) vous permet d'éviter les dangers d'un côté ou de l'autre du trou. Cependant, la majorité des golfeurs ont une tendance naturelle à incurver leurs coups – un léger crochet intérieur ou un léger crochet extérieur. Si vous en êtes conscient, vous pouvez l'exploiter. Par exemple, si vous frappez naturellement en léger crochet extérieur, plantez votre té sur la droite de l'aire de départ et visez le côté gauche de l'allée. Si la balle a un vol rectiligne, vous toucherez quand même l'allée ; si la balle part en léger crochet extérieur comme prévu, vous arriverez pile au milieu de l'allée. Même si le léger crochet extérieur est plus accentué que prévu, vous devriez toucher l'allée, au pire l'herbe haute. De même, si vous frappez naturellement en léger crochet intérieur, plantez votre té sur la gauche et visez le côté droit de l'allée. Une réflexion intelligente sur l'aire de départ augmente réellement votre marge d'erreur.

LA PREMIÈRE IMPRESSION

Il est important pour être en confiance de frapper le premier coup au milieu de l'allée en toute sécurité. Cela informe votre adversaire que vous allez être coriace. Choisissez un bâton avec lequel vous êtes sûr de frapper un coup ferme et droit afin de vous sentir maître de votre jeu. La priorité est de garder la balle en jeu, même si vous devez sacrifier de la distance. La pire façon de commencer est un coup de départ aberrant : c'est un début de partie stressant qui vous coûtera certainement deux ou trois coups. On ne gagne pas une compétition sur les premiers trous, mais vous aurez vite fait de torpiller votre résultat si vous prenez un départ épouvantable.

UN COUP LE LONG D'UN TROU COUDÉ

Les allées en trou coudé sont courantes sur les parcours. Un trou comportant un trou coudé est l'occasion idéale d'exploiter vos coups spéciaux. Si l'allée est incurvée vers la droite, un coup de départ avec un soupçon de léger crochet extérieur suivra la cassure au plus près et roulera après l'angle. Sur un trou incurvé vers la gauche, un coup de départ frappé avec un léger crochet intérieur vous permettra de moduler la trajectoire dans le sens opposé.

ÉVITEZ LE HORS-LIMITE

Un té de départ présentant une menace évidente de hors-limite est une épreuve, mentalement plus que techniquement. Sur ce type de départ, vous devez éviter de prendre des risques et essayer de vous détendre. Premièrement, choisissez un bâton avec lequel vous vous sentez à l'aise. Même s'il laisse le vert hors de portée pour le coup suivant, vous pouvez encore réussir la normale avec un coup d'approche roulé et un coup roulé et le pire résultat possible sera un bogey. Si vous envoyez la balle hors limites dès le départ, vous risquez de terminer avec un double bogey, ou pire. Ensuite, soyez fidèle à votre routine préliminaire (voir pages 312-313). Rappelez-vous, que dans le golf, l'habitude alimente la confiance et un rituel préliminaire vous mettra à l'aise. Enfin, visez à l'écart du problème : si le hors-limite est sur la gauche, plantez votre té sur la gauche et visez à droite, et vice-versa si le danger se trouve sur la droite. Investissez-vous complètement dans

le coup que vous avez choisi de jouer et oubliez la zone de hors-limite. Cela peut sembler trop facile pour être vrai, mais telle est souvent la nature du jeu. Privilégier la simplicité et jouer la sécurité font parfois toute la différence.

STRATÉGIE DU COUP DE DÉPART

On rencontre sur de nombreux parcours des aires de départ multiples ; elles modifient la longueur du trou et permettent aux joueurs de niveaux différents de disputer des tournois équitables. Profitez-en pour optimiser votre stratégie sur chaque trou : modifiez votre angle d'attaque pour aller chercher le drapeau, ou évitez des problèmes sur un côté de l'allée.

SUR L'ALLÉE ET DANS L'HERBE HAUTE

PRENDRE LA BONNE DÉCISION sur l'aire de départ et frapper un coup de départ solide sont un bon début, mais vous devez maintenant tourner votre attention vers le second coup. Si vous êtes sur une normale 3, ce second coup devrait être un coup roulé, mais sur un trou plus long, vous devez viser le vert ou trouver un bon emplacement sur l'allée pour continuer. Ces pages sont axées sur des situations typiques où votre cerveau peut vous éviter des coups superflus. Au fur et à mesure que votre jeu s'améliorera, vous vous rendrez compte que l'attaque n'est pas le seul secret d'un résultat bas. En fait, un bon résultat peut souvent être attribué autant aux coups trop ambitieux que vous n'avez pas joués qu'aux coups formidables que vous avez réalisés. Le golf exige un bon jugement en plus d'une grande compétence.

LA STRATÉGIE EN TROIS TEMPS DE LA NORMALE 5

Nombre de golfeurs sont intimidés par les trous longs. Mais un simple changement d'approche vous démontrera que les normales 5 sont parmi les trous les plus faciles du parcours. Le secret est de diviser un long trou en sections abordables : traitez le trou en trois parties. La seule obligation assignée à votre coup de départ est de garder la balle en jeu. Une longueur de 180 m à 200 m, à la portée de la majorité des golfeurs avec un bois de parcours, est plus qu'adéquate. Conservez cet état d'esprit pour le second coup : oubliez toute idée d'envoyer la balle le plus loin possible et concentrez-vous sur le placement. Gardez la balle en jeu et rappelez-vous, qu'hormis sur les normales 5 extrêmement longues, un second coup contrôlé de 180 m vous laisse à peine plus qu'un fer court à moyen pour atteindre le vert. Un coup roulé d'oiselet est alors à votre portée et vous avez atteint cette position sans avoir pris le moindre risque.

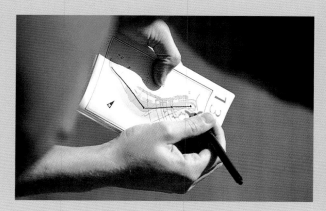

PLANIFIEZ VOTRE STRATÉGIE
Utilisez un plan du parcours pour étudier la façon dont vous allez jouer le trou. Repensez le défi d'une normale 5 comme une série de minidéfis. En termes simples : divisez pour mieux régner.

NÉGOCIEZ LES POSITIONS DE DRAPEAU DIFFICILES

Un exemple typique de drapeau difficile est un drapeau situé sur le côté droit du vert, protégé par une fosse de sable profond sur la droite. Un autre exemple serait un drapeau sur le devant du vert, protégé par un obstacle d'eau. Dans de tels cas, il suffit de dévier de peu – sans jouer un coup épouvantable – pour que la sanction soit lourde. Résistez à la tentation d'attaquer le drapeau : quand vous êtes face à un drapeau mal placé, visez le centre du vert pour vous accorder une marge d'erreur confortable. Si vous poussez cette théorie jusqu'à sa conclusion logique (frapper chaque coup d'approche vers le centre des 18 verts du parcours), vous serez étonné de l'amélioration de votre résultat, car même les balles légèrement déviées ont plus de chances de finir sur le vert.

VISEZ EN PLEIN CENTRE
Si, comme ici, le drapeau est situé près d'une fosse de sable sur la gauche, ignorez-le et visez le centre du vert. Un coup roulé long est préférable à une sortie de fosse de sable ardue.

LA RÈGLE DES 10 PAS DANS L'HERBE HAUTE

La majorité des golfeurs sont souvent trop ambitieux dans l'herbe haute. En règle générale, si vous ne voyez pas la balle à 10 pas, vous devez envisager un coup d'approche lobé de sécurité vers le milieu de l'allée, où vous reprendrez le contrôle de votre jeu. Vous limiterez ainsi le risque d'un résultat élevé sur le trou. Si, toutefois, vous optez pour un bâton long et essayez d'atteindre le vert à partir d'une position épouvantable, vous pouvez parier sur un échec. La balle peut aller n'importe où : si vous avez de la chance, elle finira sur l'allée, mais, comme vous la contrôlez moins, elle peut atterrir à un endroit bien pire.

MAUVAISE POSITION

Étudiez bien la position de votre balle. Si elle se trouve dans l'herbe haute, frappez un coup selon vos capacités. Ne risquez pas d'aggraver la situation avec un coup de récupération exagérément ambitieux à partir de l'herbe haute. Dans le doute, choisissez l'option la plus simple.

AJOUTEZ LA DISTANCE DE L'ANGLE

La plupart des plans de parcours (les cartes qui indiquent pour chaque trou la distance entre le vert et divers points de l'allée) donnent des mesures du milieu de l'allée jusqu'au centre du vert. Si vous êtes dans l'herbe haute, l'angle augmente la distance pour atteindre le centre du vert jusqu'à 5 % (comme le montre le plan). Par exemple, un coup de 150 m peut être allongé de 7,50 m. Vérifiez également la position du drapeau. S'il est central, vous pouvez vous fier au chiffre du plan. Mais s'il est sur le devant ou sur l'arrière du vert, ajoutez ou déduisez la distance en conséquence.

FAITES VOS COMPTES

Consultez le plan du parcours et faites les corrections requises pour estimer la distance jusqu'au drapeau. Cela peut faire la différence entre un petit coup roulé d'oiselet et un triple coup roulé potentiel.

AMÉLIOREZ VOTRE CONDITION MENTALE

IL EST INDÉNIABLE QUE LE GOLF est l'un des jeux les plus éprouvants sur le plan mental. C'est en partie dû au fait que les intervalles entre les coups sont assez longs pour ruminer ce que vous venez de faire ou vous apprêtez à faire. Les professionnels en sont profondément conscients ; c'est pourquoi la majorité d'entre eux consultent des psychologues sportifs, souvent pour stimuler des processus constructifs plutôt que destructifs. Cependant, la plupart des amateurs sont réticents à prendre en compte l'aspect mental du jeu, une erreur grave. Si vous voulez mieux maîtriser votre jeu, vous devez apprendre à maîtriser votre esprit.

RESTEZ FIDÈLE À VOTRE PLAN DE JEU

Avant une partie, il est important d'être préparé mentalement aussi bien que physiquement. Envisagez votre plan de jeu avant d'arriver sur le parcours. Par exemple, si vous le connaissez bien, vous pouvez jouer vos coups d'approche vers les différents verts avant la compétition. Décidez quand vous jouerez défensivement (en visant le milieu du vert) et quand vous attaquerez le drapeau. Évidemment, certains facteurs influenceront votre plan ; un vent fort, par exemple, peut modifier votre tactique. Cependant, ne laissez pas des facteurs négatifs, comme un mauvais départ, provoquer une modification de votre plan de jeu. Passer à un plan d'attaque téméraire pour redresser une situation ne fait généralement que l'aggraver. De même, si vous avez pris un très bon départ, n'adoptez pas soudain un jeu trop défensif.

TOUT EST DANS LA TÊTE

Il est toujours sage d'avoir un plan de jeu à l'esprit, facile à élaborer, si vous connaissez bien le parcours. Décidez, par exemple, quels sont les bâtons « de milieu de vert », et lesquels sont des bâtons « d'attaque de drapeau ». Respectez votre plan autant que possible.

TOUS LES COUPS ONT LA MÊME IMPORTANCE

Les golfeurs sont enclins à exagérer l'importance de certains coups, le plus souvent le premier coup de départ ou les derniers coups d'un bon parcours. Vous vous sentez donc généralement plus nerveux sur le premier départ qu'à tout autre moment du parcours : vous vous êtes imposé une pression inutile. C'est la principale raison pour laquelle des joueurs frappent des coups de départ d'ouverture médiocres. L'un des secrets d'un jeu couronné de succès est d'aborder tous les coups de la même façon. Si vous vous y appliquez, tous vos coups s'amélioreront. Mentalement, vous ne subirez pas de pression superflue, qui provoque la tension. Vous vous sentirez au contraire plus confiant et détendu, ce qui favorise toujours un meilleur élan.

DISTRAYEZ-VOUS ENTRE LES COUPS

Même avec la meilleure volonté du monde, vous serez inca-pable de conserver à 100 % votre concentration pendant les heures que dure un parcours. En fait, le tenter pourrait nuire à votre jeu. Il est de loin préférable de bavarder et de vous distraire entre les coups. C'est une bonne technique si votre dernier coup était bon et particulièrement profitable s'il était mauvais, car cela vous aidera à laisser l'erreur derrière vous. Rappelez-vous que le seul coup qui compte est le prochain.

GARDEZ VOTRE FLEGME

On peut être emporté quand quelque chose d'étonnant se passe dans une partie, comme un coup d'approche roulé qui entre dans le trou pour un oiselet. C'est également frustrant de jouer de malchance ou de frapper un coup médiocre. Il est donc toujours préférable de maîtriser ses émotions. Acceptez le fait que vous frapperez des mauvais coups et, de la même façon, ne vous excitez pas pour un coup d'approche dans le trou ou un coup roulé impressionnant. Si vous maîtrisez vos émotions, vous pourrez sans doute maîtriser aussi votre jeu.

DÉTENDEZ L'ATMOSPHÈRE

Détendez-vous et faites descendre la pression. Par exemple, en jon-glant avec la balle sur le bâton, cela atténue le sérieux de la partie et vous aide à oublier un mauvais trou.

SACHEZ GARDER LA TÊTE FROIDE

Tout le monde réagit différemment à un coup de chance ou de malchance. Cependant, pour jouer à votre meil-leur niveau, essayez de rester stoïque face aux revers de fortune.

PERDEZ LE COMPTE DE VOTRE RÉSULTAT

N'additionnez jamais votre résultat quand vous jouez bien parce qu'inconsciemment, vous commencerez à faire des prévisions. Vous vous direz peut-être : «Si je ne fais pas plus de cinq sur chacun des quatre derniers trous, je battrai tous mes records.» Ne préparez pas votre discours de vainqueur alors que vous êtes encore sur le dixième trou! Cela vous distrait du trou en cours et met une pression superflue sur votre jeu. Au lieu de vous ajouter ce stress, essayez de perdre le compte de votre résultat. Pour jouer avec régularité sur les 18 trous, vous devez vous habituer à prendre les coups l'un après l'autre. Cela demande de l'entraînement, mais si vous vous concentrez sur chaque coup comme il se présente et restez dans le moment présent, l'avenir est presque toujours plus prometteur. Évitez d'additionner votre résultat avant d'avoir joué le dernier coup roulé.

RESTEZ DANS LE PRÉSENT

Remplissez sans faute votre carte de résultat à la fin de chaque trou, mais ne faites pas d'addition au fur et à mesure et ne vous laissez pas aller à des supputa-tions qui aboutissent généralement à un désastre. Concentrez-vous sur un coup et un trou à la fois.

SIMPLIFIEZ VOTRE JEU D'HIVER

À MOINS QUE VOUS N'AYEZ LA CHANCE de vivre sous des cieux ensoleillés toute l'année, vous aurez diverses occasions de jouer par des conditions défavorables. Autant que le vent et la pluie, vous affronterez probablement des surfaces de jeu dégradées qui sont le lot d'une partie de golf en hiver. Des conditions de jeu épouvantables ne ruinent cependant pas forcément vos chances d'obtenir un bon résultat : vous pouvez modifier votre stratégie et adapter votre technique en fonction des circonstances les plus difficiles. Et peu importe que le temps et le terrain soient mauvais, il est toujours bon de se rappeler que les conditions sont les mêmes pour tous. Par ailleurs, effectuer un bon parcours par un temps affreux est l'une des expériences les plus gratifiantes du golf.

Courbe d'été　　Courbe d'hiver

PRÉVOYEZ MOINS DE COURBE SUR LES COUPS ROULÉS

La surface du coup roulé étant tondue de moins près en hiver, les coups roulés sont toujours plus lents qu'en été. Pour compenser cette mollesse, vous devrez frapper plus fermement. La balle prendra donc moins de courbe vers le trou sur les verts d'hiver. Même sur les petits coups roulés, la «ligne d'hiver» et la «ligne d'été» seront différentes. Vous devez le savoir pour le prévoir.

JAUGER LA COURBE D'HIVER

Même par une journée ensoleillée, les surfaces du coup roulé étant générale-ment plus feutrées en hiver, vous devrez frapper la balle avec plus de force qu'en été. La balle prendra donc moins de courbe.

ÉCHANGEZ LES FERS LONGS POUR DES BOIS DE PARCOURS

Les fers longs sont des bâtons offrant peu de tolérance, mais quand le sol n'est pas dans un état idéal – un peu détrempé, par exemple –, ils deviennent les bâtons les plus contraignants pour frapper fermement. Il est sage de remplacer deux de vos fers les plus longs par deux bois de parcours – peut-être un bois 4 et un bâton hybride (voir pages 327-328). Il est plus facile de frapper avec des bois de parcours à partir de posi-tions imparfaites (dans l'herbe haute ou sur l'allée) qu'avec des fers longs, ce qui est essentiellement dû à la forme et à la conception de la tête de bâton. D'abord, la tête de bâton d'un bois de parcours glisse plus aisément à travers l'herbe touffue autour de la balle. Ensuite, la surface de frappe est plus grande que sur un fer long – les frappes légèrement décentrées produisent des balles acceptables. Enfin, le centre de gravité est beaucoup plus bas sur un bois de parcours, ce qui facilite le décollage de la balle. La portée en l'air est plus longue et, sur terrain meuble, ce supplément de vol est très utile.

CHANGEMENT DE BÂTON

Par temps hivernal, il est judicieux de remplacer un fer long par un bois de parcours.

PRENEZ MOINS DE SABLE
DANS LES FOSSES DE SABLE

Le sable des fosses de sable devient beaucoup plus compact lors des périodes d'humidité prolongées, ce qui impose une légère rectification technique. La principale différence est que vous devrez prendre moins de sable quand il est mouillé que pour un coup en explosion dans du sable sec, car le sable humide offre plus de résistance à la tête de bâton. En règle générale, vous pouvez peut-être diviser par deux la distance derrière la balle où vous frapperiez normalement le sable (voir l'exercice 5 dans la section «La sortie de fosse de sable», pages 194-195). Cela vous permettra d'éviter une balle trop courte vers le drapeau. L'autre solution consiste à tenter un élan légèrement plus long. Vous générerez ainsi une vitesse supérieure de la tête de bâton à travers la zone de frappe ; cette option est efficace quand le sable est compact. Testez ces deux méthodes au terrain d'entraînement et voyez laquelle vous convient le mieux.

FRAPPE ÉNERGIQUE

Le sable humide devient plus lourd et compact. Pour compenser, appliquez-vous à prendre moins de sable à l'impact, ou bien exécutez un élan plus énergique, comme Andres Romero, ci-contre.

LEVEZ LA BALLE

Quand les verts sont souples et dégagés, prenez exemple sur Lee Westwood et soulevez bien la balle vers le drapeau pour être sûr qu'elle ne s'arrête pas trop loin de lui.

DE L'AUDACE DANS LES PETITS COUPS

À moins que le sol ne soit gelé, les verts d'hiver sont très réceptifs à un coup d'approche élevé. Tournez cela à votre avantage. Lorsque vous visualisez votre coup, imaginez que la balle atterrit au sommet du drapeau ; après avoir frappé, vous serez étonné de constater que la balle parcourt le plus souvent la distance parfaite, car l'image mentale vous incite à l'audace quand il est si tentant de jouer une balle courte.

CONSEIL D'EXPERT

Choisissez bien votre balle

En hiver, arrêter la balle sur des verts souples est le moindre de vos problèmes. Mais en vertu de ces mêmes conditions, il est plus difficile de générer autant de longueur à partir de l'aire de départ, car il n'y a pratiquement pas de roule à l'atterrissage. Par conséquent, si, en été, vous utilisez une balle à effet et à enveloppe souple, envisagez de la remplacer en hiver par une balle deux pièces plus dure, conçue pour la distance (voir le conseil d'expert, page 131).

ANALYSEZ VOS PERFORMANCES

AUSSI LONGTEMPS QUE VOUS JOUEREZ AU GOLF, les tests proposés dans le chapitre 1 resteront un baromètre constant et fiable de votre habileté dans tous les secteurs de jeu. L'auto-évaluation est l'un des secrets d'une progression à long terme. Vous devriez garder également une trace de vos performances au cours d'une compétition. S'il est facile de juger votre réussite à partir de votre résultat global pour 18 trous, un examen détaillé de vos résultats par secteur de jeu est plus révélateur. C'est sans aucun doute une méthode efficace pour trouver des moyens de baisser votre résultat.

Les secteurs essentiels à examiner sont : le nombre d'allées touchées dans un parcours ; de verts touchés « en régulation » ; des normales sauvées par un coup d'approche roulé suivi d'un coup roulé ; de normales avec sortie de fosse de sable, et enfin la moyenne de vos coups roulés par parcours. Noter tous ces détails au cours d'une partie prendrait trop de temps mais, à la fin du parcours, une rapide analyse mentale de chaque trou révélera la répartition exacte des coups. Comparez ensuite vos résultats avec les tableaux ci-dessous. L'opération ne prend en tout que quelques minutes qui seront bien employées, car ces données mettent en lumière vos forces et vos faiblesses. Essayez de créer un dossier avec ces informations, de façon à suivre les tendances de votre jeu. Pour devenir un golfeur plus complet, vous devez continuer à travailler vos coups les plus faibles jusqu'à pouvoir les compter parmi vos points forts.

1. PRÉCISION DU COUP DE DÉPART

Additionnez le nombre de normales 4 et de normales 5 du parcours et calculez le pourcentage fondé sur le nombre total d'allées touchées de l'aire de départ. Rappelez-vous que la distance n'est pas le principal problème du coup de départ (voir page 28). Votre première préoccupation, sur l'herbe tondue à ras, est de garder la balle en jeu. Cette attitude vous évitera bien des ennuis.

Résultats

ALLÉES TOUCHÉES	ÉVALUATION
0 à 30 %	Très mauvais
31 à 40 %	Mauvais
41 à 60 %	Passable
61 à 70 %	Bon
+ 71 %	Excellent

2. VERTS TOUCHÉS EN RÉGULATION

Notez maintenant combien de verts vous avez touchés « en régulation » (c'est-à-dire que si vous terminez le trou avec les deux coups roulés standards, vous réussirez la normale). Le nombre de coups exigés pour toucher le vert en régulation est : normale 3, 1 coup ; normale 4, 2 coups ; normale 5, 3 coups. Évidemment, si vous atteignez le vert en moins de coups, vous êtes également en régulation.

Résultats

VERTS TOUCHÉS	ÉVALUATION
0 à 20 %	Très mauvais
21 à 40 %	Mauvais
41 à 60 %	Passable
61 à 70 %	Bon
+ 71 %	Excellent

3. NORMALES SAUVÉES PAR UN COUP D'APPROCHE ROULÉ ET UN COUP ROULÉ

Chaque fois que vous manquez un vert avec un coup d'approche, notez si vous avez sauvé la normale avec un coup d'approche roulé suivi d'un seul coup roulé ou non. Les bons joueurs excellent dans ce secteur de jeu. L'augmentation du pourcentage de coup d'approche roulé et de coup roulé gagnants aura un impact spectaculaire sur votre résultat moyen ce qui entraînera une baisse de handicap.

Résultats	
TAUX DE RÉUSSITE	ÉVALUATION
0 à 20 %	*Très mauvais*
21 à 40 %	*Mauvais*
41 à 60 %	*Passable*
61 à 75 %	*Bon*
+ 76 %	*Excellent*

4. NORMALES AVEC UNE SORTIE DE FOSSE DE SABLE

Chaque fois que votre balle atterrit dans une fosse de sable de vert, vous avez l'occasion de sauver la normale : une sortie de fosse de sable réussie et un seul coup roulé. Notez combien de fois vous avez réussi. Si vous avez étudié la section « Sortie de fosse de sable », vous devriez sortir d'une fosse de sable en un seul coup chaque fois, même si la position est épouvantable.

Résultats	
TAUX DE RÉUSSITE	ÉVALUATION
0 à 10 %	*Très mauvais*
11 à 25 %	*Mauvais*
26 à 40 %	*Passable*
41 à 65 %	*Bon*
+ 66 %	*Excellent*

5. MOYENNE DES COUPS ROULÉS PAR PARCOURS

Jusqu'à 40 % des coups joués dans un parcours moyen sont des coups roulés : bien jouer sur les verts peut être synonyme de résultat bas. Additionnez les coups roulés exécutés pendant un parcours. (Attention : soyez ambitieux sur les verts, mais ne vous fixez pas des objectifs utopiques. Ne perdez pas courage : de 2 m, les meilleurs joueurs du monde n'entrent dans le trou que la moitié de leurs coups roulés environ.)

Résultats	
COUPS ROULÉS	ÉVALUATION
+ 40	*Très mauvais*
39 à 37	*Mauvais*
36 à 33	*Passable*
32 à 30	*Bon*
- 30	*Excellent*

Seul un entraînement parfait conduit à la perfection

Là est le secret d'une amélioration de vos résultats. Les grands joueurs connaissent l'importance de cet adage et c'est l'une des raisons pour lesquelles ils réalisent de merveilleuses performances en étant soumis à une pression énorme. Cela expli-que également pourquoi la majorité des golfeurs amateurs frappent de belles balles au terrain d'entraînement, mais ont du mal à faire de même sur le parcours. Cependant, si vous traitez chaque coup au terrain d'entraînement comme s'il était un coup vital en compétition, lorsque vous serez vraiment sous pression, vous l'aborderez comme un coup d'essai de plus. La notion d'entraînement parfait est également abordée dans la section « Le coup de départ » (voir l'exercice 1, page 30).

CHAPITRE CINQ

À SAVOIR

CE DERNIER CHAPITRE a été conçu conformément à l'idée que, au-delà de la qualité d'une frappe de balle, de multiples facteurs font un golfeur accompli. Les pages suivantes vous fourniront de précieuses recommandations pour l'achat d'un équipement complet, adapté à votre morphologie et à votre niveau. Ces indications sont une garantie que les outils de votre sac constituent toujours une aide et ne soient jamais un handicap. Vous trouverez également une description des principales formes du jeu, de la partie par coups au quatuor, ainsi qu'un incontournable guide de l'étiquette. De plus, une section consacrée aux règles d'or du golf vient utilement clarifier les réglementations, parfois déroutantes, qui font le cœur de ce jeu. Enfin, un glossaire complet, qui définit les termes clés du golf, conclut cet ouvrage.

BIEN CHOISIR SON ÉQUIPEMENT

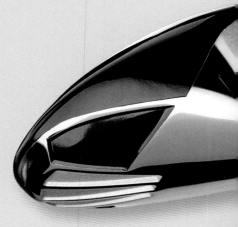

LES ÉNORMES PROGRÈS DE LA TECHNOLOGIE au cours de ces dernières années laissent au consommateur l'embarras du choix en matière de bâtons. Le marché n'a jamais été plus foisonnant ni plus déconcertant. La diversité des modèles, le jargon perturbant qui les accompagne et les matériaux sophistiqués qui sont utilisés se liguent parfois pour compliquer terriblement les décisions d'achat.

Il en résulte que des joueurs conservent les mêmes bâtons pendant des années alors que d'autres font régulièrement des folies pour s'offrir les bâtons dernier cri et les choisissent sur une impulsion. Dans les deux cas, ils se privent des bénéfices potentiels que procure un équipement parfaitement adapté. Si aucun raffinement de technologie ne peut compenser des défauts fondamentaux de votre élan, il est essentiel que vos bâtons soient complémentaires de votre physique et de votre élan, faute de quoi ils freineront votre progression. Dans cette section, vous apprendrez comment choisir l'équipement fait pour vous et votre style de jeu.

LES BOIS N° 1

Le choix d'un bois n° 1 était autrefois une affaire simple. Ils étaient presque tous en bois et se différenciaient par le prix, l'aspect et l'angle d'ouverture. Aujourd'hui, les bois n° 1 en métal sont la norme et les fabricants font appel à une infinie variété de techniques et à de multiples métaux pour créer des bâtons qui, selon leurs dires, offrent le summum en matière de distance ou de tolérance, voire les deux.

Lors de l'achat d'un bois n° 1, il est important de prendre en compte les différents éléments qui influent sur la jouabilité d'un bâton. D'abord, la taille de la tête de bâton : les grandes têtes de bâton offrent une surface de frappe plus grande et plus de tolérance sur les frappes décentrées que les petites têtes de bâton. Malgré ces avantages, certains golfeurs considèrent que des têtes de bâton plus petites conviennent mieux à leur style de jeu. L'angle d'ouverture du bâton est également crucial. Les frappeurs puissants peuvent se contenter de très peu l'angle d'ouverture, seulement 7 degrés, alors que les joueurs moins accomplis ont intérêt à ne pas descendre au-dessous de 10 degrés. Cependant, ne considérez pas l'angle d'ouverture isolément, car ce n'est pas le seul facteur qui influence la hauteur de vos coups. Les fabricants peuvent aussi jouer sur le centre de gravité d'un bâton pour influer sur le vol de la balle. Certains bâtons sont conçus avec un centre de gravité bas pour aider la balle à décoller, ce qui convient assez bien aux joueurs moins confirmés.

Vérifiez que la prise est à la taille de vos mains

De nombreux golfeurs ont tendance à négliger la prise du bâton, alors qu'il s'agit du point de contact entre le joueur et le bâton. Il est donc indispensable que la prise corresponde parfaitement à vos mains. En plus de veiller à leur bon état – en les remplaçant quand ils deviennent luisants ou lisses –, vous devez d'abord vous assurer qu'ils sont de la bonne taille. Faites ce simple test avec un bâton, en le tenant dans votre main gauche : idéalement, votre majeur et votre annulaire doivent toucher légèrement le coussinet charnu à la base de votre pouce. Si vos doigts ne le touchent pas ou qu'ils s'enfoncent dans votre paume, la prise doit être ajustée. N'importe quel professionnel effectuera cette rectification simple à peu de frais.

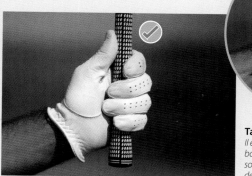

Taille de la prise
Il est crucial que la prise soit de la bonne taille (à gauche). Si vos prises sont trop minces (ci-dessus), il est bon de les faire modifier.

FACES DE BOIS

Les bois n° 1 et les bois de parcours sont le plus souvent en acier. Bien que plus coûteux, le titane est assez populaire car il est léger : la tête de bâton peut ainsi être plus grande et donc plus tolérante. Le titane est plus dur que l'acier et propulse la balle à plus grande vitesse, allongeant la portée tout en réduisant l'effet latéral.

Manche du bâton : flexibilité, matériau et longueur

N'oubliez pas que le manche (tige) du bâton est aussi important que la tête. La flexibilité est le premier facteur à considérer pour choisir celui qui vous convient. Pour les hommes, il existe trois catégories : standard, rigide et extrarigide. Plus votre élan est rapide et plus fort vous frappez la balle, plus le manche doit être rigide. En règle générale, si les manches de votre série sont trop souples, vous serez enclin à frapper des coups trop hauts et en crochet intérieur. S'ils sont trop rigides, la balle volera plus bas et en crochet extérieur. Les manches des bâtons des femmes sont souvent plus flexibles, pour un élan généralement moins puissant. Mais ces manches deviennent progressivement plus rigides quand le niveau de jeu s'élève.

Le matériau du manche est à choisir attentivement. Le graphite est très utilisé aujourd'hui, mais l'acier reste le matériau le plus populaire pour le manche des fers et on trouve encore des bois n° 1 à manche en acier. Le graphite étant un matériau léger, il est idéal pour les fers des joueurs dont l'élan n'est pas très rapide. Il transmet également moins de vibrations aux mains et aux poignets et contribue à éviter les blessures. Il est courant dans les bois n° 1 à tête en métal, sa légèreté permettant plus de poids dans la tête de bâton, avec plus de force à l'impact.

Sachez enfin que vous pouvez faire allonger les manches de vos bâtons de 2 ou 3 cm (si vous êtes très grand ou avez des bras courts), de façon que votre posture n'en souffre pas.

Bois n° 1 à manche en graphite

Bois n° 1 à manche en acier

Des bâtons à centre de gravité plus haut, mieux adaptés aux joueurs plus avancés, procurent un vol plus pénétrant. Le centre de gravité peut même être augmenté de façon qu'il y ait plus de masse à la pointe ou au talon de la tête de bâton ; il est alors plus tolérant sur les frappes décentrées. Il est important que la flexibilité du manche soit appropriée à vos compétences (voir ci-contre).

Une fois que vous aurez jaugé les caractéristiques d'un bois n° 1, il est important que vous soyez séduit par son aspect, comme pour tous les bâtons. Si votre bois n° 1 ne vous est pas agréable à l'œil, vous risquez de ne jamais le sortir de votre sac.

Enfin, avant d'entrer dans un magasin, fixez-vous une limite financière et n'examinez que les bâtons qui entrent dans votre budget.

DIFFÉRENTS BOIS N° 1

Le nombre de bois n° 1 sur le marché peut être déroutant. Ces bâtons sont pourtant plus complexes qu'il n'y paraît, il est donc judicieux de les étudier de près avant de choisir.

Trouver l'angle correct de la position de la balle

L'angle selon lequel le bord inférieur du bâton repose sur le sol est appelé angle de lie. Si la position de la balle est trop dressée pour vous, le talon entrera en contact avec le sol en premier à l'impact. À l'inverse, si l'angle est trop plat, la pointe de la tête touchera le sol en premier. Pour éviter ces problèmes, vérifiez que le bord inférieur du bâton est parallèle au sol au départ. Puis frappez quelques coups. Si l'angle de la position de la balle est correct, le début du trou de motte de gazon sera de forme et de profondeur uniformes et orienté droit vers l'objectif.

Si l'angle de la position de la balle est trop aigu ou trop plat, vérifiez votre prise de position initiale. Normalement, le pro du bâton peut régler l'angle de lie. Autrement, recherchez un fabricant qui propose des bâtons avec différents angles de lie.

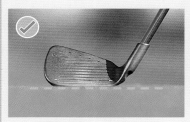

Angle de position correct

Angle de position trop à plat

Angle de la position de la balle trop dressé

LES BOIS DE PARCOURS

Au fil des ans, les bois de parcours ont suivi la même évolution que les bois n° 1. Aujourd'hui, les bâtons les plus longs de votre sac sont plus faciles à utiliser, plus tolérants et ils envoient la balle plus loin que jamais. Globalement, prenez en compte les mêmes facteurs pour l'achat des bois de parcours que pour le bois n° 1 (voir plus haut). Cependant, la tête de bâton doit être plus petite que sur un bois n° 1 car, sur l'allée, il est plus difficile de frapper la balle du centre de la face avec une grosse tête de bâton (ce n'est pas un problème au départ, la balle reposant sur un té). Votre première préoccupation dans le choix d'un bois de parcours doit être son angle d'ouverture, mais n'oubliez pas que vous serez peut-être amené à utiliser ce bâton au départ comme sur l'allée. Compte tenu de cet élément, un angle d'ouverture de 15 à 18 degrés est un bon équilibre entre distance et précision.

Les hybrides étant efficaces de divers types de positions, il est judicieux d'inclure un bâton hybride dans votre série. Les plus répandus sont les bois 5 et 7, mais il existe une large gamme d'angles d'ouvertures.

Bois : angle d'ouverture et distance moyenne

N°	ANGLE D'OUVERTURE	DISTANCE
Bois n° 1	7 à 11°	220 m
Bois 3	15°	200 m
Bois 5	21°	175 m
Hybride 2	18°	190 m
Hybride 3	21°	175 m
Hybride 4	24°	165 m
Hybride 5	27°	155 m
Hybride 6	30°	145 m

CLUB HYBRIDE

La tête de bâton compacte, à face concave, est efficace sur toutes sortes de positions.

LES HYBRIDES

Dans son aspect et sa conception, le bâton hybride diffère du bois de parcours traditionnel. La tête de bâton est plus petite, comme un fer long surdimensionné avec un arrière bulbeux, et il offre les caractéristiques de vol de balle d'un fer long, sans son niveau de difficulté. L'hybride est incroyablement polyvalent.

La tête de bâton arrondie et compacte facilite la tâche dans l'herbe haute accrocheuse, et c'est une merveille à utiliser au départ d'une normale 4 à l'allée étroite – l'angle d'ouverture

UN BÂTON POLYVALENT

Compact et tolérant, l'hybride convient à toutes sortes de coups, même pour le coup d'approche roulé et autour du vert.

généreux et le manche assez court optimisent la précision sans perte de distance significative.

Ses performances peuvent être attribuées à la conception de la tête de bâton et à la répartition du poids. Dans un fer long, la capacité de répartition du poids autour de la tête de bâton est limitée. Le dessin arrondi et légèrement plus volumineux de l'hybride offre plus de potentiel de répartition de la masse de la tête de bâton : la taille de la surface de frappe est plus importante et le centre de gravité plus bas ; le bâton est donc plus tolérant. Cela augmente aussi l'angle d'attaque et permet de faire décoller la balle plus facilement. Les coups longs et hauts (hasardeux avec un fer long dans les mains d'un golfeur amateur) sont enfin possibles.

LES FERS

Comme les bois n° 1, les différents fers étaient autrefois de subtiles variations sur le même thème ; ils sont aujourd'hui pour les fabricants l'objet d'une course permanente à l'innovation. La conception des têtes de fer présente une diversité extraordinaire. Voici les questions essentielles à vous poser lors de l'achat : quelle tolérance souhaitez-vous ? Quelle importance accordez-vous à la modulation du vol de la balle et aimez-vous l'esthétique du bâton ? En répondant à ces questions, vous limitez les options et vous facilitez l'achat. En ce qui concerne la fabrication de la tête de bâton, il existe deux grands types : les lames et les fers à répartition périphérique du poids.

Les lames

De loin les fers les plus répandus jusqu'à la fin des années 1970, ces bâtons de forme simple ont une tête forgée. Les lames sont peu tolérantes sur les coups décentrés, mais elles procurent un toucher plus pur à l'impact et une meilleure modulation du vol de la balle. Les lames sont aujourd'hui encore privilégiées par certains professionnels et amateurs accomplis.

Les fers à répartition périphérique du poids

Ces fers sont également connus sous l'appellation « fers à cavité arrière » ; leurs têtes sont souvent moulées au lieu d'être forgées et elles sont conçues pour offrir plus de tolérance sur les frappes décentrées, du fait qu'il y a plus de poids aux extrémités. Outre les fers moulés à répartition périphérique, il existe maintenant de nombreux fers à répartition périphérique intermédiaires, qui procurent souvent les avantages des lames tout en restant tolérant sur les frappes décentrées.

N°	ANGLE D'OUVERTURE	DISTANCE
Fer 2	18°	190 m
Fer 3	22°	175 m
Fer 4	26°	165 m
Fer 5	30°	155 m
Fer 6	34°	145 m
Fer 7	38°	135 m
Fer 8	42°	130 m
Fer 9	44°	120 m

Fers : angle d'ouverture et distance moyenne

LAME
Les lames, qui offrent le toucher le plus pur à l'impact, facilitent la modulation de trajectoire de la balle.

FER À RÉPARTITION PÉRIPHÉRIQUE DU POIDS
Ces fers, plus tolérants sur les frappes décentrées, facilitent la modulation du vol de la balle.

Angle de rebond

COCHEURS DE SABLE

Un bâton avec un rebond prononcé convient au sable fin et poudreux ; un rebond inférieur est approprié au sable plus grossier et compact.

Cocheurs : angle d'ouverture et distance moyenne		
TYPE DE COCHEUR	ANGLE D'OUVERTURE	DISTANCE
Cocheur de sable	46°	100 m
Cocheur de sable standard	56°	75 m
Cocheur de lob	60°	55 m

et à la tige centrée), mais au sein de ces catégories, les variations de forme, de couleur et de toucher sont infinies. La meilleure méthode est simplement d'essayer autant de fers droits que possible et de choisir celui qui semble vous convenir.

Le fer droit à répartition périphérique est fabriqué selon le même principe que le fer à répartition périphérique ; le poids est placé en travers de la face de bâton pour réduire les ravages des frappes décentrées.

Le fer droit maillet a une tête semi-circulaire. Sous une forme différente, il offre les mêmes avantages que le fer droit à répartition périphérique. C'est la forme la plus originale des trois.

Le fer droit à tige centrée a une forme simple et, sans aucun doute, est moins tolérant sur les frappes décentrées qu'un fer droit à répartition périphérique. C'est pourquoi la tige centrée convient mieux aux golfeurs accomplis frappant régulièrement du centre de la face.

Les plaques de fer droit

Les fabricants de bâton ont répondu à la demande des joueurs d'un toucher maximal sur les verts en introduisant le

LES COCHEURS

Il existe un vaste choix de cocheurs. Lors de l'achat d'un cocheur, ou de plusieurs, vous devez prendre en compte l'angle d'ouverture, le degré de rebond (l'arrondi et la largeur du bord inférieur de la tête de bâton) et le matériau de la tête de bâton.

Le cocheur d'allée standard a 46 degrés d'angle d'ouverture. Le cocheur le plus ouvert, communément appelé cocheur de lob, a 60 degrés, voire jusqu'à 62. Il est bon d'avoir au moins trois bâtons dans cette fourchette, car ils offrent une polyvalence maximale dans le petit jeu. L'angle de rebond est aussi important que l'ouverture. Vous le choisirez en fonction du type de coups que vous souhaitez jouer. Pour les coups sur l'allée, il faut moins de rebond (pas plus de 5 degrés), car la tête de bâton repose presque parallèlement au sol derrière la balle pour générer une frappe nette. Dans la plupart des types de sable et de terrain mou et dans l'herbe haute, vous avez besoin en revanche de davantage de rebond (entre 10 et 14 degrés) pour empêcher la balle de s'enfoncer dans le gazon ou dans le sable, ce qui contrarie un contact ferme avec l'arrière de la balle.

Quant au matériau de la tête de bâton, l'acier est le métal classique et le plus apprécié pour les têtes de cocheurs. Cependant, si vous souhaitez un degré supérieur de contrôle, vous pouvez envisager l'alliage cuivre-béryllium, qui a un toucher plus doux à l'impact.

LES FERS DROITS

Jusqu'à 40 % des coups joués sur un parcours étant des coups roulés, on n'exagérera jamais l'importance d'un fer droit avec lequel vous vous sentez à l'aise. Tout comme la technique du coup roulé, le choix d'un fer droit est plus une affaire d'interprétation personnelle que celui de tout autre bâton. Les fers droits ont un manche standard ou un manche long, et il existe trois grands types de tête de bâton (à répartition périphérique du poids, maillet

FAITES VOTRE CHOIX

Il existe des centaines de fers droits, mais tous entrent dans trois grandes catégories : répartition périphérique du poids, maillet (ci-contre) et à tige centrée.

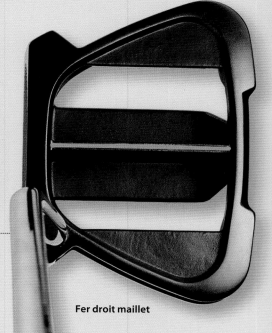

Fer droit maillet

PLAQUE DE FER DROIT

Il existe de nombreux types de plaque, de tendre à relativement dur, mais ils ont tous le même objectif : améliorer la réponse de la balle sur la face du bâton à l'impact.

concept de plaque dans les fers droits. Certains sont des composés de caoutchouc tendre, d'autres utilisent des alliages complexes de métaux.

Sous la diversité des formes et des matériaux, l'idée reste globalement la même : offrir un toucher doux de la face du bâton, afin d'améliorer le contrôle et de procurer une roule fluide.

Choisissez le type de balle qui convient à votre jeu

Une fois que vous aurez acheté la série de bâtons parfaite, n'oubliez pas les balles : le type de balle reflète non seulement votre niveau de jeu, mais aussi vos priorités dans le jeu. Les informations suivantes sur les trois grands types de balle vous aideront à faire un choix éclairé.

LA BALLE DE CONTRÔLE

Si vous souhaitez un maximum de toucher et d'effet dans le petit jeu, le meilleur choix est une balle de contrôle dont l'enveloppe est normalement composée d'uréthane hautes performances ou d'une autre matière synthétique présentant les mêmes caractéristiques de jouabilité. Cette enveloppe souple offre un bon toucher sur le vert et alentour. La structure interne est conçue pour générer un taux d'effet supérieur qui, lui aussi, augmente votre contrôle sur tous les coups. Les inconvénients de ce type de balle sont la perte de distance sur les coups longs, la sensibilité de l'enveloppe, tendre aux éraflures (bien que les enveloppes soient plus durables qu'il y a dix ou quinze ans), et le prix, généralement plus élevé que celui des autres types de balle.

LA BALLE DE DISTANCE

Tous les fabricants produisent des balles conçues pour procurer des longueurs maximales. Ces balles qui ont un toucher très dur sur la face de bâton se caractérisent par un bruit sec à l'impact et sont presque indestructibles. Elles offrent toutefois moins de contrôle, donc, autour des verts, n'espérez pas beaucoup d'effet rétro sur vos coups d'approche.

LE COMPROMIS

Des balles offrent un juste milieu entre le contrôle et la distance. Si elles ne peuvent offrir le toucher de l'une ni la longueur de l'autre (elles ne sont pas conçues spécifiquement pour l'un ou l'autre), elles procurent partiellement les avantages de chacune. Les balles de compromis ont une enveloppe extérieure qui crée de l'effet tout en étant durable. À de nombreux égards, ce sont des balles idéales pour le golf d'hiver ; elles vous donnent une distance convenable pour leur prix et, les verts étant généralement souples, tout le contrôle nécessaire dans le petit jeu.

Les avantages de la grosse prise

Certains professionnels adaptent sur leur fer droit une prise « jumbo » extralarge. Il emplit davantage la main qu'une prise classique et évite une action excessive des poignets pendant la frappe. N'hésitez pas à le tester.

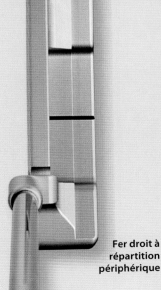

Fer droit à répartition périphérique

FER DROIT LONG

Peu nombreux sont les amateurs qui utilisent un fer droit long, mais son utilisation par quelques joueurs professionnels sur le circuit finira peut-être par assurer son succès.

LES TYPES DE JEU ET LE HANDICAP

JUSQU'À PRÉSENT, nous avons vu presque tous les aspects du jeu pur et de l'équipement. Le moment est venu d'étudier les multiples formules de compétition et de jeu entre amis, chacune présentant ses propres défis et plaisirs. Les types de jeu les plus fréquemment pratiqués sur les parcours du monde entier sont abordés et quelques-uns qui ne le sont, hélas, plus guère. De plus, le fonctionnement du handicap dans chaque formule est expliqué clairement et complètement, tant au niveau du jeu contre le parcours que contre les adversaires.

Si vous pratiquez toujours le même type de jeu, vous risquez de passer à côté d'un des charmes du golf : la diversité. Quand vous organiserez votre prochain tour avec des amis, pourquoi ne pas ajouter un peu de piment en changeant de formule ? Non seulement vous apprécierez le changement, mais vous en tirerez des enseignements.

LA PARTIE PAR COUPS

La majorité des tournois professionnels et amateurs se déroulent selon la formule de la partie par coups. Le principe consiste à enregistrer votre résultat pour chaque trou et à faire le total à la fin du parcours. Le résultat le plus faible est gagnant. Le nombre total de coups joués en partie par coups est appelé « résultat brut ». Dans une compétition, c'est le résultat pris en compte car les joueurs professionnels n'ont pas de handicap. Mais dans le cadre d'un club de golf, le handicap de chaque joueur est soustrait du résultat brut pour donner le « résultat net » qui, dans la majorité des compétitions d'amateurs, désigne le vainqueur.

Le calcul de l'index

Depuis janvier 2000, on ne parle plus de handicap mais d'index. L'« ancien » handicap posait la différence entre le résultat en partie par coups et la normale. La nouvelle méthode de calcul a introduit des paramètres supplémentaires, qui prennent en compte les différences de difficulté des parcours, et s'appuient sur la compétition pour la prise en compte des résultats. Le calcul du niveau de jeu est ainsi plus juste, puisqu'il prend en compte les différences de difficulté des parcours, avec une gestion des performances qui commence à 54 ; de plus, la compétition permet de ne pas être pénalisée par un mauvais trou sur 18 joués.

La formule de calcul, prenant en compte le SSS (Standard Scratch Score), est la suivante :

(index × slope) ÷ 113 + (SSS − par)

Le résultat arrondi de cette formule donne le handicap de jeu. Mais rassurez-vous, vous pouvez éviter ce calcul. Pour les parties amicales, un tableau de conversion est affiché dans chaque club de golf. Pour les compétitions officielles, tout est calculé automatiquement sur votre carte de résultat. Et vous pouvez utiliser la calculette mise à disposition sur le site de la Fédération française de Golf (www.ffgolf.org) : http://fleole.ffgolf.org/slope/golreg.htm%20

LA COMPÉTITION

Cette formule fonctionne sur un système d'attribution de points par rapport à la normale de chaque trou. Un albatros vaut 5 points, un aigle 4 points, un oiselet 3 points, une normale 2 points, un bogey 1 point, et tous les résultats pires que le bogey ne marquent aucun point. Le joueur qui a le résultat le plus élevé à la fin du parcours est le vainqueur.

La plupart des compétitions tiennent compte du handicap, donc si votre handicap est 12, vous bénéficiez d'un coup reçu sur chaque trou classé entre 1 et 12. Cela signifie que vous déduisez un coup de votre résultat sur chacun de ces 12 trous : une normale, par exemple, compte pour un oiselet, ce qui

UN JOUEUR POLYVALENT
Ces vingt dernières années, Bernhard Langer a été l'un des plus grands joueurs d'Europe, un maître de la partie par coups.

vous donne 3 points au lieu de 2. Les « coups reçus » sont indiqués sur toutes les cartes de résultat et, grossièrement, reflètent le degré de difficulté de chaque trou. Le trou le plus difficile du parcours est classé 1 et le plus facile 18.

LA PARTIE PAR TROUS SIMPLES
Cette formule est une compétition en tête à tête, à un contre un. Chaque trou est gagné, perdu ou partagé (les joueurs sont à égalité) et modifie la physionomie du match. Par exemple, le joueur qui gagne le premier trou est « one-up » (il mène d'un trou). Si ce joueur gagne le trou suivant, il devient « two-up » (il mène de deux trous) et s'il perd le suivant, il revient au stade « one-up ». Si un trou est partagé, le résultat du match reste identique. L'issue du match est fixée quand un joueur mène d'un nombre de trous supérieur au nombre de trous restant à jouer. Par exemple, si un joueur mène de quatre trous avec trois trous restant à jouer, il gagne de 4 et 3. Si les deux joueurs sont à égalité au bout des 18 trous, ils sont départagés par une « mort subite » (le premier qui gagne un trou est vainqueur).

Le joueur avec le handicap le plus bas rend des coups à son adversaire sur la base des trois quarts de la différence entre les deux handicaps. Par exemple, si le joueur A a un handicap de 4 et le joueur B un handicap de 16, les trois quarts de la différence (12) font 8. Par conséquent, le joueur B reçoit un coup de son adversaire sur chaque trou classé entre 1 et 8. Cela signifie que, sur chacun des trous concernés, un coup sera déduit du résultat du joueur. Un 4 comptera donc pour un 3, un 5 comptera pour un 4, et ainsi de suite.

LA PARTIE PAR TROUS À QUATRE BALLES
La formule est similaire à la partie par trous simples, mais jouée par paires. Chaque joueur de l'équipe joue sa propre balle et le résultat le plus bas de chaque camp est le seul qui compte. La méthode d'enregistrement des résultats et le fonctionnement du handicap sont les mêmes que dans une partie par trous. La formule à quatre balles peut également être appliquée à la compétition, mais rarement à la partie par coups.

LE QUATUOR
Ce jeu se pratique également par équipe de deux, mais avec une seule balle par camp. Un joueur de chaque camp joue le coup de départ sur les trous pairs et l'autre joueur sur les trous impairs. Ensuite les joueurs jouent la même balle en alternance jusqu'à la fin du trou. Cette formule peut être appliquée à la partie par trous, à la partie par coups ou à la compétition.

Dans le quatuor en partie par trous, l'équipe au handicap combiné le plus bas rend des coups aux deux autres joueurs sur la base de la règle des trois quarts de la différence. Par exemple, si l'équipe A a un handicap combiné de 10 et l'équipe B un handicap combiné de 26, la différence est de 16. Les trois quarts donnant 6, l'équipe B reçoit un coup sur les trous classés entre 1 et 6.

LE MEILLEUR COUP PAR ÉQUIPE
Voici une superbe variante du quatuor, la différence étant que les deux joueurs de chaque camp frappent leur coup de départ, puis choisissent la balle la mieux placée. Ils jouent ensuite en alternance, comme dans le quatuor.

Les calculs de handicap fonctionnent exactement de la même façon que dans le quatuor. Le meilleur coup par équipe est également une formule populaire en compétition.

RYDER CUP
C'est l'un des rares tournois professionnels disputé en formule quatuor. Ici, Ian Poulter et Justin Rose sont en train de lire un coup roulé.

LE BOGEY
Cette formule quasiment tombée dans l'oubli est en gros un jeu contre la normale. L'adversaire est le parcours et le système de résultat est fondé sur les trous gagnés, perdus ou partagés (comme en partie par trous). La seule différence est que le jeu n'est pas terminé tant que le dernier trou n'a pas été joué. L'objectif ultime dans cette formule est de terminer en menant d'un maximum de trous.

Au cours du jeu, vous recevez des coups du parcours, généralement sur la base des trois quarts de votre handicap. Par exemple, si vous jouez avec un handicap de 8, le parcours vous rend six coups. Vous recevez ces coups sur les trous classés entre 1 et 6.

LE RESPECT DE L'ÉTIQUETTE

L E TERME « ÉTIQUETTE » peut sembler « vieux jeu » et évoquer un code de comportement trop strict. Ce serait ici un malentendu, car le respect de l'étiquette n'est que la garantie pour chacun de passer un agréable moment sur le parcours. Cette section met l'accent sur les principes essentiels d'une bonne étiquette. Ils sont aussi faciles à comprendre qu'à mettre en œuvre et, avec le temps, devraient devenir une seconde nature. Il est bon de se rappeler que, si l'on veut devenir un golfeur complet, le respect de l'étiquette compte autant que le fait même de frapper la balle. Aux yeux de nombreux joueurs, l'étiquette est même le terme le plus important de l'équation. Deux parties de l'étiquette sont fondamentales : le soin du parcours et le comportement sur le parcours.

LES TROUS DE MOTTES DE GAZON

Si vous arrachez une motte de gazon, replacez toujours la bande de gazon dans son trou et pressez-la du pied. L'herbe se remettra rapidement et les dommages seront négligeables.

LE SOIN DU PARCOURS

Les plus beaux parcours perdent de leur attrait s'ils sont en mauvais état. Il est de votre responsabilité de vous assurer que votre impact sur le parcours est minimal. Les indications suivantes vous permettront de toujours prendre soin correctement des aires de jeu.

Laissez l'aire de départ en bon état

Si, puisque vous utilisez un bois, vous ne prenez pas de motte de gazon sur le départ des normales 4 ou 5, vous comblerez vos trous de mottes de gazon sur les normales 3 avec le mélange de terre et de sable mis à votre disposition. Si ce mélange n'est pas fourni, remettez simplement votre motte de gazon en place.

Replacez les mottes de gazon sur l'allée

Il est extrêmement frustrant de trouver sa balle posée dans un ancien trou de motte de gazon après un coup parfaitement satisfaisant (voir page 299). Éviter une telle malchance n'est cependant pas la seule bonne raison de remettre les mottes de gazon en place. Une motte de gazon replacée immédiatement dans son trou se répare d'elle même, car les racines se réinstallent. Mais si la motte de gazon n'est pas replacée, elle laisse une cicatrice qui enlaidit le parcours et qu'il est difficile de réparer. Par conséquent, après un coup sur l'allée et avant de vous diriger vers votre balle, remettez la motte de gazon dans son trou et pressez-la fermement avec la semelle de votre chaussure.

EFFACEZ VOS TRACES

Si vous ne ratissez pas vos traces dans le sable, il y a de fortes chances qu'un joueur de l'équipe suivante doive sortir de vos empreintes. Cette situation agaçante complique encore la sortie de fosse de sable.

DE LA DOUCEUR

Ne lancez jamais violemment le drapeau sur le vert, car vous risqueriez d'endommager le gazon. Posez-le soigneusement sur le sol, à l'écart de la ligne de jeu.

Ne laissez pas de trace dans le sable

Dans la section «La sortie de fosse de sable», nous avons souligné l'importance de ratisser vos empreintes dans le sable après avoir joué (voir le conseil d'expert, page 203). Il est bon de renouveler cette recommandation, car il y a peu de moments plus déprimants sur un parcours que de trouver sa balle dans une empreinte de pied profonde. Personne ne mérite ce sort, quel que soit le niveau d'horreur du coup qui a envoyé la balle à cet endroit. Par conséquent, une fois que vous avez frappé votre coup de sortie, utilisez le râteau prévu à cet effet pour lisser le sable. S'il n'y a pas de râteau, servez-vous de la semelle de votre cocheur de sable et faites de votre mieux. Effacez vos empreintes, ainsi que la trace laissée par la tête de bâton. Ratisser une fosse de sable ne prend que quelques instants; pourtant, cette preuve d'égard change tout pour ceux qui jouent derrière vous.

Relevez vos impacts de balle sur le vert

Les impacts de balle sur le vert sont peu esthétiques et peuvent dévier la trajectoire d'une balle vers le trou. Tous les coups d'approche ne laissent pas une trace sur le vert, mais quand c'est le cas, le coup d'approche lobé doit être relevé dès que vous posez le pied sur le vert. Vous pouvez utiliser une fourchette à gazon, conçue à cette fin, ou un té en bois fera l'affaire (les tés en plastique plient). L'opération est simple et ne prend que quelques secondes. Enfoncez la pointe de votre té ou la fourche de votre fourchette dans le sol et soulevez délicatement le gazon. Vous comblerez ainsi le creux. La trace de coup d'approche lobé «cicatrisera» en 24 heures, alors qu'un coup d'approche lobé laissé en l'état peut mettre des semaines à se niveler. Un vert parsemé d'impacts de balles n'offre aucun plaisir de jeu.

Soyez soigneux avec le drapeau

Le nombre de golfeurs qui font preuve de négligence en posant le drapeau sur le vert est étonnant. Ne le jetez pas, car cela pourrait gravement endommager l'aire du coup roulé, mais posez-le délicatement sur le sol. Notez également que, si vous frappez un coup roulé et que la balle heurte le drapeau posé sur le vert, vous recevrez une pénalité de deux coups. Il est donc judicieux de placer le drapeau en lieu sûr, idéalement sur le tablier du vert. Ce que vous pouvez et ne pouvez pas faire sur le vert est traité de façon plus détaillée en pages 342 et 343.

TRAVAIL DE RÉPARATION

Sur les verts souples, la balle d'approche laisse souvent une marque quand elle atterrit. Veillez à réparer immédiatement ces impacts à l'aide d'un té en bois ou d'une fourchette à gazon.

COMMENT SE COMPORTER SUR LE PARCOURS

Si le soin apporté au parcours est une exigence essentielle de l'étiquette, votre comportement sur le parcours est tout aussi important. Une conduite discourtoise au cours d'une partie peut ternir la journée la plus ensoleillée. Cependant, si vous respectez les recommandations données ci-après, vous ne commettrez pas la faute de gâcher le plaisir des autres joueurs.

Attendez votre tour

Sur le départ, l'honneur (de jouer en premier) est attribué au joueur qui a marqué le résultat le plus bas sur le trou précédent. Sur le premier départ, il est attribué par tirage au sort ou à pile ou face. Partout ailleurs sur le trou, le joueur le plus éloigné du trou joue en premier, et cet ordre ne peut être modifié que sur le vert. Par exemple, en partie par coups, vous pouvez choisir d'enchaîner un coup roulé après votre coup d'approche, mais vous devez informer au préalable vos partenaires de jeu de vos intentions. En partie par trous, il est presque certain que vous n'aurez pas cette option dans une compétition. Vous pouvez la solliciter, mais votre adversaire n'ayant pas grand-chose à gagner à vous laisser entrer votre balle, votre requête sera sans doute rejetée.

Loin des yeux, loin du cœur

Lorsqu'on s'apprête à jouer, on peut vite être distrait par un mouvement perçu dans notre vision périphérique, et il est parfois difficile de retrouver sa concentration. Quand votre adversaire est sur le point de jouer, veillez autant que possible à rester à l'extérieur de son champ de vision. Sur le départ, le meilleur endroit pour attendre se situe à 45 degrés sur la droite et en arrière du joueur, tout en restant éloigné d'au moins quatre ou cinq pas. Restez immobile et silencieux, ne faites pas d'élans d'essai et ne parlez pas. Sur l'allée, soyez attentif à la ligne de vision des joueurs vers l'objectif et restez en dehors. Sur le vert, ne vous tenez jamais dans le prolongement du coup roulé d'un autre joueur (c'est-à-dire juste derrière le trou), cela peut être très gênant pour la concentration.

ZONE DE DANGER

Avant de frapper un coup, vérifiez la position de vos compagnons de jeu. Bien qu'ils soient censés savoir où se placer, certains joueurs ignorent parfois les règles de l'étiquette. C'est une situation dangereuse : un coup d'œil circulaire peut éviter de graves problèmes.

Gardez le rythme

Si le golf n'exige pas de courir, ce n'est pas une raison pour traîner. Le jeu lent est extrêmement pénible ; faites votre possible pour que le jeu se déroule sans retards excessifs. Vous pouvez adopter plusieurs mesures. Pour commencer, si vous craignez d'avoir perdu votre balle, jouez une balle provisoire (voir page 339). Ainsi, si la première balle est effectivement perdue, vous ne perdrez pas de temps à retourner à l'endroit d'où vous l'avez frappée pour jouer une autre balle. Si vous ne repérez pas tout de suite la balle que vous craignez d'avoir perdue et s'il y a un groupe derrière vous, faites-leur signe de passer, au lieu de laisser s'écouler les cinq minutes de recherche autorisées. Si votre balle disparaît dans l'herbe haute, observez le lieu de l'atterrissage et essayez de trouver un repère pour vous diriger, par exemple un arbre se trouvant sur la même ligne. Sur le vert, avant de commencer le coup, laissez votre sac sur le côté du vert le plus proche du départ du trou suivant de façon à le récupérer rapidement quand vous aurez fini. Ne remplissez pas votre carte de résultat sur le vert, car cela retarde le joueur suivant; vous pourrez le faire sur le départ suivant en attendant votre tour de jouer. De même, gardez un œil sur le groupe qui vous précède. Si vous commencez à être distancé, faites en sorte de combler le retard. Enfin, marchez d'un bon pas entre les coups.

Préparez-vous en attendant

Le temps perdu par les joueurs qui ne sont pas prêts quand vient leur tour est épouvantable. Pour ne pas être pris en défaut, n'oubliez pas l'ordre de jeu et préparez-vous pendant que les autres jouent leur coup (en veillant à ne pas les déconcentrer). Réfléchissez au bâton que vous allez utiliser et visualisez mentalement votre coup. Sur le vert, si vous ne jouez pas en premier, commencez la lecture du vert en attendant votre tour, mais ne traversez pas la ligne de coup roulé d'un autre joueur. Même si vous ne gagnez que 10 ou 20 secondes chaque fois, le total en fin de parcours est assez important.

Criez toujours «Balle!»

Des accidents graves se sont déjà déroulés sur un parcours, et des balles de golf ont déjà tué ou grièvement blessé. Ne l'oubliez pas, et si vous jouez un coup que vous estimez potentiellement dangereux pour les autres, criez «Balle!» (en anglais, «Fore!») d'une voix forte et sans hésiter (ne soyez pas timide, mieux vaut prévenir que guérir). Assurez-vous toujours que le groupe devant vous est hors d'atteinte quand vous frappez un coup. Une fois encore, mieux vaut pécher par excès de prudence.

Soyez un fin limier

Quiconque a joué un jour au golf sait à quel point il est pénible de chercher une balle; vous connaissez peut-être aussi l'anxiété qui s'insinue au cours d'une compétition importante. Dans ce cas, vos partenaires de jeu doivent vous aider à chercher; n'oubliez pas de leur rendre la pareille. N'abandonnez pas un joueur dans cette situation, aidez-le et vous aurez plus de chances que vos partenaires vous aident à leur tour.

Ne piétinez pas n'importe où

Sur le vert, sachez où les balles des autres joueurs ont atterri, et ne marchez pas sur leurs lignes de coup roulé. Sur un vert souple, vos pieds laissent des marques, certes provisoires, mais pouvant nuire à la roule d'une balle. Et sur un sol ferme, la courtoisie veut qu'on ne marche pas sur la ligne de coup roulé d'un autre joueur. Gardez cela à l'esprit avant de faire le tour du vert pour étudier votre ligne, ou de marcher à grands pas pour récupérer votre balle dans le trou. En prenant votre position de coup roulé, si vous n'êtes pas certain de ne pas vous trouvez sur la ligne d'un autre joueur, attendez avant de frapper. Nombre de petits coups roulés sont manqués par des joueurs impatients, mal placés, ou croisant la ligne d'un autre joueur.

NOTER LE RÉSULTAT
Le départ suivant est le meilleur endroit pour noter votre résultat sur votre carte. Si vous restez sur le vert, vous retarderez inutilement le groupe de joueurs qui vous suit.

LES RÈGLES D'OR DU GOLF

E GOLF EST RÉGI par des règles beaucoup plus nombreuses que la plupart des autres sports. Cela reflète la nature du jeu, car le risque d'incidents est logiquement bien plus important sur un terrain de 40 hectares, aux paysages variés et bordés d'arbres, que sur l'aire relativement protégée d'un court de tennis ou d'un terrain de football.

Il y a malheureusement une grande ignorance des règles chez les joueurs amateurs, ce qui est inquiétant mais, en définitive, peu étonnant. Le règlement lui-même est un texte dense et, par moments, complexe. En fait, il existe même un supplément, «Decisions on the Rules of Golf», qui traite de tous les cas insolites exigeant une clarification. Avec un matériel aussi peu attrayant, les règles peuvent demander un apprentissage. Cette section devrait changer tout cela. Elle vous fournira

une connaissance élémentaire des principales règles et vous permettra donc de jouer au golf comme il le faut. Elle devrait également accroître votre plaisir et vous épargner la souffrance de pénalités superflues ou même de la disqualification. De plus, au fil des pages suivantes, vous vous rendrez compte que les règles ne sont pas uniquement destinées à châtier. Mieux, avec une connaissance approfondie de celles-ci, vous découvrirez qu'elles peuvent aussi jouer en votre faveur.

SUR LE DÉPART
Excédent de bagage
Avant de frapper le premier coup de la journée, vérifiez le nombre de bâtons présents dans votre sac. Le maximum autorisé est de 14 (au-delà, vous vous exposez à une pénalité). Dans une compétition en partie par trous, vous devrez déduire un trou pour chaque trou où l'infraction s'est produite, jusqu'à un maximum de deux trous par tour. Donc, si vous découvrez sur le troisième trou que vous avez des bâtons en excédent alors que vous avez déjà perdu les deux premiers trous, vous serez mené de quatre. En partie par coups, vous serez pénalisé de deux coups pour chaque trou joué avec des bâtons en excédent, jusqu'à un maximum de quatre coups. La pénalité est la même quel que soit le nombre de bâtons supplémentaires dans votre sac.

Jouer hors tour
En partie par coups, jouer avant son tour n'entraîne pas véritablement de pénalité, mais c'est un non-respect de l'étiquette (voir page 336). Dans une compétition en partie par trous, si vous jouez votre coup de départ en premier alors que vous n'avez pas l'honneur, votre adversaire est en droit d'annuler ce coup et de vous demander de rejouer, à votre tour.

En dehors de l'aire de départ
L'aire de départ est délimitée par les marques de départ en largeur, sur deux longueurs de bâton en profondeur, soit le rectangle à l'intérieur duquel vous plantez votre té. Il est interdit de déplacer les marques de départ, mais vous pouvez vous tenir d'un côté ou de l'autre pourvu que votre balle soit dans le rectangle défini. Exploiter toute la largeur de l'aire de départ pour

RESPECT SUR LE DÉPART
Soyez toujours attentif sur l'aire de départ, par courtoisie vis-à-vis de vos partenaires et pour veiller à observer l'ordre de jeu correct.

trouver le meilleur angle d'attaque permet d'augmenter votre marge d'erreur et vous donne un meilleur alignement en direction du drapeau (voir pages 314-315). Si vous jouez hors des limites de l'aire de départ, les pénalités varient selon la formule de jeu pratiquée. En partie par coups, vous encourez une pénalité de deux coups et devez rejouer votre coup. C'est ce qu'on appelle jouer «trois à partir du té», votre coup de départ comptant comme le troisième. En partie par trous, il n'y a pas de pénalité à proprement parler, mais votre adversaire est en droit de vous demander de rejouer le coup, souvent selon la qualité de celui-ci. Par exemple, si une frappe médiocre a envoyé votre balle dans les arbres, on peut supposer qu'on ne vous accordera pas de seconde chance.

Heurt accidentel
Au départ, si vous heurtez par accident la balle avec la tête de bâton et la faites tomber du té, il n'y a pas de pénalité. Vous replacez simplement la balle sur le té et recommencez.

Balle provisoire
Si vous soupçonnez que votre balle de départ est perdue, jouez alors ce qu'on appelle une «balle provisoire» (voir ci-contre), en précisant votre intention à vos partenaires ou adversaires. Une fois que vous avez frappé votre balle provisoire, vous pouvez commencer à chercher votre première balle. Mais vous ne disposez que de cinq minutes pour la trouver, dès lors que vous commencez à la chercher (pas en quittant l'aire de départ). Si vous ne l'avez pas trouvée dans ce délai, vous devez la déclarer perdue, ajouter deux coups à votre résultat et poursuivre le jeu avec votre balle provisoire. Donc, si vous perdez votre balle de départ, votre deuxième coup avec une balle provisoire compte comme le quatrième. Si vous trouvez la première balle, vous jouez sans pénalité et ramassez simplement la balle provisoire (la procédure de balle provisoire est la même si vous craignez d'avoir perdu votre balle en raison d'un coup fantaisiste sur l'allée).

Problèmes au départ

Si vous perdez votre balle au départ (ci-dessous) ou l'envoyez hors limite (en bas), les illustrations ci-dessous vous aideront à suivre la procédure correcte et à appliquer la pénalité appropriée à votre résultat.

JOUER UNE BALLE PROVISOIRE

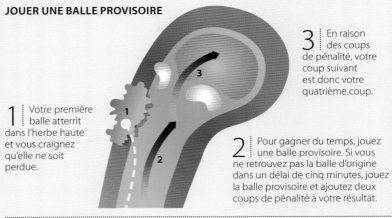

1 Votre première balle atterrit dans l'herbe haute et vous craignez qu'elle ne soit perdue.

2 Pour gagner du temps, jouez une balle provisoire. Si vous ne retrouvez pas la balle d'origine dans un délai de cinq minutes, jouez la balle provisoire et ajoutez deux coups de pénalité à votre résultat.

3 En raison des coups de pénalité, votre coup suivant est donc votre quatrième coup.

UN COUP HORS LIMITE

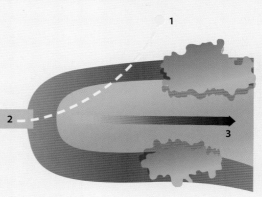

1 Votre coup de départ est extrêmement mal orienté et la balle disparaît hors limite.

2 Vous devez jouer un autre coup à partir du départ.

3 En supposant que ce coup reste «dans les limites», il compte comme votre troisième coup.

Hors limite
Une zone du parcours où le jeu est interdit en permanence (zone définie par les règles locales) est appelée «hors limite». Si vous frappez un coup de départ hors limite (voir «Problèmes au départ», ci-dessus), vous devez le rejouer de l'aire de départ, et cela compte comme votre troisième coup. C'est ce qu'on appelle une pénalité de coup et distance. Si vous frappez ce coup de départ hors limite, vous jouez «cinq à partir du té». Notez que la pénalité sera la même si vous frappez un hors-limite à partir de allée.

FRAPPER LA BALLE

Un coup est défini comme le mouvement vers l'avant du bâton avec l'intention de frapper et de déplacer la balle. Il est utile de rappeler cette définition quand on envisage la procédure à suivre, par exemple, dans le cas d'un élan raté. Certains pensent qu'il ne doit pas compter comme un coup puisque la balle n'est pas touchée. Ce raisonnement n'est pas correct car l'intention de frapper n'est pas prise en compte. Une frappe réglementaire de la balle exige également une montée : vous ne pouvez pas cueillir la balle ou la pousser vers l'objectif. Vous pourriez céder à cette tentation si, par exemple, votre montée est entravée par une clôture ou un arbre, mais vous vous exposeriez alors à une pénalité de deux coups.

OBSTACLES ET BALLES INJOUABLES

Les fosses de sable

Comme il est mentionné dans la section « La sortie de fosse de sable », la première règle dans le sable est de soulever le bâton au-dessus du sol, car le fait de toucher le sable avant de jouer un coup entraîne une pénalité d'un coup (voir le conseil d'expert, page 209). Il y a par

NE TOUCHEZ PAS LE SABLE

Vous ne devez pas poser votre bâton sur le sol dans un obstacle. Dans une fosse de sable, la tête de bâton ne doit pas toucher le sable, ni au départ, ni au cours de la montée.

ailleurs des points plus subtils dans le jeu de fosse de sable. Par exemple, si la tête de bâton touche le sable dans la montée, vous encourez la même pénalité que si vous étiez en position initiale. De même, vous n'êtes pas autorisé à faire un élan d'essai qui entre en contact avec le sable – mais vous pouvez parfaitement le faire en l'air. (Attention : les exercices de la section « La sortie de fosse de sable » qui demandaient de dessiner des lignes dans le sable sont exclusivement destinés au pratique. Il est interdit de dessiner dans le sable au cours d'une partie.)

La balle injouable

Dans le chapitre consacré aux coups spéciaux, une section décrit trois coups destinés à se dégager des arbres (voir pages 300-301). Cependant, si vous considérez que ces coups sont trop risqués (dans une compétition, par exemple) ou que la balle est injouable, vous pouvez opter pour un laisser tomber avec pénalité (voir l'encadré ci-dessous). Quand vous décidez de jouer ou non, vous êtes seul à décider si la balle est injouable : c'est votre choix personnel. Si vous sentez que la balle

---

Laisser tomber avec pénalité

Les règles du golf sont très strictes en ce qui concerne la procédure exacte à suivre dans le cas d'un laisser tomber avec pénalité. Vous devez d'abord signaler vos intentions à l'un de vos cocompétiteurs ou adversaires, car il est essentiel qu'un autre joueur en soit informé. Pour laisser tomber la balle, tenez-vous droit, le bras tendu devant vous à hauteur d'épaule, puis laissez tomber la balle de votre main. Vous n'êtes autorisé à influencer la chute de la balle d'aucune façon, par exemple en la faisant tourner entre vos doigts : laissez simplement la gravité faire son œuvre. Si la balle vient reposer plus près du trou, vous devez laisser tomber. Si cela se reproduit, vous êtes alors autorisé à placer la balle à l'endroit qui vous convient, du moment que vous choisissez un emplacement dans la limite des deux longueurs de bâton comptées à partir de votre emplacement de laisser tomber identifié à l'origine.

MARQUER L'ENDROIT

Si la balle est injouable et que vous sentez qu'un laisser tomber à deux longueurs de bâton est la meilleure option, marquez cette distance avec deux bois. Vous pouvez aussi laisser tomber de derrière la balle sur un prolongement de la ligne allant de la balle au drapeau ou vous pouvez rejouer le coup.

LAISSER TOMBER LA BALLE

Tendez le bras à hauteur d'épaule et laissez tomber la balle naturellement de votre main ; n'essayez pas d'influencer le résultat du laisser tomber.

est injouable, vous avez trois options de laisser tomber avec pénalité.

Premièrement, vous pouvez laisser tomber une balle à deux longueurs de bâton de l'endroit où a atterri la balle d'origine (à condition de choisir un endroit qui n'est pas plus proche du trou). Mesurez les deux longueurs de bâton à l'aide de bois et marquez l'endroit avec un té avant de relever votre balle. Deuxièmement, vous pouvez choisir de revenir là où vous avez joué le coup fautif et laisser tomber aussi près de cet endroit que vous en

avez le souvenir. C'est ce qu'on appelle une pénalité de coup et distance. Troisièmement, vous pouvez imaginer une ligne allant de la balle au drapeau, revenir dans le prolongement de cette ligne et laisser tomber votre balle. La distance à laquelle vous pouvez revenir en arrière n'est pas limitée. Chacune de ces trois options vous vaudra une pénalité d'un coup.

Les obstacles d'eau

Il existe deux types d'obstacle d'eau sur un parcours de golf : les « obstacles d'eau » (identifiés par des piquets ou lignes jaunes) et les « obstacles d'eau latéraux » (piquets ou lignes rouges). Quand votre balle finit dans l'eau, il est important de savoir de quel type d'obstacle il s'agit, car les procédures varient légèrement.

Les laisser tomber sans pénalité

Il existe de nombreux cas où avez la possibilité de laisser tomber sans pénalité, c'est-à-dire vous dégager sans pénalité, par exemple, quand le terrain est en réparation, quand vous rencontrez une « eau fortuite » ou certains obstacles inamovibles (voir pages suivantes). Le point dont il faut se souvenir est que, même s'il n'y a pas de pénalité, vous n'êtes autorisé à vous dégager que dans la limite d'une longueur de bâton. Gardez aussi à l'esprit que le dégagement ne prend pas effet à partir de la position de la balle, mais à partir du point où l'obstruction ou l'état anormal du terrain pose un problème.

Zone de laisser tomber
Tiger Woods se dégage sans pénalité d'un arroseur, une obstruction inamovible, qui aurait interféré avec sa position et son élan.

Que faire dans un obstacle d'eau ?

Si votre balle atterrit dans un obstacle d'eau, identifié par des piquets ou des lignes jaunes, vous avez trois options.

1 │ Vous pouvez jouer la balle dans l'eau, sans encourir de pénalité. Cependant, votre bâton ne doit pas toucher l'eau lorsque vous prenez votre position initiale. C'est un coup risqué.

2 │ Une option plus sûre consiste à laisser tomber la balle sur une ligne imaginaire allant du drapeau jusqu'au point où la balle a franchi en dernier la lisière de l'obstacle d'eau. Vous pouvez vous éloigner de l'objectif autant qu'il vous convient. La pénalité est toutefois d'un coup.

3 │ Une autre option est de jouer une autre balle de l'endroit où a été joué le coup d'origine (pénalité d'un coup).

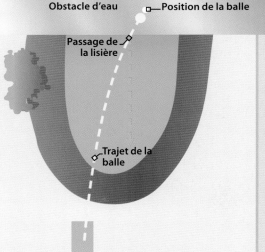
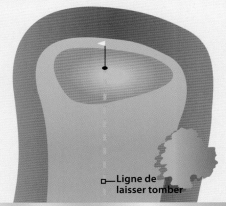

Ligne de laisser tomber

Obstacle d'eau

Position de la balle

Passage de la lisière

Trajet de la balle

Dans le cas d'un simple obstacle d'eau (piquets jaunes), vous avez trois options (voir page 341). Premièrement, vous pouvez jouer la balle où elle repose, sans pénalité. Cela n'est possible qu'en eau très peu profonde ; même alors, ce n'est pas recommandé, car un tel coup tourne habituellement au désastre. Ensuite, vous pouvez établir une ligne imaginaire allant du drapeau jusqu'au point où la balle a franchi en dernier la lisière de l'obstacle d'eau, puis retourner en arrière et laisser tomber la balle dans le prolongement de cette ligne (comme pour une balle injouable). La troisième option est de retourner à l'endroit où vous avez joué le coup qui a terminé

dans l'eau (une pénalité de coup et distance). Ces deux dernières options entraînent une pénalité d'un coup.

Dans le cas d'un obstacle d'eau latéral, vous pouvez choisir entre les trois options décrites ci-dessus ou laisser tomber une balle dans la limite de deux longueurs de bâton à partir du point où la balle a franchi en dernier la lisière de l'obstacle d'eau ou d'un endroit similaire sur la rive opposée de l'obstacle d'eau (voir ci-dessous). De nouveau, cela entraîne une pénalité d'un coup. Rappelez-vous que, comme pour tous les laisser tomber, vous ne pouvez pas rapprocher votre position de balle du trou.

Jouer une mauvaise balle

Les règles interdisent de jouer un coup avec une balle qui n'est pas la vôtre. En partie par trous, la pénalité est la perte immédiate du trou, alors qu'en partie par coups, vous recevez une pénalité de deux coups et devez jouer votre coup suivant de l'endroit où vous avez frappé la mauvaise balle. Si vous ne pouvez corriger votre erreur avant le départ du trou suivant, vous êtes disqualifié de la compétition.

SUR LE VERT

Ce que vous pouvez faire

Si vous souhaitez nettoyer votre balle avant le coup roulé, vous devez marquer son emplacement avec une pièce de monnaie ou un marque-balle en plastique derrière la balle avant de la relever. Si la balle est endommagée, vous pouvez la remplacer par une autre, sous réserve de l'accord d'un cocompétiteur ou adversaire. Si votre marque-balle interfère avec la ligne de coup roulé d'un autre joueur, mesurez l'écartement nécessaire à l'aide de la tête de votre fer droit et marquez cet emplacement. N'oubliez pas de remettre le marque-balle à sa position d'origine avant de replacer la balle.

En ce qui concerne les obstructions sur la ligne de coup, vous pouvez réparer les impacts de balle et les bouchons d'anciens trous, mais aucun autre dommage tels que les marques de clous/crampons. Vous pouvez déplacer un détritus (feuille, brindille) ou balayer du sable à condition d'utiliser votre main ou la tête de votre fer droit.

Ce que vous ne pouvez pas faire

La proximité du trou ne vous met pas à l'abri des pénalités. Voici les points essentiels à garder à l'esprit pour éviter d'enfreindre les règles sur le vert. D'abord, ne touchez pas la ligne de coup roulé, sauf pour écarter des détritus (voir page 344), réparer un impact de balle ou un bouchon d'ancien trou ou mesurer la distance afin de déterminer quel joueur doit frapper en premier. Ensuite, ne faites pas rouler une balle sur le vert pour tester la surface. Enfin, ne jouez pas votre coup alors qu'une autre balle est en mouvement. Enfin, ne balayez

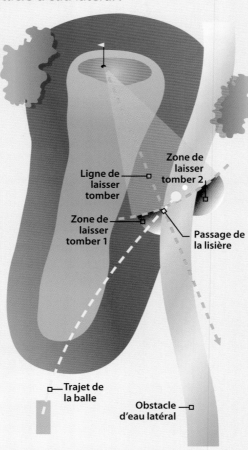

Que faire dans un obstacle d'eau latéral ?

Si votre balle atterrit dans un obstacle d'eau latéral, indiqué par des piquets ou des lignes rouges, vous pouvez choisir l'une des options décrites dans l'encadré « Que faire dans un obstacle d'eau ? » (page 341) ou préférer l'une des deux solutions présentées ici. Les deux entraînent une pénalité d'un coup.

1 Vous pouvez laisser tomber dans la limite de deux longueurs de bâton à partir du point où la balle a franchi en dernier la lisière de l'obstacle d'eau. Vous ne devez pas rapprocher votre position du trou.

2 Si l'option 1 n'est pas réalisable, vous pouvez laisser tomber une balle comme il est indiqué ci-dessus, mais de l'autre côté de l'obstacle d'eau.

Ligne de laisser tomber

Zone de laisser tomber 2

Zone de laisser tomber 1

Passage de la lisière

Trajet de la balle

Obstacle d'eau latéral

Déplacer le marque-balle

Vous devez déplacer votre marque-balle s'il est sur la ligne d'un autre joueur ou interfère avec la position ou le coup d'un joueur. La procédure décrite ci-dessous est la seule correcte

Placez le bâton

Si un autre joueur vous demande d'écarter votre marque-balle de sa ligne de coup roulé, placez d'abord soigneusement la pointe de votre fer droit à côté du marque-balle.

Le marque-balle

Relevez le marque-balle et placez-le derrière le talon de la tête de fer droit. Vous pouvez déplacer le marque-balle de plusieurs longueurs de tête de fer droit au besoin.

pas une rosée ou une gelée matinale (ni l'une ni l'autre ne sont des « détritus ») sur votre ligne de coup roulé (cette infraction est courante).

Les infractions de drapeau

Quand votre balle est sur le vert, vous n'avez que deux options quant au drapeau. Si vous êtes loin du trou, vous choisirez sans doute qu'il soit pris en charge (de façon à voir où se trouve le trou). Dans ce cas, il doit être retiré avant que la balle n'entre dans le trou, sans quoi vous encourez une pénalité de deux coups. Cependant, si vous avez décidé que le drapeau doit être retiré, veillez à ce qu'il soit bien écarté de la trajectoire, car vous encourez une pénalité de deux coups si votre balle le heurte. De l'extérieur du vert, vous avez trois options. Le drapeau peut être retiré (pénalité de deux coups si votre balle le heurte), laissé en place (pas de pénalité si la balle le frappe) ou pris en charge (pénalité de deux coups).

CONDITIONS ANORMALES
Eau fortuite

L'une des règles les plus anciennes du golf est que vous devez jouer la balle comme elle repose, mais certaines circonstances exceptionnelles priment sur ce principe. L'un de ces cas est la chute de la balle dans une retenue d'eau temporaire, souvent après une forte pluie. C'est alors un cas de laisser tomber sans pénalité (voir page 341). Quand

c'est réalisable, vous devez marquer la position d'origine de la balle, repérer le point de dégagement le plus proche (où l'eau cesse de faire obstruction soit à votre position, soit à la position de la balle), marquer ce point avec un té et laisser tomber la balle dans la limite d'une longueur de bâton à partir du té, dans n'importe quelle direction (tant que vous ne vous rapprochez pas du trou).

La procédure est un peu différente si l'eau fortuite se trouve dans une fosse de sable. Vous devez repérer la zone sèche la plus proche où laisser tomber la balle, mais cette zone doit se trouver dans les limites de la fosse de sable. Si la fosse de sable est détrempée, vous devez soit laisser tomber la balle dans la zone où l'eau est la moins profonde, soit la laisser tomber à l'extérieur de la fosse de sable et encourir une pénalité d'un coup. C'est l'une des règles les plus sévères du golf.

EAU FORTUITE

Un joueur et un arbitre tentent d'identifier une balle enterrée dans l'herbe haute dense autour d'une fosse de sable, une procédure dans les règles.

Terrain en réparation

Toute partie du terrain qui serait endommagée si l'on jouait dessus, par exemple une zone d'herbe fraîchement plantée, peut être décrétée «terrain en réparation», zone définie par des piquets ou une ligne blanche. Si votre balle atterrit dans ce périmètre, mesurez une longueur de bâton du point où le terrain en réparation n'interfère plus avec votre position ou la balle, et laissez tomber celle-ci de là.

Balle enfoncée

Quand une balle est enfoncée dans son propre impact dans le sol dans une zone tondue ras, vous êtes autorisé à la laisser tomber sans pénalité. Marquez simplement la position de la balle, relevez-la, nettoyez-la si nécessaire et

DÉTRITUS

Un objet naturel, comme une pomme de pin, entre dans la catégorie des détritus, et peut être déplacé à condition que la balle ne bouge pas.

laissez-la tomber le plus près possible de l'impact. Si une balle s'enfonce dans son propre impact dans l'herbe haute, les règles n'autorisent pas le laisser tomber sans pénalité. Cependant, pendant les mois d'hiver, les bâtons introduisent souvent ce qu'on appelle des «règles d'hiver», qui autorisent un dégagement sans pénalité dans l'herbe haute. Il est en général stipulé que vous ne pouvez pas nettoyer votre balle comme vous pouvez le faire si elle est enfoncée dans une zone tondue ras.

DÉTRITUS ET OBSTRUCTIONS
Les détritus

Les objets naturels mobiles (feuilles, branches, pierres, etc.) sont appelés détritus. Pourvu que l'objet ne soit pas solidement implanté dans le sol, vous pouvez le déplacer sans pénalité. Hors du vert, vous serez cependant pénalisé d'un coup si la balle bouge quand vous retirez l'objet. Vous ne pouvez pas déplacer un détritus dans un obstacle. La seule exception à cette règle concerne des pierres autour de la balle dans une fosse de sable, pour des raisons de sécurité. Le sable et la terre meuble sont définis comme détritus uniquement sur le vert, mais pas en dehors. Ne l'oubliez pas quand vous frappez du tablier du vert qui ne fait techniquement pas partie du vert.

Les obstructions inamovibles

Les objets artificiels sont appelés obstructions : typiquement, les bornes d'arrosage fixes autour des verts et les panneaux sur l'aire de départ (donnant des informations sur le trou). Si une telle obstruction interfère avec votre position ou votre élan, vous avez droit à un dégagement sans pénalité. Puisque l'objet est inamovible, vous pouvez déplacer votre balle (sans la rapprocher du trou) d'une longueur de bâton à partir du point où l'objet n'interfère plus avec votre position ou votre élan. Vous n'avez pas le droit

de vous dégager si l'obstruction est simplement sur la trajectoire aérienne de votre coup.

Les obstructions amovibles

Les boîtes métalliques vides et les râteaux de fosse de sable sont des exemples courants d'obstructions amovibles. Si votre balle vient reposer au contact d'une obstruction amovible ou suffisamment près pour que celle-ci interfère avec votre position ou votre élan, vous pouvez la déplacer. Avant, il est prudent de marquer la position de la balle avec un té ; ainsi, si la balle bouge pendant que vous retirez l'obstruction, vous pouvez la replacer simplement à son emplacement d'origine, sans pénalité.

Objets faisant obstruction

Les objets que vous pouvez rencontrer dans votre trajet du départ au vert sont de types différents. Les règles diffèrent selon le type d'objet en question. Une obstruction inamovible, qu'on rencontre assez fréquemment, est un objet artificiel fixe. Si votre balle vient reposer près d'une telle obstruction et si votre position ou votre élan sont entravés, vous avez droit à un dégagement sans pénalité.

Obstruction inamovible
Une borne d'arrosage fixe peut entraver votre position ou votre élan, vous êtes donc autorisé à laisser tomber sans pénalité.

BALLE PERDUE
Soyez prudent quand vous cherchez une balle dans l'herbe haute : vous recevrez une pénalité d'un coup si vous la heurtez par accident.

BALLES DÉVIÉES
Balle en mouvement déviée
Si votre balle est déviée alors qu'elle est en mouvement, le règlement varie selon la cause de la déviation. Si elle heurte un objet naturel comme un arbre, elle doit être rejouée de l'endroit où elle repose. De même si elle heurte un « élément extérieur », incluant les équipements de l'entrepreneur du parcours (tondeuse, par exemple) ou un spectateur.

Si un animal intercepte la balle alors qu'elle est en mouvement, vous devez la remplacer à l'endroit où elle a été prise, même si cela raccourcit la distance de votre coup, si la balle se dirigeait vers un obstacle ou l'herbe haute. Si un animal vole la balle sur le vert pendant que vous frappez, vous rejouez le coup sans pénalité.

Si la balle en mouvement heurte une balle au repos, vous devez jouer la balle de l'endroit où elle finit, quel qu'il soit. Sur le vert, si votre coup roulé heurte une balle au repos, vous encourez une pénalité de deux coups et la balle heurtée doit être replacée à sa position d'origine. Demandez toujours à ce qu'une balle soit marquée, même si vous estimez que vous ne risquez pas de la heurter.

Balle au repos déviée ou déplacée
Si votre balle au repos est déplacée par un élément extérieur, comme un animal, inutile de paniquer. Replacez simplement la balle aussi près que possible de l'endroit où elle était, sans pénalité. Même si la balle disparaît à tout jamais (par exemple si un corbeau s'envole avec, ce qui n'est pas si rare que vous l'imaginez), il vous suffit de prendre une autre balle dans votre sac, de la placer où était la balle d'origine et de poursuivre le jeu, sans pénalité.

Les règles sont moins bienveillantes si la balle est déplacée par vous-même (par exemple si vous la heurtez du pied en la cherchant dans l'herbe haute), votre cadet, votre partenaire ou un équipement appartenant à vous ou à votre partenaire. Dans ce cas, vous encourez une pénalité d'un coup et vous devez replacer la balle dans sa position d'origine.

Cependant, il y a des exceptions à cette règle. Vous n'êtes pas pénalisé si la balle est déplacée, pourvu que vous la replaciez dans sa position d'origine, alors que vous êtes en train de :
- mesurer des coups roulés sur un vert pour déterminer l'ordre de jeu ;
- réparer un impact causé sur le vert par votre balle ;
- déplacer une obstruction, comme un râteau de fosse de sable (voir plus haut les « Obstructions amovibles ») ;
- chercher une balle dans un obstacle tel qu'une fosse de sable ;
- balayer des détritus se trouvant sur le vert, par exemple des feuilles ou du sable ;
- déplacer une balle qui interfère avec le jeu ;
- relever, placer ou replacer une balle, alors que vous bénéficiez d'un dégagement sans pénalité.

OBSTACLE DE FOSSE DE SABLE
Un râteau entre dans la catégorie des obstructions amovibles ; il peut ainsi être déplacé pour ne pas gêner votre position ou votre élan.

AIGLE

Trou joué en deux coups sous la normale.

AIRE DE DÉPART

Zone située au début de chaque trou, où l'on plante le té entre les marques de départ pour jouer le premier coup; profonde de deux longueurs de bâton et délimitée en largeur par deux jalons.

ALBATROS

Trou joué en trois coups sous la normale. Autre terme pour désigner un double aigle.

ALLÉE

Zone d'herbe tondue courte, constituant généralement une allée droite entre l'aire de départ et le trou; elle est bordée de chaque côté par une zone d'herbe plus haute.

ANGLE AU SOL

Angle formé par le bord inférieur de la tête de bâton par rapport au manche.

ANGLE D'OUVERTURE

Angle d'ouverture de la face de bâton par rapport à la perpendiculaire; il détermine la trajectoire.

À QUATRE BALLES

Formule de partie par trous où l'on joue par équipes de deux. Seul le meilleur résultat de chaque camp compte sur chaque trou.

ASSEOIR LE BÂTON

Laisser reposer la tête du bâton au sol derrière la balle en position initiale.

ASSIETTE

Emplacement de la balle sur le sol.

BALLE PLACÉE

Il est fréquent qu'une règle locale soit instaurée pendant les mois d'hiver quand les conditions sont mauvaises. La règle permet au joueur de déplacer sa balle en position plus favorable, dans une limite de 15 cm par rapport au point où elle se trouve. La règle ne s'applique en général qu'aux zones d'herbe tondue ras telles que l'allée ou le tablier du vert.

BÂTON HYBRIDE

Bois-métal ouvert, comme un bois 7, avec une petite tête. Les hybrides sont conçus pour les coups de progression à partir de l'allée ou d'une herbe haute.

BOGEY

1) Trou joué en un coup au-dessus de la normale.
2) Compétition en partie par trous jouée contre la normale du parcours.

BOIS N° 1

Le bâton le plus long du sac, conçu pour frapper la balle à partir d'un té.

CASSURE

Déviation à gauche ou à droite que subit la trajectoire de la balle sous l'effet d'une pente sur le vert.

CHANDELLE

Coup de départ joué avec un bois n° 1 ou un bois de parcours où le bord supérieur de la tête de bâton frappe le bas de la balle, qui prend une trajectoire exagérément verticale.

COCHEUR INTERMÉDIAIRE

Bâton destiné à combler l'écart entre un cocheur de sable et un cocheur d'allée sur le plan de l'angle d'ouverture de la face.

COCOMPÉTITEUR

Personne avec qui vous jouez dans une compétition en partie par coups.

COL

Partie de la tête de bâton dans laquelle le manche est fixé.

COMPÉTITION

Formule de jeu qui consiste à attribuer des points par rapport à la normale de chaque trou. Le joueur ayant le plus de points au bout des 18 trous est le gagnant.

COUP D'APPROCHE

Coup joué pour atteindre le vert.

COUP DÉROUTÉ

Coup consistant à frapper la balle avec le col et la projetant à droite de l'objectif.

COUP ET DISTANCE

Pénalité consistant pour le joueur à retourner à l'endroit d'où il a frappé le dernier coup (concédant la distance gagnée) et à ajouter un coup à son résultat pour ce trou.

COUP EXTÉRIEUR

Frapper une balle de façon rectiligne mais nettement à droite de l'objectif.

COUP GRAS

Avec un fer, coup consistant à frapper la balle au milieu, avec le bord d'attaque de la semelle au lieu de la face de bâton; la balle prend alors une trajectoire basse.

COUP INTÉRIEUR

Frapper la balle de façon rectiligne mais nettement à gauche de l'objectif; l'inverse d'un coup extérieur.

CROCHET EXTÉRIEUR

Balle dont la trajectoire s'incurve nettement vers la droite en fin de vol, en raison d'un effet donné lors de l'impact. Version exagérée du léger crochet extérieur.

CROCHET INTÉRIEUR

Coup assorti d'un effet à l'impact, imprimant à la balle une trajectoire incurvée de droite à gauche. Version exagérée du léger crochet intérieur.

DÉTRITUS

Terme utilisé dans les règles du jeu pour désigner un objet naturel abandonné, comme une pierre, une feuille ou une brindille, interférant avec la ligne de jeu.

DORMANT

Position d'un joueur par rapport à son adversaire quand, lors d'une partie par trous, il a autant de trous d'avance ou de retard qu'il lui en reste à jouer.

DOUBLE BOGEY

Trou joué en deux coups au-dessus de la normale.

ÉLAN RATÉ

Coup frappé au-dessus ou à côté de la balle.

EXPLOSION

Elle caractérise une sortie de fosse de sable accompagnée de la prise et de la projection d'une certaine quantité de sable en même temps que la balle.

FER À CAVITÉ ARRIÈRE

Variété de fer dont l'arrière est creux afin de distribuer le poids sur le périmètre de la tête; cela améliore la tolérance sur une frappe décentrée et favorise une envolée plus haute.

GRATTE

Coup manqué consistant à frapper le sol avant de frapper la balle.

HANDICAP

Chiffre qui reflète le niveau d'un joueur par rapport à la normale d'un parcours.

HERBE HAUTE

Zone de terrain de chaque côté de allée et autour de la plupart des verts où l'herbe laissée en friche est plus haute et dense. Il est plus difficile d'y jouer et il est en soi une pénalité pour défaut de précision.

HORS-LIMITE

Territoire se trouvant au-delà des limites du terrain; la pénalité pour une balle hors-limite est une pénalité de coup et distance.

LAME

1) Type de fer droit dont la face est allongée, en forme de cigare, censé offrir une meilleure réponse de la balle sur la surface, mais moins tolérant sur les coups décentrés.
2) Le bord inférieur d'un fer.

LÉGER CROCHET EXTÉRIEUR

Coup assorti d'un effet imprimant à la balle une trajectoire incurvée de gauche à droite.

LÉGER CROCHET INTÉRIEUR

Coup assorti d'un effet imprimant à la balle une trajectoire incurvée de droite à gauche.

LIRE LE VERT

Chercher la bonne ligne de coup roulé sur le vert, entre la balle et le trou.

MAÎTRE-GOLFEUR

Handicap zéro; qualifie donc un joueur qui joue habituellement dans la normale.

MANCHE

Partie entre la prise et la tête de bâton.

MEILLEUR COUP PAR ÉQUIPE

Compétition entre deux équipes de deux joueurs. Après le coup de départ, chaque équipe choisit la meilleure balle, puis les deux joueurs jouent la balle à tour de rôle.

MOTTE DE GAZON

Plaque de terre et de gazon soulevée par l'impact d'un fer sous la balle.

NORMALE

1) Nombre standard de coups nécessaires à un bon joueur pour rentrer la balle dans le trou.
2) Résultat égal à la normale d'un trou.

NORMALE 3

Trou qui doit être joué en trois coups. Pour le réussir, le vert doit être atteint en un coup, suivi de deux coups roulés.

NORMALE 4

Trou de longueur moyenne qui doit être joué en quatre coups. Pour le réussir, le vert doit être atteint en deux coups.

NORMALE 5

Trou de belle longueur qui doit être joué en cinq coups. Pour le réussir, le vert doit être atteint en trois coups.

NORMALE DU PARCOURS

Total des normales des 18 trous.

OBSTRUCTION

Terme utilisé dans les règles du jeu pour désigner un objet artificiel qui peut déranger le jeu, tel qu'une borne d'arrosage fixe (obstruction inamovible) ou un poteau d'obstacle, ou par exemple une boîte en métal (obstruction amovible).

OISELET

Trou joué en un coup sous la normale.

PARCOURS À PROXIMITÉ DE LA MER

Désignait autrefois les parcours situés à proximité de la mer. De nos jours, on utilise ce terme pour tous les types de terrains, mais spécifiquement pour les parcours sans arbres, avec de nombreuses dunes, et donc souvent particulièrement venteux.

PARTAGÉ

Lors d'une compétition en partie par trous, on dit qu'un trou est partagé si les adversaires enregistrent le même résultat sur ce trou.

PARTIE PAR COUPS

Formule de jeu où chaque joueur enregistre son résultat pour chaque trou. Celui qui réalise le résultat le plus bas sur 18 trous l'emporte.

PARTIE PAR TROUS

Formule de jeu entre adversaires individuels ou en équipes consistant

à compter les trous gagnés, perdus ou partagés.

PIVOT

Transfert de poids au cours de l'élan dans un mouvement d'enroulement et déroulement du haut du corps.

PLAN DU PARCOURS

Livret comportant une illustration de chaque trou et de ses caractéristiques, ainsi que les distances à partir de divers points entre le té et le vert.

POINTE

Partie de la tête de bâton la plus éloignée du manche.

PORTÉE

Distance parcourue par la balle en l'air.

POSITION

Écartement des pieds au départ de la balle et position par rapport aux pieds.

POSITION DE LA BALLE SUR UNE ZONE PEU HERBEUSE

Cas où la balle repose sur une zone de terrain peu herbeuse voire dépourvue d'herbe.

POSITION FERMÉE

Position initiale dans laquelle l'alignement du joueur est à la droite de l'objectif.

POSITION OUVERTE

Position initiale dans laquelle l'aligneùment du joueur est à la gauche de l'objectif.

POSTURE

Position globale du corps et des jambes du joueur avant le début de l'élan.

PRISE

1) Bande de cuir ou de caoutchouc située en haut du manche du bâton, et sur laquelle on pose les mains.
2) Tenue du bâton : position des mains sur le manche du bâton.

PRISE DE POSITION INITIALE

Position de préparation à l'élan, comprenant la prise, la position et la posture.

QUATUOR

Forme de match par équipes de deux dans laquelle les deux joueurs partagent une balle. Un joueur prend

le départ des trous impairs et l'autre le départ des trous pairs. Après le coup de départ, ils jouent ensuite à tour de rôle.

REBOND

Angle formé par le bord d'attaque et la semelle lorsque le bâton est perpendiculaire au sol. Plus important sur un cocheur de sable.

RÈGLES D'HIVER

Règles locales instaurées par le comité d'un club de golf pendant l'hiver autorisant à déplacer la balle dans une zone tondue ras du parcours.

RELÂCHEMENT DU BÂTON

Description de la façon dont la main droite bascule au-dessus de la main gauche et dont les poignets se débloquent, indiquant une libération puissante de la tête de bâton.

RÉPARTITION PÉRIPHÉRIQUE DU POIDS

Répartition de la masse sur le pourtour de la tête de bâton ; rend le bâton plus tolérant sur les coups décentrés.

ROULE

Distance parcourue par la balle entre le moment où elle touche le sol et celui où elle s'immobilise. Les bâtons plus ouverts produisent moins de roule ; les bâtons moins ouverts (bois n° 1 et fers longs) produisent plus de roule.

ROYAL & ANCIENT

Autorité chargée d'assurer la réglementation du golf amateur dans le monde entier à l'exception des États-Unis ; communément appelée le «R&A».

SURFACE DE FRAPPE

Zone d'impact idéale située au centre de la tête de bâton.

TABLIER DU VERT

Bande de gazon de transition qui entoure le vert ; l'herbe y est plus courte que sur l'allée mais moins rase que sur le vert.

TALON

Partie de la semelle de la tête de bâton, la plus proche du manche.

TÉ

Support en bois ou en plastique sur lequel le joueur pose sa balle au

départ du trou. Désigne également le tertre de départ.

TOURNOI PROFESSIONNEL

Disputé le plus souvent en quatre tours ; le gagnant est le détenteur du résultat le plus bas sur 72 trous.

TRAJECTOIRE

Hauteur et orientation du vol d'une balle de golf. Les fers de numéro élevé, qui sont plus ouverts, propulsent la balle sur une trajectoire plus haute.

TRANSFERT DE POIDS

Au cours de l'élan, processus par lequel le poids du corps se déplace d'un pied sur l'autre.

TRIPLE BOGEY

Trou joué en trois coups au-dessus de la normale.

TROU

1) Désigne le trou en lui-même, sur le vert.
2) Terme général désignant la zone de jeu comprise entre l'aire de départ et le vert.

TROU COUDÉ

Trou, normale 4 ou normale 5 (jamais une normale 3), dont l'allée tourne vers la droite ou vers la gauche.

TROU DE MOTTE DE GAZON

Trou laissé dans le sol après qu'un motte de gazon a été enlevée.

VERT

Aire d'herbe rase entourant le trou que l'on atteint en réalisant des coups roulés.

A

accidents, éviter les, 336, 337
action des poignets
    coup roulé, 264-265, 270, 278, 279
    coup d'approche lobé, 146
    coups de départ, 58
aire de départ, jeu en dehors
    de l', 338
allées en trou coudé, 314
angle d'ouverture
    coup d'approche lobé, 123, 125,
      126-127
    coup d'approche roulé, 156-157,
      165, 171, 173, 175, 182-183,
      185, 320
    coup de départ, 39
    effet rétro, 173
    jeu de fers, 100, 304
    pente montante, 295
Aoki, Isao, 220
arbres
    balle dans un bouquet d', 301, 340
    branches et angle d'envol,
      102-103

B

baisser la prise, 38-39, 117, 178, 182,
    204, 205, 214, 220, 225, 297
balle
    calottée, 287
    choix, 164, 331
    coup d'approche lobé, 131,
      135, 331
    débuts du golf, 9
    déviée, 345
    enterrée, 218-219
    hiver, 321
    identification et l'herbe haute
      dense, 343
    interceptée par des animaux, 345
    jonglage avec le bâton, 319
    jouer la mauvaise (pénalité), 342
    nettoyage avant le coup roulé, 342
    perdue, 337, 339, 345
    recherche, aide, 337
    trajectoire haute ou
      basse, 145
    types, 131, 164, 321, 331
    vitesse de roule sur le vert, 258-259
balle de compromis, 131, 164, 331
balle de contrôle, 131, 164, 331
balle déviée, 345
balle enfoncée et laisser tomber sans
    pénalité, 344
Ballesteros, Seve, 220
base-ball
    élan, 46
    prise, 18
bâton
    allongé, 152
    balancement du manche
      (buste et bras liés), 164
    choix, coup d'approche roulé,
      156-157, 161, 167, 169, 178
    choix, jeu de fers, 59, 67, 68-69
    coups de départ avec différents
      bâtons, 59

flexibilité, matériau et longueur
    du manche, 327
jonglage avec balle, 319
milieu du vert, 84
pénalité pour excédent, 338
plus fermé (fosse de sable), 225
plus fermé (pente montante), 295
plus ouvert (pente descen-
    dante), 294
portée et roule, 161
relâchement et élan, 27, 94, 140
variation de la longueur et
    de la trajectoire, 144-145
bâtons hybrides, 328
bogey, formule de jeu, 333
bois de parcours, 81, 328
bois n° 1, choix du, 326-327

C

Casey, Paul, 146-147
cavité arrière, fers à, 329
chandelle, 46-47, 49, 286
Christine, Jim, 82-83
cible à l'arrière du trou, 247
cocheur, 330
    cocheur intermédiaire, 125
    entraînement (coup de départ), 35
    fer droit abdominal de l'avant-vert,
      176-177
    fer droit, coup de, 157
    voir aussi cocheur d'allée, cocheur
      de sable
cocheur d'allée, 151, 154, 330
    balle enfoncée, 218-219
    coups différents, 128, 144-145
    entraînement, 229
    fer droit abdominal (de
      l'avant-vert), 176-177
    quand l'utiliser, 106
    sorties de fosse de sable moyennes,
      206-207
    sur le sable compact, 208
    tête en composé métallique, 135
    types de, 125, 128
    vert en pente montante, 171
    voir aussi cocheur de sable, cocheur
cocheur de sable, 125, 298, 330
    élan de la main droite, 189
    pente descendante, 166
    rebond, 191, 208
    rebond adapté, 226
    voir aussi cocheur d'allée, cocheur
cocheur intermédiaire, 125
comportement sur le parcours,
    336-337
concentration, 243, 269
condition mentale, 318-319
contact « balle puis gazon », 63, 75,
    153, 154, 167, 185, 284
contact « balle puis sable », 205,
    226, 340
coup d'approche lobé, 106-107
    angle d'ouverture, 123, 125,
      126-127
    armement des poignets, 146
    bâton soulevé (coups dans
      l'herbe haute), 137

conditions venteuses, 144
descente, *voir* descente, coup
    d'approche lobé
effet rétro, 134-135, 143, 147
élan du bras droit, 27, 140
élan, libérer, 136
évaluation de la distance, 108, 110,
    113, 119, 126-127, 161
limite de vitesse personnelle,
    112-113
longueur d'élan adaptée, 126-127
montée, *voir* montée, coup
    d'approche lobé
objectifs multiples, 141
obstructions, 145, 160
parfait, 146-147
pivot (entraînement), 132-133
position, 109, 121, 143, 146-147
position à l'impact (préréglage),
    134-135
position initiale, 107, 123, 140
précision, 107, 123, 140
receveur imaginaire, 122
routine préliminaire, 312-313
trajectoire de l'élan, 130-131
transfert de poids, 119
trous de mottes de gazon (infor-
    mations sur l'élan), 118-121,
    143, 291
coup d'approche roulé, 148-149
    amélioration de la précision, 158
    analyse des performances, 322-323
    angle d'attaque, correction, 154
    angle d'ouverture, 156-157, 165,
      171, 173, 175, 182-183, 185,
      320, 321
    à partir de l'herbe haute, 157, 170,
      176-177, 180, 183, 317
    balancement du manche (buste et
      bras liés), 164
    cercle autour du vert, 175
    choix de bâton, 156-157, 161, 167,
      169, 178
    cocheur d'allée, *voir* cocheur
      d'allée
    concours, 172-173
    conditions d'hiver, 320
    contact « balle puis gazon », 153,
      154, 167, 185, 284
    contrôle de la trajectoire de l'élan,
      108, 151, 153, 161, 169, 284
    coup d'approche lobée, 170
    coups d'approche roulés lobés,
      164, 185
    échauffement, 311
    effet rétro, *voir* effet rétro
    élan libéré (té aplati), 155
    entraînement en descente, 166
    entraînement sur surface dure, 167
    erreurs d'atterrissage, 169
    fer droit abdominal (de
      l'avant-vert), 176-177
    gratte, 154, 155, 284
    lecture du vert, 160, 179
    mini-crochet, 181
    montée, *voir* montée, coup
      d'approche roulé

mouvement du corps et bâton
    allongé, 152
obstructions, 344
organisation de la prise de position
    initiale, 150, 167, 182
parfait, 184-185
pente montante ,165, 171
pointe du fer droit, 180
position, 150, 182, 185
position à l'impact, 150, 153
position de drapeau difficile, 316
position de la balle, 153, 154
position initiale, 184
prise faible et face du bâton
    ouverte, 174
répétition (regarder et frapper), 159
routine préliminaire, 312-313
stratégie de l'allée, 316-317
technique du coup roulé, 178-179,
    180, 182
vert en montée, 171
visualisation, 156-157, 175
coup de départ
    aire de départ (réparer la motte
      de gazon), 334
    amorce regroupée, 55
    angle d'ouverture, 39
    baisser la prise sur le bois n° 1, 38-39
    bâton (essayer différents bâtons
      au départ), 59
    bois n° 1, choix, 326-327
    chandelle, 286
    condition mentale, 318
    conditions venteuses, 62-63, 302
    contact des avant-bras, 53
    coups puissants, 52-53, 56-57, 65
    crochet extérieur, 40, 43, 45, 49, 282
    crochet intérieur, 41, 283
    descente parfaite, 65
    distance de roule, 62-63
    entraînement au cocheur, 35
    entraînement et jeu de fers, 59
    filet d'exercice, frapper le
      fond du, 37
    flexion du genou droit, 47
    frappe trop forte, 40, 65
    hauteur de té (règle des 50 %), 32
    heurt accidentel de la balle, 338
    hors des limites de l'aire, 338
    ligne droite vers la balle, 44
    menace de hors-limite,
      314-315, 339
    montée, *voir* montée, coups
      de départ
    normale 3, 63
    obstructions, 344
    parfait, 64-65
    pénalité pour excédent
      de bâtons, 338
    perte de puissance, 288
    position, 23, 31, 32, 287, 288
    position initiale, 36, 54, 64, 65
    posture, 52-53, 64, 287
    premier coup de la journée, 314
    qualité de l'entraînement, 30
    répartition du poids, 25, 36, 46,
      48-49, 51, 288

résistance (augmenter), 48
routine préliminaire, 312-313, 314
rythme et tempo, 33, 35, 45
stratégie, 314-315
tés, couloir de, 34
« trois à partir du té », pénalité, 339
coup dérouté avec un fer, 285
coup extérieur, 290
coup intérieur, 291
Couples, Fred, 48, 103
coup lobé, 170
coup punché, 226
coup roulé, 232-233
    action des poignets excessive,
        264-265, 270, 278, 279
    analyse des performances, 323
    à partir du sable, 225
    cent coups roulés à la suite, 275
    cible à l'arrière du trou, 247
    conditions d'hiver, 320
    conditions venteuses, 303
    coup brossé vers l'avant, vérifica-
        tion de visée, 257
    coup roulé rectiligne, traiter chaque
        coup roulé comme un, 256
    coups roulés courts, 274
    coups roulés dans le trou (exercice
        des points cardinaux), 252-253
    coups roulés en montée et en
        descente, 262-263
    coups roulés rapides, 271, 273
    écouter sans regarder, 249
    en descente, 271, 273
    fer droit soulevé pour une frappe
        fluide, 272-273
    frappe fluide d'une main, 270
    mains croisées, prise, 276
    marque-balle, 342, 343
    montée, selon la distance, 242-243,
        260-261, 278, 279
    mur, entraînement contre un, 246
    obstructions, 342, 344
    parfait, 246, 249, 278-279
    petits coups roulés et préci-
        sion, 271
    position, 176, 236-237, 278-279
    position de la balle, 238, 246,
        278, 279
    position initiale, 238, 239, 240,
        250-251, 278
    prise, 176, 178, 234-235, 275,
        276, 278
    répartition du poids, 237
    retard, 241, 264, 276, 278
    routine préliminaire, 312-313
    surface de frappe du fer droit,
        244, 245
    technique et coup d'approche
        roulé, 178-179, 180, 182
    test de coup roulé long, 266-267
    test de rythme et de ligne, 277
    tête baissée pour une frappe
        parfaite, 245, 249, 279
    trajectoire de l'élan, 237, 241
    triple coup roulé, éviter, 258-259,
        262, 266-267
    vérification de l'alignement de la

face du fer droit, 239-241, 246,
    276, 279
vert, voir vert
visualisation, 268-269
vitesse de roule, 258-259
coup sec pour une balle basse, 305
coups à problèmes, 298-299
coups incurvés, 99
coups longs
    atterrissage, 169
    coup roulé, 266-267
    fosse de sable, 204-205
    nervosité, 316
coup sur sol dénudé, 298
crochet extérieur, 282
    comment éviter le, 40 ,43,
        45, 49, 282
    frappez la balle à 4 heures, 43
crochet intérieur, 41, 181, 283

D

descente
    crochet extérieur, 282
    fosse de sable, parfait, 231
    genou droit fléchi, 47
    « montagnes russes », 138-139
descente, jeu de fers
    effet retard, 95
    en avant de la balle, 89
    montée, pause intermédiaire, 88
    perpendiculaire dans
        l'amorce, 90-91
    vitesse égale à celle de la
        montée, 85
distance
    balle (type), 131, 164, 321
    contact des avant-bras pour amé-
        liorer le relâchement, 53
    contrôle et arc de l'élan, 110
    coups de départ sur la roule, 62-63
    évaluation, coup d'approche lobé,
        258-259
    méthodes de variation, fosse de
        sable, 200-201
    personnelle, estimation, 103
    perte de (chandelle), 286
distraction, rester hors de vue, 336
drapeau
    bâton pour atteindre le, 84
    frappe en dehors du vert, 182
    poser le drapeau sur le vert, 335

E

eau fortuite, 341, 343
échapper aux obstacles,
    300-301, 340
échauffement, 310-311
effet latéral et jeu de fers, 306-307
effet retard, 95
effet rétro
    coup d'approche lobé, 134-135,
        143, 147
    fosse de sable, 222-223
    réduction du jeu de fers,145
effet rétro, coup d'approche roulé
    angle d'ouverture, 172
    atterrissage, 154

choix du bâton et de la balle, 164
coups dans l'herbe haute, 170
élan
    adaptation de la longueur de,
        126-127
    amélioration du,
        analyse des performances, 84,
            322-323
        exercice avec une corde, 82-83
    avec les pieds joints, 96-97, 120
    bras tendu, 95, 300
    coups incurvés, 99
    « déclencheur » pour relâcher la
        pression, 114
    de la main droite, fosse de
        sable, 189
    du bras droit, 27, 140
    exercice de la corde, 82-83
    ombre, informations fournies
        par l', 85
    positions en pente, 296
    relâchement du bâton, 27, 94, 140
    rythme et équilibre, 103, 105
    talon gauche au sol, 48
    trajectoire, 27, 65, 99, 120-121,
        130-131, 230-231, 237, 241, 283
    trajectoire, coup d'approche roulé,
        105, 108, 151, 153, 161, 169, 284
    traversée, 27, 47
    trous de motte de gazon, informa-
        tions fournies par les, 118-121,
        143, 291
    zones, 9, 10, 26-27
élan raté et intention de frappe, 340
Els, Ernie, 18, 48, 60, 103
en avant de la balle, 89
entraînement sur surface dure, 167
entrecroisée, prise, 18
équipement, 327-331
étiquette, 334-338
étirements (exercices), 310
excès de l'effet rétro, 145

F

Faldo, Nick, 10, 18, 55, 243, 257
fers, 328-329
    normale 3, coup de départ, 63
fer droit, 330-331
    alignement de la face du, 239-241,
        246, 276, 279
    grosse prise, 331
    jeu de la pointe, 180
    long, 275, 331
    maillet, 330
    plaques de face, 331
    pointe et coups roulés rapides,
        271, 273
    répartition périphérique
        du poids, 329, 330, 331
    surface de frappe, 244, 245
    tige centrée, 330-331
fer droit, coup de, 157
fer droit abdominal, 176-177
filet d'exercice, 37
fosse de sable, 186-187
    accélération de la tête
        du bâton, 196

action de la main droite
    (lancer de pierre), 196
analyse des performances, 323
appréhension, 187
baisser la prise, 204, 205, 214,
    220, 225
balle au-dessus des pieds, 214-215
balle au-dessous des pieds,
    216-217
balle enterrée, 218-219
cocheur de sable, voir cocheur
    de sable
concentration sur le sable, 197, 226,
    231, 321
concentration sur une ligne dans
    le sable, 192-195, 215, 222
conditions d'hiver, 321
contact « balle puis sable », 205,
    226, 340
coup d'approche lobé, voir cocheur
    d'allée
coup d'approche lobé
    au-dessus, 122
coup d'approche roulé au-dessus,
    164, 170
coup punché, 226
coup roulé à partir du sable, 225
coupe superficielle pour plus
    d'effet, 222-223
coups courts, 221
coups intermédiaires, 206-207
descente parfaite, 231
eau fortuite, 343
élan de la main droite, 189
entraînement (bâtons et coups
    variés), 227-229
face de bâton ouverte, 18, 191,
    193, 208, 221, 224, 230, 231
fer 9 (entraînement), 229
interdiction de toucher
    le sable, 340
longueur de l'élan et distance,
    198-199, 200-201, 321
montée, voir montée, fosse
    de sable
objectifs échelonnés, 209
obstructions, 344, 345
organisation de la prise de position
    initiale, 188, 190
position, 188, 195, 208, 221, 231
position initiale, 230-231
positions en pente, 209, 210-211,
    212-213
ratisser les traces, 203, 334-335
routine préliminaire, 312-313
son d'une bonne sortie, 190-191
sortie parfaite, 230-231
variation de la distance, 200-201
frappeurs, 61
Furyk, Jim, 276
fusante (trajectoire de la balle), 297

G

genou
    fléchi, 24, 47, 101
    gauche, ouvert à l'extérieur, 9
géométrie des bons coups, 143, 237

gratte
coup d'approche roulé, 154, 155, 284
trou de motte de gazon profonde, 118

H

Hagen, Walter, 197
handicap, calcul, 332
Haney, Hank, 11
Harmon, Butch, 10
Harrington, Padraig, 276
hauteur de té, règle des 50 %, 32
herbe haute
coup d'approche roulé à partir du, 157, 170, 176-177, 180, 183, 317
dense, 299
fer droit abdominal, de l'avant-vert, 176-177
identification de balle, 343
jeu de fers, 289, 299, 317
position de la balle, 289
stratégie, 316-317
herbe mouillée, 157
hiver, jouer l', 320-321, 344
Hogan, Ben, 10, 18
horloge imaginaire et coup d'approche roulé, 162-163
hors-limite, 339
hors tour, jouer, 338

I

incurver ses coups, 306-307
index, calcul, 332
initiale, position
coup d'approche lobé, 146
coup d'approche roulé, 184
coup roulé, 238, 239, 240, 250-251, 278
coups de départ, 36, 54, 64, 65
fosse de sable, 230, 231
jeu de fers, 71, 104, 111
intermédiaire
élan, coups de départ, 46
objectif pour la direction, 74-75
sorties de fosse de sable, 206-207
Irwin, Hale, 97

J

Jacobs, John, 10
Jacobsen, Freddie, 230-231
jeu de bois
bâtons hybrides, 328
bois 3 (distance du coup de départ), 39
bois de parcours, 81, 328
crochet extérieur, 282
répartition du poids, 25
jeu, types de, 332-333
jeu de fers
amélioration de l'élan (avec une corde), 82-83
analyse des performances, 84, 322-323
angle d'envol et trajectoire, 102-103
angle d'ouverture, 100, 304
angoisse des trous longs, 316

choix du bon fer, 59, 67, 68-69
conditions d'hiver, 320
coudes serrés pour la liaison, 92-93
coup d'approche lobé, *voir* coup d'approche lobé
coups incurvés, 99
descente, *voir* descente, jeu de fers
effet rétro, réduction, 145
élan d'essai (répétition), 81
équilibre entre contrôle et puissance, 80
fléchissement des genoux et résistance dans l'élan, 101
frappe solide, point avec l'œil gauche, 89
jeu pieds joints, 96-97, 120
mémoire musculaire, 78-79
montée, *voir* montée, jeu de fers
mouvement de la tête vers le haut ou vers le bas, 87
mouvement et transfert de poids, 86
objectif intermédiaire, 74-75
observation de l'ombre, 85
obstructions, 344
parfait, 104-105
paume vers le bas, 100
portée avec chaque fer, 68-69
position, 23, 104
position de la balle, 70
position initiale, 71, 104, 111
posture, 104
relâchement, 94
répartition du poids, 25
rotation des mains et des bras, 98
routine préliminaire, 312-313
stratégie de l'allée, 316-317
stratégie de l'herbe haute, 289, 299, 317
jeu en conditions venteuses, 62-63, 302-303, 305
jeu en hiver, 320-321, 344
Jones, Bobby, 9, 10, 85, 200
jouer hors tour, 338
joueurs gauchers, 18
«joueurs qui aiment s'élancer», 60
jumbo (grosse prise), 331

K

Karlsson, Robert, 278, 279
Kim, Anthony, 101

L

laisser tomber avec pénalité, 300, 340
laisser tomber sans pénalité, 341, 344
Lane, Barry, 184, 185
Langer, Bernhard, 137, 332
Leadbetter, David, 10, 55
léger crochet extérieur, 307, 314
léger crochet intérieur, 306, 314
lignes de coup roulé se croisant, 337
limite de vitesse, 112-113
Love, Davis, 60, 81

M

main droite (action et lancer de pierre), 196

manche en bois, bâtons à, 9, 10
marque-balle, 342, 343
McIlroy, Rory, 64-65
meilleur coup par équipe, 333
meilleure balle, 333
Mickelson, Phil, 124
mise en confiance, 247-249, 252-253, 272-273, 274, 277
montée
frappe réglementaire, 340
réduit, 301, 340
montée, coup d'approche roulé
exercice de l'horloge, 162-163
longueur et décélération, 162-163, 169
parfait, 184, 185
retard dans la transition, 151
rotation du corps, 151
montée, coups de départ
arc et coup de départ en chandelle, 46-47, 49, 286
baisser la prise sur le bois n° 1, 38-39
contrôle de la longueur, 47, 50
création d'un rectangle au sommet, 58
direction, 49
épaule gauche derrière la balle, 60-61
genou droit fléchi, 47
parfait, 64
pause au sommet, 42
puissance, 288
rotation du corps, 45-47, 49, 59, 60
talon gauche au sol, 48
talon gauche soulevé, 50-51
montée, fosse de sable
en montée, 211
longs et petits coups, 221
parfait, 230
plan vertical, 220
position de la balle transversale, 214-215
traversée en accord, 202-203
montée, jeu de fers
ajouter de la résistance, 101
bras gauche tendu (problèmes), 95
coudes serrés pour la liaison, 92-93
coup dérouté avec un fer, 285
coups à angle aigu dans l'herbe haute, 289
descente, pause intermédiaire, 88
position «pouces en l'air», 98
vitesse égale à celle de la descente, 85
montée, coup d'approche lobé
accord longueur et distance, 138-139, 142-143
angle d'attaque, 114, 115, 120-121, 143
armement des poignets, 115, 116-117, 143
équilibre, élan des bras et pivot, 129
éviter l'excès, 145
mains détendues, 111

parfait, 146
plan d'élan, 116-117
plus de verticalité, 129, 285
raccourcissement et position, 109, 121
montée, coup roulé, 242-243, 260-261, 278, 279
Montgomerie, Colin, 275
Morris, Tom, 8, 9
mur, entraînement contre un, 246

N

Nelson, Byron, 9-10
Nicklaus, Jack, 10, 20, 51, 114, 312
normale 3, hauteur de té correcte, 63
Norman, Greg, 20, 182

O

objectifs
coup d'approche roulé (entraînement), 168-169
échelonnés (sortie de fosse de sable), 209
multiples (exercice), 141
obstacles d'eau, 341-342
obstructions, 300, 341, 342, 343, 344, 345
coups en hauteur pour se dégager, 145, 160
ombre, observer son, 85
ordre de jeu, respecter l', 336
organisation de la prise de position initiale
coup d'approche roulé, 150, 167, 182
fosse de sable, 188, 190
jeu de fers, 76-77

P

Palmer, Arnold, 265
paralysie, éviter la, 114, 274
parapluies, exercice des (coup d'approche roulé), 158
parcours
plan, 317
respect, 334
terrain en réparation, 341, 344
parfait
coup d'approche lobé, 146-147
coup d'approche roulé, 184-185
coup de départ, 64-65
coup roulé, 246, 249, 278-279
fosse de sable, 230-231
jeu de fers, 104-105
Park, Mungo, 9
partie par coups, 332, 333
partie par points, 332-333
partie par tours simple, 333, 336
Pelz, Dave, 182
pénalité de coup et distance, 339
pénalité de mauvaise balle, 342
pensée positive, 177
pente descendante
coup roulé, 271, 273
fosse de sable, 209, 212-213
tir trop long, 294
pente, jeu en travers d'une, 214-215, 295

pente montante
  bâton plus fermé, 295
  coup d'approche roulé, 165, 171
  fosse de sable, 210-211, 212
  position, 295
petits coups
  atterrissage, 169, 173
  coup roulé (regarder ses
    mains), 274
  fosse de sable 221
pivot du buste (entraînement),
  49, 132-133
Player, Gary, 114, 265
pointe du fer droit, 180
points cardinaux (exercice), 252-253
portée avec chaque fer, 68-69
position
  alignement des épaules, 23
  balle au-dessus des pieds, 296, 297
  coup d'approche lobé, 109, 121,
    143, 146-147
  coup d'approche roulé, 150,
    182, 185
  coup roulé, 176, 236-237, 278-279
  coups de départ, 23, 31, 32,
    287, 288
  dans le jeu moderne, 9
  dans les débuts du golf, 9
  distance entre la prise et la
    cuisse, 25
  en pente descendante, 294
  en pente montante, 295
  fosse de sable, 188, 195, 208,
    221, 231
  jeu de fers, 23, 104
  pied gauche ouvert, 9
  règle des 3 cm, 23
  régularité, 32
  vérification, 22-23
  voir aussi posture, répartition
    du poids
position à l'impact
  alignement de la face
    de fer droit, 241, 246
  coup d'approche lobé, préréglage,
    134-135
  coup d'approche roulé, 150, 153
position de drapeau difficile, 316
position de la balle
  coup roulé, 238, 246, 278, 279
  coups dans l'herbe haute, 289
  coups de départ, 35
  coups incurvés, au-dessus des
    pieds, entraînement, 99
  fosse de sable, au-dessus des pieds,
    214-215
  fosse de sable, au-dessous des
    pieds, 216-217
  jeu de fers, bonne, 70
  parfaite (coup d'approche roulé),
    153, 154
  pente descendante, 294
  pente montante, 295
position de la tête
  coup de départ, 36, 59, 65
  coup roulé (tête baissée), 245, 249
  jeu de fers (mouvement vers le

haut ou vers le bas), 87
  transfert de poids, 86
positions en pente, 214-215, 294-297
posture
  balle calottée, 287
  coup de départ, 52-53, 64, 287
  coup roulé, 176, 236-237
  jeu de fers, 104
  technique en trois étapes, 24
  vérification, 24-25
  voir aussi répartition de poids,
    position
«pouces en l'air», 98
Poulter, Ian, 278
Price, Nick, 10
prise
  avant de viser, 20
  baisser la, 38-39, 117, 178, 182, 204,
    205, 214, 220, 225, 297
  base-ball, 18
  consolidation, 40
  coup d'approche roulé, 150, 166
  coup roulé, 176, 178, 234-235, 275,
    276, 278
  débuts du golf, 9
  détendu pour la fluidité
    du l'élan, 111
  entrecroisée, 18
  fermer la face du bâton
    à la position initiale, 32-63
  joueurs gauchers, 18
  jumbo (grosse prise), 331
  mains croisées, 276
  superposée (Vardon), 9, 38
  té (comme repère), 289
  vérification du, 18-19
prise de position initiale filmée, 76-77

Q

quatuor, 333
Quiros, Alvaro, 61, 103

R

ratissage de la fosse de sable, 203,
  334-335
receveur imaginaire, coup d'approche
  lobé vers un, 122
relâchement de la tension, 33, 136
règle des 3 cm, 23
règles de golf, 338-345
relâchement, exercice de, 94
répartition de poids
  coup d'approche roulé, 150
  coup roulé, 237
  coups de départ, 25, 36, 46, 48-49,
    51, 288
  herbe haute dense l', 299
  jeu de bois, 25
  jeu de fers, 25
  positions en pente, 294, 295, 296
  zones d'élan, 27
  voir aussi posture, position
répartition périphérique du poids,
  fers à, 329
résultat, perdre le compte du, 319
Robertson, Allen, 9
rôle de l'entraîneur, 10-11

rotation des mains et des bras, 98
routine préliminaire, 312-313
rythme
  élan et équilibre, 103, 105
  tempo, coups de départ, 33, 35, 45
rythme du jeu, 336

S

Sarazen, Gene, 191, 226
seau, exercice du (précision), 123
«serrez la main à l'objectif», 56-57, 65
Snead, Sam, 111
soulevé, bâtons
  coup d'approche lobé dans l'herbe
    haute, 137
  coups d'approche roulés sur
    l'avant-vert, 183
  fer droit, pour un coup fluide,
    272-273
  fosse de sable, 209, 225, 340
stratégies d'allée, 316-317
superposée (Vardon), prise, 9, 18
superposition inversée, prise,
  234-235, 276
sur le parcours, 308-309
  analyse des performances, 322-323
  comportement, 336-337
  condition mentale, 318-319
  échauffement, 310-311
  golf d'hiver, 320-321
  libérer le parcours, 136
  longueur et variation de distance,
    198-199, 200-201, 321
  routine préliminaire, 312-313
  stratégie du coup de départ, 314-315
  stratégie sur l'allée et dans l'herbe
    haute, 316-317
  té cassé, 155

T

talon
  du bâton position initiale à
    l'extérieur, 54
  gauche soulevé, 50-51
  rivé au sol, 48
tête du bâtons
  accélération, fosse de sable, 196
  coup dérouté, 285
tour, attendre son, 336
tourner la page, 94
Trevino, Lee, 111
«trois à partir du té», pénalité, 339
trous de motte de gazon, 75, 84, 143
  en sortir, 299
  existants et ligne de jeu, 42
  informations sur l'élan, 118-121,
    143, 291
  mouvement de cuiller pour
    les éviter, 119
  remplacement, 334

V

va-et-vient (mouvement du bâton), 40
Vardon, Harry, 9, 19, 45
vent, jouer en conditions venteuses,
  62-63, 302-303, 305
vent latéral, 303

vert
  coups d'approche roulés, 148-149
  drapeau, voir drapeau
  en pente, 145, 171, 254-256, 277
  jouer d'un cercle autour
    du vert, 175
  largeur du trou, 247
  lire un coup roulé, 24, 160, 179,
    254-255, 277, 278
  obstructions, 342, 343, 344
  règles, 342-343
  réparer les impacts, 335
  viser une partie plane, 172
  vitesse de roule de la balle, 258-259
  voir aussi coup roulé
vidéo (se filmer pour améliorer prise
  de position initiale et l'élan), 76-77
visée, améliorer, 20-21, 42, 257, 296
visualisation
  angle d'ouverture du bâton,
    156-157, 175
  entraînement sur cible, 168-69, 175
  viser un objectif plus petit, 268-269

W

Watson, Tom, 51, 162
Woods, Tiger, 10, 11, 48, 104-105, 125,
  182, 341
Wright, Mickey, 138

Z

Zoeller, Fuzzy, 54

REMERCIEMENTS

REMERCIEMENTS DE L'AUTEUR

Selon l'usage consacré, j'aimerais exprimer toute ma gratitude à de nombreuses personnes pour leur contribution infiniment précieuse à cet ouvrage, mais contrairement au lauréat d'un oscar, je resterai bref.

Tout d'abord, bravo à nos modèles qui ont tous peiné sous la chaleur du soleil espagnol. Merci à Carlos Domínguez Moreno, Julio Fernández Gómez, Charlotte Grundberg et Carlos Mena Quero. Et au photographe Gerard Brown qui a admirablement capturé les centaines d'images exigées par ce livre, et dans un délai aussi serré. Merci également à son équipe d'assistance sur les prises de vue en Espagne. Nous n'aurions pu trouver meilleur site que le sud de l'Espagne : nous adressons tous nos remerciements aux merveilleux clubs de golf – El Chaparral, Finca Cortesin et Alcaidesa – qui ont aimablement accueilli notre équipe.

J'adresse aussi mes sincères remerciements à Stephanie Farrow, directrice éditoriale, Richard Gilbert, éditeur de l'ouvrage, et à l'équipe de création graphique dirigée par Phil Gamble. Personne ne monte mieux un livre que l'équipe talentueuse et compétente de Dorling Kindersley.

Enfin, merci à mon papa pour m'avoir initié au golf il y a bien des années. Cela a certainement été l'expérience qui a sublimé ma vie !

REMERCIEMENTS DE L'ÉDITEUR

Dorling Kindersley souhaite remercier pour leur aide dans la préparation de ce livre : Vishaal Mistry pour l'assistance graphique, Martin Copeland, Jenny Baskaya et Emma Shepherd pour la recherche iconographique, et Margaret McCormack pour l'indexation.

CRÉDITS PHOTOGRAPHIQUES

L'éditeur souhaite remercier les personnes et agences suivantes pour l'aimable autorisation de reproduction de leurs photographies.

6-7 Getty Images. **8 Getty Images** (en bas) ; Hulton Archive (en haut). **9 Getty Images** Hulton Archive. **10 Getty Images** (en bas) ; Hulton Archive (en haut). **11 Getty Images** (en haut, en bas). **16-17 Corbis** Randy Faris. **37 Getty Images** David Madison. **60 Getty Images** (en bas à gauche). **61 Getty Images** US AGP (*PGA*) TOUR (en bas à droite). **64 Visions in Golf** (au centre à gauche, au centre, au centre à droite). **64-65 Visions in Golf** (en haut). **65 Visions in Golf** (au centre à droite). **104 Visions in Golf** (au centre à gauche) (au centre, au centre à droite). **104-105 Visions in Golf** (en haut). **105 Visions in Golf** (au centre à droite). **146 Visions in Golf** (au centre à gauche, au centre, au centre à droite). **146-147 Visions in Golf** (en haut). **147 Visions in Golf** (au centre à droite). **184 Visions in Golf** (au centre à gauche, au centre, au centre à droite). **184-185 Visions in Golf** (en haut). **185 Visions in Golf** (au centre à droite).

191 Getty Images Dave Cannon (en bas à droite). **226 Getty Images** Dave Cannon (en bas à gauche). **230 Visions in Golf** (au centre à gauche, au centre, au centre à droite). **230-231 Visions in Golf** (en haut). **231 Visions in Golf** (au centre à droite). **243 Corbis** Paul Velasco ; Gallo Images (en bas à droite). **275 Getty Images** (en bas à droite). **278 Visions in Golf** (au centre à gauche, au centre, au centre à droite). **278-279 Visions in Golf** (en haut). **279 Visions in Golf** (au centre à droite, au centre à gauche/inset). **289 Getty Images** Dave Cannon (en haut à droite, au centre à gauche). **302 Getty Images** Dave Cannon (au centre à gauche, en bas à gauche, en bas à droite). **316 Getty Images** Dave Cannon (centre droit haut, en bas à gauche). **317 Getty Images** Dave Cannon (en bas à droite). **321 Getty Images** (en bas à gauche, en haut à droite). **328 Getty Images** Dave Cannon (au centre à gauche, en bas à gauche, centre bas gauche). **331 Callaway Golf** (en bas à droite). **332 Getty Images** US AGP (*PGA*) TOUR. **333 Getty Images**. **341 Getty Images** Sports Illustrated (en bas). **345 Getty Images** (en haut).

1re de couverture : © Getty Images/ International
4e de couverture : © 1joe/ iStockphoto.com (image d'ambiance)
Épine : © 1joe/ iStockphoto.com

Toutes les autres images © Dorling Kindersley
Pour plus d'informations : www.dkimages.com